대통령의
책 읽기

대통령의
책 읽기

대통령에게 권장하고
시민이 함께 읽는

책 읽기 프로젝트

이진우 외 25명 지음

Humanist

대통령과 시민의 '여민독서' 시대를 열며

1

이 책은 겨울의 광장을 뜨겁게 달구었던 2016년 촛불 현장에서 시작되었다. 그때 우리는 우리 손으로 뽑은 지도자를 우리 힘으로 파면할수도 있다는 확신을 가졌다. 확신이 강해질수록 광장은 넓어졌고, 광장이 넓어질수록 함께하는 세대와 계층은 다양해졌다. 국민의 뜻을 저버린 지도자를 끌어내린 즈음 광장은 우리가 토론하고 해결해야 할 과제들로 가득했다.

우리 모두는 분명히 알고 있었다. 왜 이 자리에 서 있는지, 무엇을 해야 하는지 그리고 이 시대를 어떻게 이끌어야 하는지를. 이미 파란만장한 현대사의 과정에서 '국민(國民)'에서 '민중(民衆)'으로, 다시 '시민(市民)'으로 거듭난 우리는 시대가 마주한 문제들을 정확히 알고 공유하며그 해결 방안을 토론하면서 찾아나가는 '실천하는 지민(知民)'임을 스스로 증명했다.

광장의 촛불 하나하나는 빛을 발해 거대한 은하계의 풍광을 만드는 별처럼 왜, 무엇을, 어떻게 행동해야 하는지 알고 있는 '지민' 한 사람 한 사람이 밝힌 지성의 빛이자 "나는, 우리는 분명히 알고 있다"는 '지식 정치'의 시작을 알리는 축제의 불꽃이었다.

2

이제까지 우리가 경험한 '대통령의 책 읽기'는 주로 대통령이 읽은 책에 대한 국민의 관심이 전부였다. 이는 1961년 〈라이프〉지에 실린 존 F. 케네디 미국 대통령의 애독서 10선 기사가 큰 관심을 모은 것이 처음이었다. 특히 케네디 대통령이 '007 시리즈'를 애독한다는 게 알려지자 이언 플레밍의 소설 판매량이 급증했다. 백악관이 대통령의 여름휴가 독서 목록을 언론에 공개하는 전통도 이때 시작되었다.

민주화 이후 우리나라에서도 대통령의 책 읽기가 관심의 대상이 되었다. 대통령의 독서 목록이 공식 또는 비공식적으로 공개되면서 특정 도서에 대한 대통령의 언급이 화제가 되고 그 도서가 베스트셀러에 오르기도 했다.

《대통령의 책 읽기》는 여기에서 한발 더 나갔으면 하는 촛불의 기대를 담았다. 정치가 곧 통치인 시대를 마감하고 토론과 공론, 여론에 바탕을 둔 일상적 민주주의의 시대로 나아가려면 지도자도, 국민도 달라져야 한다. 우리 국민은 굴곡진 근현대사를 정면으로 응시하며 일제에 저항한 투사, 독재에 맞선 민중, 그리하여 우리 힘으로 민주주의를 연 시민을 경험하면서 역사와 시대의 흐름을 알고 이끄는 지민의 수준에

5

이르렀다.

자신들이 뽑은 지도자를 파면하고 새로운 지도자를 천거하는 과정에서 광장의 촛불들이 만들어낸 '지성의 힘'과 '지성의 정치'를 어떻게 담아낼 것인가? 역사를 이끈 지민들이 '지배의 지성'과 '피지배의 지성'이 양립하고 충돌하는 이분법을 넘어 자신들이 새롭게 선출한 지도자와 어떻게 연대할 수 있는가? 우리는 촛불 속에서 그 가능성을 보았고, 지민들이 대통령과 함께 읽고 토론할 수 있는 추천 목록을 제안하는 진전된 '대통령의 책 읽기' 또한 가능하고 필요한 시기가 왔다고 판단했다.

3

《대통령의 책 읽기》는 그런 점에서 '대통령의 책 읽기'임과 동시에 '대통령과 책 읽기'다. 무엇보다 '대통령이 국민에게'가 아니라 '국민이 대통령에게' 시대를 함께 고민하고 새로운 시대를 열어나가는 데 필요한 책을 추천한다는 점에서 '대통령과의 책 읽기'라는 시대적 성숙을 반영한다.

마침 청와대 사무동 명칭이 위민관(爲民館)에서 여민관(與民館)으로 바뀌었다. 맹자의 여민동락(與民同樂)에서 비롯한 '여민'은 국민을 국가 운영의 주체로 여기고 '국민과 함께한다'는 동반의 시대적 요청이면서 그 자체로 소통과 연대를 뜻한다.

이 같은 시대적 변화 속에서 새로운 대통령의 책 읽기 문화, 즉 대통령과 함께 읽고 토론하는 문화를 처음으로 여는 역할을 해준 필자들은 모두 동시대의 깨어 있는 '지민'들의 표상이다. 지속적으로 글과 강연, 책을 통해 발언해온 그분들에게 '대통령에게 권하는 추천 도서', '대통령과 국민이 함께 읽고 토론해볼 만한 책'을 선정하고 '주관적으로' '마음껏' 추천의 글을 써달라는 청탁은 결코 허락하기도, 쓰기도 쉽지 않은 불편한 제안이었을 것이다. 기꺼이 응해주신 필자들에게 감사드린다. 이것이 마중물이 되어 시민과 대통령, 시민과 시장, 시민과 자치단체장이 함께 읽고 토론하는 '여민독서(與民讀書)'의 문화가 활짝 열리기를 기대한다.

"사람이 책을 만들고 책이 사람을 만든다"라는 말에 《대통령의 책 읽기》는 이렇게 덧붙이고 싶다. "그렇게 만들어진 책과 사람이 세상을 만든다!" 평화롭고 위대한 시민의 승리로 세계 민주주의사에 큰 획을 그은 촛불혁명 1주년을 맞아 이 책을 내놓는다. 한발 더 진전된, 누구도 되돌릴 수 없는 단단한 민주주의의 지반을 만드는 데 이 책 읽기 프로젝트가 작으나마 기여하길 소망한다.

2017년 10월
기획위원 일동

차례

"그들은 읽었다", 정치 지도자들의 독서

권력이 무엇을 뜻하는지에 대해서는 참으로 다양한 의견이 있다. 다만 사전(辭典)에 따른다면 '남을 복종시키거나 지배할 수 있는 공인된 권리와 힘이며, 특히 국가나 정부가 국민에 대하여 가지고 있는 강제력'이다. 국민이 민주적 선거로 그러한 권력을 위임한 최고 권력자가 대통령이라고 한다면, 대통령의 생각에 영향을 미칠 수 있는 모든 지식 정보 자원은 대단히 중요하다. 그것은 보고서 한 장, 뉴스 한 꼭지, 측근 한 사람 그리고 책 한 권일 수도 있다.

이 가운데 책은 지속적이고 근본적이며 체계적인 영향을 미칠 수 있다. 보고서나 뉴스, 인적 지식 정보 자원 등이 일회적이거나 즉각적일 가능성이 높은 것과 대비된다. 우리가 정치 지도자의 독서에 관심을 두는 까닭, 다음과 같은 질문을 던지는 까닭이 여기에 있다. '세계의 정치 지도자들은 어떤 책을 어떻게 읽어왔을까?' '그들에게 독서는 어떤 의미일까?'

미국의 대통령학 연구자들과 역사학자들은 의사 결정 방식에 따라 역대 대통령들을 두 가지 스타일로 나눈다. 먼저 버락 오바마와 빌 클린턴, 지미 카터, 리처드 닉슨 그리고 존 F. 케네디 대통령처럼 두루 책을 읽고 다양한 자료를 섭렵한 뒤 결정을 내리는 스타일이 있다. 다른 한편에는 드와이트 아이젠하워나 로널드 레이건, 조지 W. 부시 대통령처럼 간략한 메모와 구두 보고를 바탕으로 결정하는 스타일이 있다.

물론 책을 많이 읽는 것이 원활한 대통령직 수행의 필요조건은 아니다. 그러나 조지 워싱턴이나 토머스 제퍼슨, 에이브러햄 링컨, 시어도어 루스벨트 등 '위대한 대통령'들은 넓고 깊은 독서로 식견을 쌓았다. 대통령이 '위대한 지성'일 필요는 없지만 적어도 역사와 현실 그리고 미래에 대한 확고한 가치관과 비전을 지닐 필요는 있다. 그 가치관과 비전은 철학자나 사상가의 비전과는 다르다. 존 F. 케네디 대통령은 그것을 '실용적인 비전(practical vision)'이라고 표현했다.

리더(reader)로서의 리더(leader)의 전형, 오바마

버락 오바마는 2008년 11월 대선에서 승리하기 전까지 정치인 경력이 길지도 화려하지도 않았다. 워싱턴 중앙 정치 무대 경력이 불과 4년 정도였는데도 그는 특유의 부드러운 카리스마와 설득력을 갖춘 연설 그리고 비전 제시 능력 등으로 미국인의 마음을 빠른 시간 안에 사로잡았다. 〈뉴욕타임스〉는 2009년 1월 취임을 앞둔 시점에서 그의 독서열에 관해 다음과 같은 기사를 내보냈다.

> 사람들을 설득하고 영감을 주는 오바마의 웅변술이 만들어지는 데 많은 것이 기여했다. 하지만 '언어의 마술'에 관한 이해와 독서열이야말로 그가 미국인들과 자신의 생각을 소통하는 보기 드문 능력뿐 아니라 오바마 자신의 정체성과 세계관을 만드는 데 기여했다.

그렇다면 오바마는 어떤 책을 즐겨 읽고 영향을 받았을까? 그는 토니 모리슨이나 도리스 레싱 같은 작가들의 작품을 통해 정체성 문제를 깊이 고민할 수 있었다고 한다. 또한 아우구스티누스와 프리드리히 니체, 장 폴 사르트르 같은 철학자들의 책이나 마틴 루서 킹 목사의 전기, 링컨 대통령에 관한 책도 읽었다고 한다. 정치와 사회 분야의 책들을 애독서로 내세우는 다른 많은 정치인과 달리 오바마는 문학과 철학 등 인문 분야 독서의 비중이 크다. 그의 설득력 높은 대화와 연설 능력이 어디에서 비롯되었는지 짐작할 수 있다.

오바마가 오래전부터 애독서로 자주 손꼽는 책은 미국의 작가 허먼 멜빌(Herman Melville)이 쓴 소설 《모비 딕》이다. 멜빌은 인간의 역사를 비극으로 본다. 대항해시대 이후 서양의 지리적 팽창도 비참함과 오염의 확대로 본다. 그렇다면 《모비 딕》을 애독하는 오바마는 인간과 역사의 비극성에 대한 통찰이 남다르다고 할 수 있지 않을까. 혈통적 운명의 제약까지 극복해낸 오바마의 삶이고 보면, 비극성에 대한 예민한 통찰이 비관과 좌절로 치닫는 게 아니라 그것을 적극적인 분투와 노력으로 승화시킨다는 데에 그의 장점이 있을 법하다.

오바마의 독서, 특히 문학 독서는 무엇보다도 다른 사람들의 처지에 공감하면서 그들과 소통하는 능력을 길러주었다고 할 수 있다. 오바마의 메시지가 높은 설득력을 갖춘 것은 그렇게 공감과 소통을 전제로 했기 때문이며, 그것은 분열된 사회를 통합된 사회로 바꿔나가고자 하는 통합 지향적 리더십으로 이어졌다.

2017년 1월 16일 퇴임을 나흘 앞둔 시점에 오바마 대통령은 〈뉴욕타임스〉와 가진 인터뷰에서 특히 독서에 관해 많이 언급했다. 주요 내용을 보면 다음과 같다.

오늘날 사건들은 늘 매우 **빠르게** 일어나고 진행된다. 정보는 너무 많아 넘쳐난다. 이럴 때 독서는 차분하게 통찰할 수 있는 시간을 허락해주며,

다른 사람의 관점에서 바라보고 이해할 수 있도록 도와준다. 책 읽는 습관이 나를 더 나은 대통령으로 만들어주었다고 단언하기는 어렵겠지만, 지난 8년 동안 내면의 균형을 찾도록 해준 것은 틀림없다.

대통령은 대단히 고립되고 외로운 직업이다. 외로움을 느낄 때면 연대감을 느끼고 싶어지기 마련이다. 그럴 때면 나는 에이브러햄 링컨이나 마틴 루서 킹, 마하트마 간디, 넬슨 만델라 등의 책을 읽으면서 도움을 받을 수 있었다. 백악관의 내 침실에는 링컨 대통령의 게티즈버그 연설을 직접 옮겨 적은 종이가 있으며, 이따금 이 연설문을 읽으면서 집무실에서 관저까지 걷곤 했다.

…… 세계화, 기술 발전, 이민 등으로 문화적 충돌과 갈등이 빈번해진 오늘날, 정치 지도자의 역량은 그러한 갈등을 관리하는 데 투입되어야 한다. 이런 현실과 필요성을 두고 볼 때, 사람들을 이어주고 통합시키는 이야기의 힘과 역할이 매우 중요하다. 8년 임기가 지난 지금도 독서는 나의 일상에서 매우 중요한 부분이다. 퇴임 뒤에도 그동안 읽지 못한 책들을 읽고 싶다.

위기 극복의 리더, 처칠과 아데나워의 독서

영국의 윈스턴 처칠 전 총리는 청년 장교 시절부터 에드워드 기번(Edward Gibbon)의 《로마제국쇠망사》를 탐독했다. 학창 시절 그가 시대의 흐름을 읽어내며 격조 높은 문장과 연설을 구사할 수 있었던 것도 역사서를 즐겨 읽었기 때문이라고 볼 수 있다.

처칠은 신문에 기고한 많은 에세이와 시사평론은 물론 소설, 전기, 회고록, 역사서 등을 집필한 정력적인 작가이자 저술가였다. 여섯 권 분량의 회고록 《제2차 세계대전》(1948~1953)이 대표작이다. 그는 '전기와 역사서에서 보여준 탁월함과 고양된 인간적 가치를 수호하기 위해 행한 훌륭한 연설'을 이유로 1953년 노벨 문학상을 받았다.

그는 1932년에 출간한 산문집에 실린 〈취미〉라는 글에서 이렇게 독서를 권한다. "설령 책이 당신의 친구가 되지는 못하더라도, 최소한 당신과 일면식이 있는 관계로 묶어둘 수는 있지 않은가. 설혹 책이 당신의 삶에서 친교의 범위 안으로 들어오지는 못한다 해도, 아는 체하며 가벼운 인사 정도는 반드시 하고 지낼 일이다."

처칠의 독서, 특히 역사서에 대한 각별한 선호는 자신이 맡아야 할 시대적 책무가 무엇인지 통찰하는 힘을 길러주었다. 처칠에게 그것은 파시즘과 전체주의에 대항하는 것이었다. 시대적 책무 의식이 투철했기에 처칠은 '불굴'이라는 수식어가 가장 적합한 지도자가 될 수 있었다.

전후 독일의 초대 총리로서 '라인강의 기적'으로 불리는 부흥의 토대를 놓은 콘라트 아데나워는 쾰른 시장으로 재임하던 1933년 쾰른을 방문한 히틀러를 사실상 무시했다. 영접도 하지 않았고 나치가 내건 깃발도 철거했다. 히틀러와 나치에 반대한 대가는 혹독했다. 그는 시장직에서 쫓겨난 것은 물론 가택 연금과 수감 생활에 이어 은거에 들어가야 했다.

제2차 세계대전이 끝날 때까지 10년 동안이나 이어진 이 고난의 시기에 아데나워는 독서에 침잠했다. 초기에는 주로 영국 작가 조지프 콘래드(Joseph Conrad)의 작품들을 읽었다. 이 가운데 특히 깊은 인상을 받은 것은 1903년에 발표된 단편 〈태풍〉이었다. 지독히 평범하고 과묵한 한 선장이 바다에서 보여주는 도덕적 용기에 관한 이야기다. 이 이야기는 자연에 대한 진실한 체험이 인간을 인간답게 만든다는 것, 사나운 자연의 힘이 인간에게 새로운 어떤 것을 깨우쳐준다는 것을 암시한다.

전쟁이 끝난 후 쾰른 시장으로 복직했다가 영국 점령군에 의해 시장직에서 다시 쫓겨나는 등 어려움을 겪은 아데나워는 독일기독교민주동맹(기민당) 창당에 참여하면서 전국적 정치인으로 떠올라 총리가 될 수 있었다. 이후 라인강의 기적을 이끌었으며, 현대 정치에서 찾아보기 힘든 정치의 도덕성을 보여준 아데나워는 독서에 전념하던 은거 생활을 회고하면서 "인격을 한 단계 고양할 수 있었던 유익한 때"였다고 말했다. 고난의 시기에 독서를 통해 정치인에게 요구되는 높은 인격을 깊이 되새겼던 것이다.

프랑스 대통령들의 문학 애호 전통을 잇는 미테랑과 마크롱

프랑스의 프랑수아 미테랑 전 대통령은 제2차 세계대전에서 전투 중 가슴에 부상을 입고 독일군의 포로가 되었지만 세 차례나 탈출을 시도하여 성공했다. 1965년 대통령 선거에서 첫 고배를 마신 뒤 16년 동안 세 번 도전하여 결국 성공했다.

프랑스 남서부 작은 마을의 지역 유지이자 중산층 가정에서 태어난 그는 어릴 때부터 독서가인 어머니의 영향을 받아 소설과 시를 탐독했다. 노년에도 매일 밤 잠들기 전에 적어도 책을 50쪽 이상 읽는 습관을 놓지 않았다. 초판본과 고서(古書)를 수집하는 취미를 갖고 있었으며, 연설 원고 대부분을 직접 작성했다. 그는 "문학은 언제나 나의 천국"이라는 말을 하곤 했으며, 실제로 일기체 자서전《짚과 알곡》(1964),《장미를 손에 쥐고》(1973) 등 책을 스무 권이나 집필한 작가이기도 했다.

미테랑의 통역을 네 차례 담당한 동시통역사 최정화 씨는, 가장 통역하기 어려운 인물로 그를 꼽는다. 세계 문화와 역사 전반에 걸친 광범위하면서도 해박한 지식을 갖추고 있어서 아무리 노련하고 문화적 소양이 뛰어난 통역사라 하더라도 소화하기 힘든 수준이었다는 것이다. 헬기를 타고 이동하는 짧은 시간에도 미테랑은 손에서 책을 놓지 않았다고 한다. 손이 닿는 모든 곳에 책을 놓아두는 것이 그의 원칙이었다.

그는 늘 뭔가를 쓰거나 읽었다. 집무실이나 별장, 비행기 등에서 공식적인 사진을 찍어야 할 때는 책을 손에 들거나 서재를 배경으로 찍었다. 대통령 재임 시에도 출판사와 서점을 자주 방문한 것은 물론이고, 직접 출판사에 연락하여 책을 주문하고 서점에 들러 주문한 책을 받아오기까지 했다. 자신의 저서가 출간되면 방송에 출연하여 책을 소개하고 다른 작가나 평론가 들과 토론도 했다.《꿀벌과 건축가》(1978)를 펴냈을 때는 프랑스의 대표적인 책 읽기 방송 프로그램에 출연하여 미셸 투르니에, 파트릭 모디아노 등과 설전을 벌였다.

미테랑의 독서는 국가 지도자 개인의 문화적 취향과 실천이 어느 수준까지 높을 수 있는지 보여준다. 그 취향과 수준은 개인 차원에만 머무르지 않았다. 미테랑 집권기인 1980년대 프랑스 정부는 창작 우선권, 소외 계층의 문화 향유, 문화 활동의 균등한 지역 분배, 의무교육기관의 예술교육 활성화, 문화재 보호정책 확대 등을 적극 추진했다. 당시 유럽 국가 대부분은 문화예술 정책 예산을 줄여나갔지만 프랑스만은 예외였다. 미테랑은 '문화에 대한 투자가 곧 경제와 미래에 대한 투자'라고 말했다. 미테랑의 독서는 그의 문화국가 리더십을 뒷받침했다.

'혜성처럼 등장했다'는 표현이 진부하게 느껴지지 않는 프랑스 제25대 대통령 에마뉘엘 마크롱. 1977년에 태어나 서른아홉 살에 당선된 그는 프랑스 역대 최연소 대통령이다. 어릴 적 꿈은 정치와는 거리가 먼 소설가였다. 대학 시절에도 정치와는 거리가 먼 철학을 전공했고 박사 예비 과정까지 마쳤다. 이후 프랑스의 정치 행정 엘리트 코스인 국립 행정대학원을 졸업했다. 문학과 철학을 공부하고 정치로 진출한 것이다.

프랑스 대선 1차 투표 기간에 즈음하여 프랑스 출판협회와 국경 없는 도서관 측은 대선 후보들에게 출판과 도서관 정책에 관해 질문했다. 마크롱은 다음과 같은 요지로 답변했다.

> 공공 도서관의 역할은 다른 무엇으로도 대체할 수 없다. 18세 이하 아동과 청소년에게 500유로의 컬처패스(문화상품권)를 제공하여 도서 구매와 독서를 권장하겠다. 독서 미디어 자료에 대한 항구적인 접근을 보장하는 방향으로 정책을 펼 것이다. 도서관 전자 자료 대출 활성화를 위해 예산을 배정하고 저작권료 권리를 강화하겠다. 도서관 개방 시간을 연장하고, 이를 위한 추가 인력 및 근무 수당 예산을 책정하겠다.

2017년 6월 29일 공개된 마크롱 대통령의 공식 프로필 사진 속에는 펼쳐진 책 한 권과 펼쳐지지 않은 책 두 권, 이렇게 책 세 권이 등장한다. 펼쳐진 책은 프랑스 제5공화국 초대 대통령인 샤를 드골의 회고록이며, 나머지 두 권은 스탕달의 소설《적과 흑》과 앙드레 지드의 사상적 자서전이라고 할《지상의 양식》이다.

드골 회고록을 펼쳐놓은 것은 "프랑스의 힘은 쇠하지 않을 것이다. 더 강한 프랑스가 될 것이다"라고 말한 취임사와 일맥상통하는 정치적 메시지다. 문학 작품 두 권은 〈르몽드〉가 평가했듯 "마크롱의 문학적 뿌리를 나타낸다". 마크롱이《지상의 양식》을 공식 프로필 사진에 담고자 하면서 떠올린 것은 다음 구절이 아닐까.

> 만인의 행복을 증대시키는 것을 그대의 행복으로 삼아라. 일하고 투쟁하며 그대가 변화시킬 수 있는 것이면 그 어느 것도 나쁘게 받아들이지 마라. 모든 것이 자기가 하기에 달렸다는 것을 끊임없이 마음에 새겨라. 비겁하지 않고서야 인간이 하기에 달려 있는 모든 악의 편을 들 수는 없는 법.

현실에 바탕을 둔 사상가, 김대중 대통령의 독서

왕조 국가에서 민주공화국으로의 전환은 '책의 왕국'에서 '책의 민주공화국'으로, 독점적 특권으로서의 독서에서 모두가 누리는 지적(知的) 권리로서의 독서로 전환한 것이기도 했다. 대한민국의 역대 대통령은 각자 나름의 독서 취향과 습관이 있었지만, 독서 성향은 물론이고 읽은 책들을 비교적 자세하게 알 수 있는 대통령은 김대중 전 대통령과 노무현 전 대통령이다.

역대 대통령 가운데 자타공인 독서가는 고(故) 김대중 전 대통령이다.

청와대 입주 당시 트럭 20대 분량의 책을 옮겼다는 일화가 있다. 장서가 3만 권에 달했는데, 그 많은 책을 다 읽었느냐는 질문에 김대중 전 대통령은 "조금이라도 읽어보지 않은 책은 없다"고 답했다.

그런 김대중 전 대통령이 주위 사람들에게 권한 대표적인 책은 아널드 토인비(Arnold Toynbee)의 《역사의 연구》이다. 문명의 흥망성쇠를 도전과 응전의 구도로 파악한 이 책을 각별히 권했다는 점에서, 역사의식에 투철하고자 한 태도를 엿볼 수 있다.

김대중 전 대통령은 1980년 수감 중에 이희호 여사에게 도서 차입을 부탁하거나 가족에게 권하는 책을 적은 서신을 자주 보냈다. 열여덟 번째 서신에서 차입을 부탁한 책들 중 일부를 보면 프랑스를 대표하는 평론가이자 전기 작가이며 역사가인 앙드레 모루아(Andre Maurois)의 《미국사》, 독일의 철학자 카를 야스퍼스(Karl Jaspers)의 《니체와 기독교》, 오스트리아의 법학자 한스 켈젠(Hans Kelsen)의 《민주주의와 철학·종교·경제》, 중국 원나라 증선지(曾先之)의 중국 역사서 《십팔사략》, 프랑스 작가 알렉상드르 뒤마(Alexandre Dumas)의 장편소설 《몬테크리스토 백작》 등이었으니 역사와 철학, 문학, 사회과학 등에 걸친 폭넓은 지적 관심을 엿볼 수 있다.

그러다 보니 애독서 몇 권만 들기란 어려운 일이지만, 그가 마지막으로 병원에 입원하기 전까지 주로 읽은 책은 만화가 박시백의 《박시백의 조선왕조실록》과 미국 예일대 교수인 에이미 추아(Amy Chua)의 《제국의 미래》 등이었던 것으로 알려져 있다. 건강이 여의치 않은 상황에서도 책을 손에서 놓지 않았다는 것, 만화에 대한 편견을 갖지 않았다는 것 등을 짐작할 수 있다. 앨빈 토플러나 존 나이스비트 같은 미래학자들의 책도 그의 애독서였다.

강원국 전 청와대 연설비서관에 따르면 "김 전 대통령은 옥중에서 여러 책을 돌려가며 하루 열 시간 정도 독서를 했다고 한다. 대통령이 되고서도 마음껏 책을 본다면 원이 없겠다, 이럴 때는 가끔 감옥에 있을 때가 그립기도 하다고 농담을 할 정도였다"(《대통령의 글쓰기》). 그런 김 전 대통령은 다작의 저술가이기도 했다. 특히 《김대중씨의 대중경제 100문 100답》(1971), 《대중경제론》(1986, 영문판 1985), 《대중 참여 경제론》(1997) 등의 저서를 통해 시대 변화에 맞추어 자신의 경제 구상을 밝힌 것으로도 유명하다.

지식이 풍부한 이를 가리켜 '걸어 다니는 백과사전'이라 일컫기도 한다. 김대중 전 대통령을 '걸어 다니는 도서관'이었다고 하면 과장일까? '살아 있는 도서관 김대중'이 IT 혁명기이자 지식정보사회가 본격적으로 발전하던 시기에 대통령으로 재임했다는 것은 참으로 다행한 일이었다. 지식의 가치를 일찍부터 깊이 인식한 그였기에 정보 기술이 지니는 폭넓은 함의를 이해할 수 있었을 것이다. 그의 독서는 세계사적인 시대정신을 간파하는 힘의 원천이었다.

김대중 전 대통령은 이상적 가치와 비전을 바탕으로 현실의 문제를 극복해나가는 리더였다. 어떤 의미에서는 사상가형 리더였다고 할 수 있다. "정치인은 서생(書生)적 문제의식과 상인(商人)적 현실감각을 아울러 갖춰야 한다"라는 그의 말이 이를 뒷받침한다. 그에게 독서는 서생적 문제의식의 원천이었을 뿐만 아니라 상인적 현실감각을 기르는 바탕이기도 했다. 생각의 깊이를 더하고 경험을 보충하는 꾸준한 독서가 정치적 거인을 형성시킨 하나의 사례, 김대중 전 대통령이다.

노무현 대통령의 문제 해결을 위한 확장형 독서

고(故) 노무현 전 대통령이 다독가였다는 사실은 유명하다. 세상을 떠나기 전 작성한 사실상의 유서에서 "책을 읽을 수도 글을 쓸 수도 없다"고 당시의 심경을 표현했으니 그의 삶에서 독서가 지니는 의미를 짐작하고도 남음이 있다. 노무현 전 대통령에게 독서란 늘 꾸준히 해나가는 일상적인 활동, 그래서 멈추면 견디기 힘든 중요한 활동이었던 것이다.

윤태영 전 청와대 대변인은 노무현 전 대통령의 독서에 관해 이렇게 말했다. "새로운 도전을 시작할 때면 먼저 책을 찾았습니다. 어려운 과제를 접하면 책에서 해답을 찾았습니다. 대통령의 삶은 책에서 시작됐고 이제 그 삶은 책으로 남아 있습니다." 노무현 전 대통령은 재임 중에 책 읽을 시간을 내기 힘들어지자 청와대에 리더십 비서관이라는 직책을 새로 만들기까지 했다. 리더십 비서관의 주요 임무 가운데 하나는 국내외 다양한 도서와 칼럼, 논문 등을 읽고 요약본을 만들어 보고하는 것이었다. 일종의 독서 비서관이었던 셈이다.

그런 노무현 전 대통령은 앤서니 기든스나 폴 크루그먼, 제러미 리프킨(Jeremy Rifkin)의 책을 애독했던 것으로 알려져 있다. 특히 마지막까지 애독한 책은 제러미 리프킨의 《유러피언 드림》이었다. 봉하마을을 찾은 인사들에게 꼭 한번 읽어보라 권했으며 밑줄을 그어가면서 탐독했다. 그는 우리 사회와 정치의 거시적인 방향을 제시하는 책을 쓰고 싶어 했으니, 《유러피언 드림》이 그런 측면에서 많은 참고가 된다고 판단했을 법하다. 리프킨의 다음과 같은 말에 노무현 전 대통령이 무릎을 치지 않았을까.

유러피언 드림은 개인의 자유보다 공동체 내의 관계를, 동화보다 문화적 다양성을, 부의 축적보다 삶의 질을, 무제한적 발전보다 환경 보존을 염두에 둔 지속 가능한 개발을, 무자비한 노력보다 온전함을 느낄 수 있는 심오한 놀이(완전한 몰입을 통해 삶의 의미를 깨닫고 희열을 느낄 수 있는 활동)를, 재산권보다 보편적 인권과 자연의 권리를, 일방적 무력행사보다 다원적 협력을 강조한다.

강원국 전 연설비서관은 김대중, 노무현 전 대통령에 대해 이렇게 회고했다. "두 대통령은 호기심이 많았다. 모든 것을 궁금해했다. 호기심에 대한 답을 찾기 위해 독서하고 토론하고 관찰하고 메모하셨다." 두 대통령의 독서가 답을 찾기 위한 적극적이고 탐색적인 독서, 문제 해결형 독서였다는 점에 주목할 필요가 있다. 나아가 토론과 관찰과 메모를 함께하며 이루어지는 확장형 독서였다는 점도 특기할 만하다.

노무현 전 대통령에게 독서는 단지 독서로 그치는 일이 아니었다. 그에게 독서는 구체적인 문제에 대응하기 위한 구체적인 방법을 찾는 작업이었다. 노무현 전 대통령처럼 국정 수행과 독서가 긴밀하게 연결되었던 경우는 찾아보기 힘들다. 그가 펼친 개혁적 리더십의 든든한 레퍼런스이자 토대가 바로 독서였던 것이다.

사람의 가치를 우선하는 문재인 대통령의 독서

나는 원래 대학에서 역사를 전공하고 싶었다. …… 처음 변호사 할 때 '나

중에 돈 버는 일에서 해방되면 아마추어 역사학자가 되리라'는 생각을 한 적도 있다. 그래서 대학 입시 때에도 역사학과를 가고자 했다. 그런데 담임선생님과 부모님이 반대했다. 내 성적이 법·상대에 갈 수 있는 등수라는 게 이유였다.

제19대 문재인 대통령은 역사학자가 되고 싶었다는 회고(《문재인의 운명》)에서 볼 수 있듯이 인문적 감수성이 풍부한 편이라고 할 수 있다. 인문(人文)이란 글자 그대로 풀이하면 '사람의 무늬'다. 문사철(文史哲), 즉 문학·역사·철학은 결국 사람에 대한 이해, 사람의 삶에 대한 조명이다. 2012년 제18대 대선 당시 문재인 후보자가 '사람이 먼저다'라는 슬로건을 내세웠던 것은 우연이 아닐 것이다.

문재인 대통령은 중학교 재학 시절 학교 도서관에서 문 닫는 시간까지 책을 읽다가 의자 정리까지 도와주고 집에 돌아온 날이 많았다고 한다. 고등학교 재학 시절에도 잡지 〈사상계〉와 소설, 역사 등 폭넓은 독서에 탐닉했다. 일찍부터 사회의식에 눈을 뜬 것도 독서 덕분이었다. 그는 "(고등학교 시절) 독서를 통해 내면이 성장하고 사회의식을 갖게 됐으니, (공부를 열심히 하지 않아 재수를 한) 대가를 보상받기에 충분하다"라고 회고했다.

"활자중독처럼 느껴진다. 평소 책 읽기를 좋아하고 쉴 때 손이 닿는 곳에 책이 없으면 허전한 느낌이 든다"는 문재인 대통령이고 보니, 대통령 당선 직후부터 그의 독서 목록에 대한 관심이 컸다. 취임 전 언론 인터뷰와 저서에서 문 대통령이 거론한 책들은 다음과 같다.

먼저 국가의 미래 방향을 설계하는 데 도움이 될 만한 책들이다. 서울대 공대 교수들이 쓴《축적의 시간》, 미국 클린턴 행정부에서 노동부 장관을 지낸 로버트 라이시(Robert Reich)가 미국식 자본주의를 비판하며 새로운 방향을 찾는《로버트 라이시의 자본주의를 구하라》, 일본의 사례를 거울삼아 저성장 시대 생존 전략을 모색하는 김현철 서울대 국제대학원 교수(현 청와대 경제보좌관)의《어떻게 돌파할 것인가》, 김태동 성균관대 명예교수 등이 토론한 내용을 담은《비정상경제회담》, 김연철 인제대 교수의《협상의 전략》 등이다.

그 밖에 고(故) 리영희 교수의《전환시대의 논리》는 문 대통령의 의식이 1980년대 진보적 사회 변혁 운동과 맞닿아 있음을 보여준다. 헬레나 노르베르 호지(Helena Norberg Hodge)의《오래된 미래》는 생태적, 환경론적 대안 사회에 대한 관심을 보여준다. 또한 이성무의《조선시대 당쟁사》, 오주석의《옛 그림 읽기의 즐거움》, 강명관의《조선풍속사》, 박석무의《다산 정약용 유배지에서 만나다》 등은 역사학자를 꿈꿨던 문 대통령의 독서 취향을 짐작케 한다.

그가 읽은 책의 목록 외에도 그의 독서에 대한 몇몇 인상적 장면이 있다. 가령 2014년 세월호 유족의 단식이 길어지자 싸움은 국회가 할 테니 목숨을 지켜달라며 동조 단식에 나선 문재인 대통령이 천막 안에서 백석 시집을 읽던 모습, 국정 역사교과서 문제가 불거졌을 때 8종의 검인정 교과서를 모두 구해 읽어보는 성의를 보이며 문제 해결에 대한 진심을 드러낸 모습이 그러하다. 문재인 대통령의 메시지, 연설, 행보 등에서 두드러진 특징은 사람에 대한 공감이다. 진심 어린 공감에 바탕을 둔 연설과 행보가 감동을 낳는다. 공감은 사람과 직접 만나고 현실과 부대끼며 생겨나고 또 풍부해지지만, 독서를 통하여 더욱 확장되고 튼튼해질 수 있다. 문재인 대통령의 공감형 리더십을 뒷받침하는 한 축이 바로 독서라고 할 수 있을 것이다.

여민독서를 위하여

"독서가가 모두 지도자인 것은 아니지만, 지도자는 모두 독서가다(Not all readers are leaders, but all leaders are readers)." 미국 제33대 대통령 해리 트루먼이 한 말이다. 이 말은 대한민국의 지도자들에게도 해당한다. 역사적 평가는 영욕과 공과(功過)가 교차하면서 다양할 수밖에 없지만, 그들은 모두 독서가였다. 그들이 읽은 책은 그들의 정치적 행보나 국정 방향과 상통하는가 하면, 개인 차원의 독서 취향에 머무르기도 했다.

시급하고 중요한 국정 현안을 다루어야 하는 국가 지도자들은 차분하게 책 읽을 시간이 부족할 것이다. 그럼에도 책을 가까이해야 하는 이유는 분명하다. 국정은 기술보다 지혜의 차원에서 접근해야 하기 때문이다. 미래를 내다보며 현재를 통찰하는 지혜는 경험에서 나온다 하겠지만, 그것을 보완하여 돕는 것은 바로 책이다. 한 사람의 직접 경험에는 한계가 있기 때문이다.

전 세계의 지도자들은 적극적으로 행동하며 운명을 개척하는 삶을 살았다. 이와 동시에 그들은 읽고 생각하는 사람들이었다. 활동하고 실천하는 삶(Vita Activa)과 관조하고 사색하는 삶(Vita Contemplativa)이 갈마들어 조화를 이룰 때 성공적인 지도자가 될 수 있다는 것. 그러한 두 측면의 삶을 매개하는 것이 바로 책이고 독서라는 것. 전 세계 많은 지도자는 바로 이 점을 우리에게 말해주고 있다.

대통령을 만든 책, 대통령이 읽는 책은 어떤 의미에서 대한민국을 만드는 책이 될 수 있다. 그렇기에 이제까지처럼 대통령이 무슨 책을 읽는지 관심을 갖는 데 그칠 것이 아니라 더 나아가 대통령이 무슨 책을 읽어야 할지 적극적으로 제안하고 함께 읽고 소통해야 한다. 국민과 대통령이 함께 읽는다는 것은 곧 우리 사회의 비전을 공유하며 소통한다는 뜻이며 같은 시간, 같은 시대를 살아가며 함께 고민하고 답을 찾아 나간다는 뜻이다. 이것이 우리가 대통령이 읽어야 할 책에 주목해야 하는 이유이며, 대통령의 책 읽기가 시대와 함께 호흡하는 더불어 읽기, 국민과 함께하는 여민독서가 되어야 하는 이유이다.

나는 대통령에게 어떤 책을 왜 권하고 싶은가, 그래서 어떤 이야기들을 광장으로 끌어내고 싶은가, 그 결과 어떤 사회를 만들고 싶은가. 이런 질문들을 하며 이 책에 실린 26편의 '대통령에게 권하는 책'을 읽으시길 권한다. 이 26편은 우리가 제안할 수천만 개의 이야기 중 하나일 뿐이다. 이 책의 마지막 책장을 덮으며, 내가 추천할 한 권의 책을 떠올리시길 기대한다.

– 표정훈(출판평론가)

지금은 우리에게 북극성이 필요한 때다.
지난겨울 촛불이 우리 가슴에 지펴준 것은
사람의 사회, 좋은 사회를 만들어야 한다는 희망과 다짐의 불꽃이다.
그런데 그런 사회는 어떻게 만들 수 있는가?
책은 길잡이, 등불, 북극성이다.
26명의 필자들이 대통령에게 권하고 싶은 책
스물여섯 권을 뽑아 소개한 것이 이 책이다.
단순한 추천 목록이 아니다.
추천의 글 한 편 한 편이 깊은 성찰과 빛나는 제안을 담고 있어서
그것들 자체로 뛰어난 읽을거리다.
《대통령의 책 읽기》는 대통령의 책 읽기이면서 우리 모두의 책 읽기다.

―도정일(책읽는사회만들기국민운동 상임대표)

▪ 일러두기

이 책의 인용글은 모두 추천한 도서에서 가져왔으나, 《군주론》, 《맹자》, 《징비록》은 필자가 직접 번역한 문장을 사용했다.

《명상록》

철학이 없는 대통령은
통치자로 남을 뿐이다

01

이진우

포스텍
인문사회학부
석좌교수

대통령에게 책을 추천하는 것만큼 난감한 일도 없습니다. 복잡한 업무에 시달리는 대통령이 과연 책 읽을 시간이 있을까 하는 평범한 의구심도 들고, 통치자들 대부분이 책을 읽지 않는다는 편견도 크기 때문입니다. 독서 캠페인을 벌이기 위해 도서전을 참관할 때에나 대통령이 몇 권의 책을 지목하기는 하지만, 그 책들을 정말 읽었을 것이라는 생각은 솔직히 들지 않습니다. 외국의 경우에는 대통령이 휴가를 떠날 때 어떤 책을 들고 갔는지가 드물게 세간의 관심을 끌기도 합니다. 하지만 휴가조차 제대로 갖지 않는 한국 대통령들에게 읽을 만한 책을, 그것도 철학 분야의 책을 추천하는 것은 언감생심(焉敢生心)입니다.

'책을 읽는 대통령'으로 기억이 되는 사람이 없는 것은 아닙니다. 1974~1982년까지 독일 총리를 지낸 헬무트 슈미트(Helmut Schmidt)는 총리직에서 물러난 후 일체 정당정치에 관여하지 않았지만 2015년 97세의 나이로 세상을 떠날 때까지 좌우를 넘어서 독일 국민 전체의 존경을 받은 명망 높은 '국가 정치인(Statesman)'이었습니다. 그는 1983년부터 죽을 때까지 독일의 유명한 주간지 〈디 차이트(Die Zeit)〉의 공동 발행인으로 활동하면서 수많은 글과 강연을 통해 공동의 관심사에 관한 입장을 표명했습니다.

슈미트는 책을 읽을 뿐만 아니라 쓰는 정치인이었으며, 피아노 연주를 하는 예술인이기도 했습니다. 2008년 내가 독일에서 연구년을 보낼 때 그는 90세 생일을 맞이했는데, 국민 모두와 나라 전체가 일 년 내내 그의 삶을 축하하고 기념하는 것이 인상적이었습니다. 끔찍한 애연가이기도 한 슈미트가 공공장소에서 토론하거나 강연하는 중에 담배를 피우더라도 사람들은 개의치 않았습니다. 한 신문에 게재된 생일 축하 문구가 생생하게 기억납니다. "국가에 대한 당신의 공헌을 생각할 때 그 정도의 이산화탄소 배출은 허용합니다."

이제까지 한국 대통령들이 겪은 퇴임 후의 비극적인 삶과 겹쳐지면서 한 정치인이 국민의 존경을 받는다는 사실이 무척 부러웠습니다. 왜 우리에게는 존경하는 정치인이 없을까? 왜 우리 대통령들은 정치적 열정과 이에 비례하는 통찰력과 평정심을 갖지 못하는 것일까? 왜 우리 대통령들은 책을 읽지 않을까? 이런 의문이 들수록, 평생 책을 가까이 했을 뿐만 아니라 마르쿠스 아우렐리우스(Marcus Aurelius)의 《명상록》, 이마누엘 칸트(Immanuel Kant)의 《영구 평화론》 그리고 막스 베버(Max Weber)의 《직업으로서의 정치》 같은 철학 책도 즐겨 읽었다는 슈미트가 더욱 불가사의하게 여겨졌습니다.

통치자가 철학을 가져야만 국가는 번성한다

대통령에게 책을 추천하는 것이 어렵기는 하지만 감히 한 권을 추천한 다면 나는 마르쿠스 아우렐리우스의 《명상록》을 꼽고 싶습니다. 대통 령이 책을 읽는다는 것은 세상에 관한 통찰을 얻고, 급변하는 정세에 거리를 둠으로써 평정심을 잃지 않으며, 국민에 대한 자신의 도덕적 신 념을 따르는 책임 의식을 갖는 것입니다. 이것이 책을 읽지 않고서는 국가를 이끌 수 없는 이유입니다. 이를 몸소 실천한 사람이 '로마 5현 제'의 마지막 황제인 마르쿠스 아우렐리우스입니다. "철학자가 통치하 거나 아니면 통치자가 철학을 가져야만 국가는 번성한다"는 플라톤의 가르침에 따라 철학을 통해 통치하고 통치하면서 철학을 한 유일한 정 치인이 바로 아우렐리우스입니다. 나는 대통령들이 철학하기를 결코 원치 않지만 자신의 철학은 갖고 있어야 한다고 생각합니다. 철학이 있 는 대통령은 성공하여 국가 정치인이 되고, 철학이 없는 대통령은 실패 하여 단지 통치자로만 남을 뿐입니다.

아우렐리우스가 왜 성공한 국가 정치인의 본보기일까요? 일찍이 프 로이센의 프리드리히 대왕은 이렇게 말했습니다. "나는 나의 영혼을 강 하게 만들기 위해 마르쿠스 아우렐리우스 황제의 《명상록》을 읽는다. 나는 나보다 걱정이 많은 그에게서 위안을 얻는다." 헬무트 슈미트는 아우렐리우스에게서 두 개의 가르침을 받았다고 말합니다. "하나는 내 면의 초연함이고, 다른 하나는 자신의 도덕적 신념을 따르라는 의무이 다." 두 국가 정치인이 공동으로 지적하는 것은 바로 내면의 초연함과 강한 영혼입니다.

'명예로운 노예'에게 필요한 강한 영혼

정치에 무엇보다 필요한 것은 강한 영혼입니다. 나는 과연 적과 싸울 용기가 있는가? 나는 나의 능력을 믿는가? 나는 공동의 목표를 실현하기 위해 소통하며 국민을 통합할 수 있는가? 나는 환경이 어떻게 변화하더라도 일관성 있게 행동할 수 있는가? 대통령으로서 끊임없이 부딪히는 이런 문제들에 대해 마르쿠스 아우렐리우스는 《명상록》 제1권 마지막 부분에서 매우 간단한 대답을 내놓습니다. "모든 것은 그대 자신에게 달려 있다." 여기서 우리는 아우렐리우스가 《명상록》을 출판을 위해서가 아니라 자기 자신을 위해 썼다는 것을 상기해야 합니다. 《명상록》은 그리스어 글자 그대로 '자기 자신에게(ta eis heauton)' 쓴 글입니다. 이 책의 핵심 내용은 두 명제로 요약할 수 있습니다. 하나는 "모든 것은 그대 자신에게 달려 있다"는 철학적 명제이고, 다른 하나는 "세계를 지배하려면 우선 자기를 지배해야 한다"는 정치적 명제입니다.

스토아 철학의 전통을 따르고 있는 이 두 명제는 대통령이 갖추어야 할 필수 덕목을 표현합니다. 정치적 덕성들은 한편으로는 현실과의 끊임없는 대결을 통해 함양되지만, 다른 한편으로는 현실의 위기를 극복할 수 있는 실천적 규범이 됩니다. '통치자가 쓴 최고의 저서'로 일컬어지는 《명상록》을 남겼다는 사실에서 아우렐리우스가 평화의 시기에 통치했을 것이라고 생각한다면, 그것은 커다란 오해입니다. 아우렐리우스는 사실 다뉴브 강가의 얼어붙은 습지에서 게르만족과 대치하면서 이 책을 썼습니다. 당시 로마제국을 위협한 것은 게르만 민족만이 아니었습니다. 내부적으로는 테베레강이 범람하여 기근에 시달리고, 페스트가 창궐하고, 권력 찬탈의 시도가 있었습니다. 외부적으로는 민족대이동으로 인해 거의 모든 전선에서 전쟁이 발발했습니다. 역사적으로 돌이켜보면 아우렐리우스의 시대는 로마제국의 황금기가 끝나가는 위기의 시대였습니다.

모든 것이 흔들리고 믿을 것이 하나도 없는 위기의 시대에 최대의 적은 무엇일까요? 그것은 다뉴브강의 전선에서 13년간 싸운 게르만족도 아니고 내부의 정적도 아닙니다. 나의 최대의 적은 바로 나 자신입니다. 이러한 명제는 국민의 안전과 복지를 책임지는 모든 지도자에게 해당합니다. 우리는 아우렐리우스가 황제이니까 황제적인, 다시 말해 사치스럽고 호화로운 삶을 살았을 것이라고 생각하지만 현실은 그 반대였습니다. 황제는 모든 것을 혼자 결정한다는 점에서 최고 결정권자이지만, 모든 것을 혼자 책임진다는 점에서 '명예로운 노예'라고 할 수 있습니다. 전선에서 적과 싸우면서도 일 년 중 약 230일을 재판 업무에 종사했다는 사실에서 황제의 통치가 얼마나 외롭고 고된 일인 줄 짐작할 수 있습니다.

위기의 시대에 통치자는 자신에게 많은 질문을 하게 됩니다. 나는 이 자리에 과연 적합한 사람인가? 이런 질문을 던지지 않는 통치자는 독선적이고 오만한 독재자일 가능성이 큽니다. 통치자가 자기 자신에 대한 신뢰가 흔들리면 국가 전체가 흔들립니다. 세상에는 통치자가 감당할 수 있는 일과 없는 일이 있을 수 있지만, 감당할 수 없는 일이라 해도 인내심을 잃을 이유는 없습니다. 아우렐리우스는 이렇게 말합니다. "불평하지 않는 것이 너에게 유익하고 네 의무라고 생각함으로써 그 일을 참고 견딜 수 있게 만드는 것이 네 판단에 달려 있는 한, 너는 본성상 무엇이든 다 참을 수 있다는 점을 명심하라." 여기서 자기 자신에 대한 회의를 확신으로 전환시키는 것은 두말할 나위 없이 강한 영혼입니다.

우리의 생각이 모든 것을 결정한다

자기 자신을 믿지 못하게 되면 사람들은 대부분 자신의 운명에 대해 회의합니다. 자신은 열심히 하는데 시대가 따라주지 않는다고 불평합니다. 시대에 대한 불평은 결국 자신을 따라오지 않는 사람들에 대한 불만으로 이어집니다. 그렇기 때문에 아우렐리우스는 외부의 환경에 영향을 받는 사람들에게 이렇게 경고합니다. "외부에서 일어나는 일을 그러한 사건을 느끼고 겪을 수 있는 내적인 부분들에서 일어나게 하라. 물론 느낄 수 있는 부분들은, 원한다면 불평할 수도 있다. 그러나 내게 일어난 일을 재앙으로 여기지 않는다면 나는 여전히 해를 입지 않는다. 그리고 나는 그렇게 해를 입지 않는다고 여길 능력이 있다." 정치적 상황의 선과 악은 결코 주어진 것이 아닙니다. 그것은 모두 나의 생각에 달려 있는 것입니다.

모든 것을 시대와 운명의 탓으로 돌리는 사람들은 이성의 힘에 대해서도 의심을 품습니다. 모든 것이 합리적으로 해결되지 않는 것이 사람들의 욕심과 이기심 때문이라고 생각합니다. 그런데 이 경우에 사람들은 다른 사람들은 이기적이지만 자신은 이성적이라고 착각합니다. 이러한 착각은 독선의 씨앗입니다. 아우렐리우스는 남을 향한 시선을 자기 자신에게 돌리라고 권합니다. "누군가의 과오가 못마땅하거든, 즉시

《명상록: 어느 황제의 일기》, 마르쿠스 아우렐리우스, 천병희 옮김, 숲, 2005.

세계를 지배하려면 우선 자기를 지배해야 한다.
현실의 위기를 극복하는 리더의 '강한 영혼'을
단련시키는 최고의 고전.

자신에게로 돌아가서 너도 돈과 쾌락과 허튼 명성 등을 선으로 여김으로써 그와 비슷한 어떤 과오를 저지르고 있지는 않은지 반성해보라." 생각을 바꾸면 다른 사람도 나와 같은 사람이라는 것을 깨닫게 됩니다. 촛불과 태극기의 적대적 대치로 대변되는 이념 갈등을 극복하려면 무엇보다 아우렐리우스의 시각 전환이 필요합니다.

　모든 것을 회의하는 통치자는 결국 사람을 믿지 못하게 됩니다. 차이를 인정하고 비판을 수용하지 않는 통치자는 독선적인 경향을 갖게 되고, 결국 독재자의 길을 걷게 됩니다. 사람들이 저마다 다른 생각과 가치관을 갖고 있다는 것은 자연스러운 일입니다. 정치의 다원성에서부터 출발하면, 우리는 아우렐리우스와 함께 이렇게 생각할 수 있습니다. "날이 새면 너 자신에게 말하라. 오늘 나는 주제넘은 사람, 배은망덕한 사람, 교만한 사람, 음흉한 사람, 시기심 많은 사람, 붙임성 없는 사람을 만나게 되겠지라고." 아우렐리우스는 선악에 대한 무지와 공동 감각의 결여가 사람들을 이렇게 만든다고 말합니다. 그렇다면 우리는 어떻게 이러한 경향을 극복할 수 있을까요? 아우렐리우스의 말을 듣습니다. "어떤 외적인 일로 네가 고통 받는다면, 너를 괴롭히는 것은 그 외적인 일이 아니라 그에 대한 네 판단이다."

　위기에 직면하면 우리는 모두 회의에 빠집니다. 서로 다른 사람들을 통합하여 공동의 목표를 실현하고자 하는 정치적 통치자가 위기와 맞닥뜨릴 가능성은 더욱 큽니다. 그렇다면 정치적 지도자는 어떤 덕성을 갖추어야 할까요? 아우렐리우스는 환경이 변화하더라도 평정심을 잃어서는 안 된다고 말합니다. 우리가 스스로를 통제하기 위해 가장 필요한 것은 생각하는 능력입니다. 아우렐리우스의 《명상록》을 관통하는 한 가지 통찰이 있습니다. "우리의 생각이 모든 것을 결정한다." 우리가 어떻게 생각하느냐에 따라 우리를 위협하는 악과 적도 달라지기 때문입니다.

자기 내면의 목소리를 듣는 여유

아우렐리우스는 철학을 통해 스스로를 성찰함으로써 평정심을 잃지 않고 국가를 통치하려고 했습니다. "우리의 길잡이가 될 수 있는 것은 무엇인가? 오직 한 가지, 철학뿐이다. 철학은 우리 내면의 신성을 모욕과 피해에서 지켜주고, 쾌락과 고통을 다스리게 하고, 계획 없이는 어떤 일도 하지 않게 하고, 거짓과 위선을 멀리하게 하고, 남이 행하든 말든 거기에 매이지 않게 하고, 나아가 일어나거나 주어진 것을 마치 자신이 온 곳으로부터 온 것인 양 기꺼이 받아들이게 한다." 나는 아우렐리우스의 이 말에 따라 대통령에게 철학을 권하고 싶은 생각은 없습니다. 그렇지만 모든 것은 자기 자신에게 달려 있다는 아우렐리우스의 말을 통치의 지표로 삼기를 권합니다. 국민의 안녕과 복지에 관한 최고 결정권자로서 모든 것에 책임을 져야 한다면 대통령은 결국 자기 자신을 냉철하게 지배해야 합니다. 자신을 지배하지 못하는 자가 세계를 지배할 수는 없습니다. 자신을 지배하려면 언제나 자신의 내면의 목소리를 들어야 합니다. 이런 점에서 아우렐리우스의 《명상록》은 자신의 내면을 들여다보는 통로가 될 수 있습니다.

대통령은 산적한 많은 문제를 해결하여 역사에 남을 성과를 내려 합니다. '역사적 평가'라는 말을 가장 많이 입에 올리는 사람들이 바로 통치자들입니다. 문제 해결은 물론 중요합니다. 그렇지만 문제 해결에 매몰되어 있는 사람은 사회의 변화를 읽어내지 못합니다. 사회를 읽지 못하는 사람이 책을 읽을 리 만무합니다. 책을 읽는 대통령은 여유가 있는 통치자입니다. 그들은 책을 읽음으로써 자신을 읽고 세계를 읽습니다. 환경 변화가 아무리 급박하더라도 여유를 갖지 못하면 나아갈 방향을 정할 수 없습니다. 이런 의미에서 '책 읽는 대통령'을 간절히 바라면서 아우렐리우스의 말에 귀 기울여봅니다.

전에 쓰던 표현들은 지금은 옛말이 되었다. 그와 마찬가지로 전에 대단히 찬양받던 자들의 이름도 지금은 어떤 의미에서는 옛말이다. …… 그렇다면 우리가 열성을 쏟아야 할 것은 무엇인가? 한 가지뿐이다. 올바른 생각, 공동체에 이익이 되는 행동, 거짓을 모르는 말 그리고 일어나는 모든 일을 필연적인 것으로, 친숙한 것으로, 우리와 같은 근원과 원천에서 흘러나온 것으로 환영하는 심성이 곧 그것이다.

함께 추천하는 책

《직업으로서의 정치》, 막스 베버, 전성우 옮김, 나남, 2007.

우리는 손쉽게 정치와 정치인을 비난하지만, 우리가 직면한 수많은 문제는 오직 정치적으로만 해결할 수 있다. 우리의 문제는 어쩌면 정치의 과다에서 오는 것이 아니라 진정한 정치인이 없기 때문에 생기는 것일지도 모른다. 이 책은 정치적 이상을 실현하기 위해서는 권력이라는 악마적 힘과 관계를 맺을 수밖에 없다는 정치의 역설을 바탕으로 정치인이 갖추어야 할 세 가지 덕성, 즉 열정과 책임의식, 균형 감각의 의미를 예리하게 보여준다.

《니얼 퍼거슨의 시빌라이제이션》, 니얼 퍼거슨, 구세희·김정희 옮김, 21세기북스, 2011.

1500년경 유라시아 대륙 서쪽의 몇몇 작은 국가가 어떻게 여러 면에서 훨씬 복잡하고 발전된 사회를 이루고 있던 유라시아 대륙 동쪽 국가들을 포함한 전 세계를 지배하게 되었을까? 이 책은 이 질문에 대한 답을 경쟁, 과학, 재산권, 의학, 소비, 직업이라는 여섯 개의 관점에서 답함으로써 서양의 지배권을 설명하고 정당화한다. 서양 지배 500년의 끄트머리에서 우리는 다시 제국의 부활과 경쟁을 목도하고 있다. 이 책은 제국 간 경쟁의 틈바구니에서 어떻게 문명사적 변화를 유리하게 활용하여 독자적인 길을 걸을 수 있는가를 암시한다.

《전쟁은 여자의 얼굴을 하지 않았다》

위대한 이념도 비루한 삶 앞에 무릎 꿇게 하라

임지현
서강대
사학과 교수

영웅은 죽기 위해 산다. 영웅에게는 죽음이 삶보다 더 큰 가치를 지닐 때가 많다. 이념을 위해 자신을 희생함으로써 영웅은 추상적 이념이 구체적인 삶보다 더 중요하다고 웅변으로 보여준다. 전쟁터에서 영웅들이 구하고자 하는 것은 흔히 구체보다는 추상이다. 예컨대 '대조국전쟁(1941~1945)'에서 소련의 전쟁 영웅들이 구하고자 했던 것은 비루한 삶에 엉켜 있는 평범한 소련 인민들이 아니라 '사회주의 조국'과 '소비에트 연방'이라는 추상이다. '사회주의 조국-소비에트 연방'이라는 추상이 살아 움직이는 구체적인 사람들의 생명보다 더 중요한 가치가 되었을 때, 전쟁은 이미 물신화되었다.

이제 전쟁 영웅의 서사에서 중요한 것은 살아 움직이는 개개인들의 비루하지만 생생한 삶이 아니라, 우상 숭배의 대상으로 물화된 조국이거나 혁명 또는 진보이다. 조국과 민족, 혁명과 진보를 위해 자신은 물론 남의 목숨까지 아낌없이 던지는 영웅 전사들의 전쟁 이야기는 초인적인 투쟁과 적당한 로맨스, 기적적인 탈출과 극적인 승리, 안타깝고 비극적인 죽음 등으로 점철된 군사 모험담의 구성과 유사하다. 심지어 할리우드 영화의 박진감과 전율을 느끼게 한다. 할리우드 블록버스터 영화들이 영웅적 전쟁 이야기를 선호하는 데는 다 그럴 만한 이유가 있다.

전쟁 영웅의 서사 뒤에 가려진 것

빗발치는 총탄과 포화 속에서 달랑 수류탄 하나 든 채 몸을 꼿꼿이 세우고 독일군의 기관총 진지로 돌격하는 소련 병사들은 사회주의적 영웅의 면모를 보여준다. 정치 장교들에 의해 즉결 처형된 탈영병이나 도망병 들은 '대조국전쟁'의 기억에서 아예 지워지거나 치열한 전쟁 가장자리의 부끄러운 기억으로만 희미하게 남아 있을 뿐이다. 비루한 목숨을 지키려고 파시스트에게 투항한 자들을 파시스트 스파이나 민족배반자로 치부하는 것도 당연하다. 그까짓 사람 목숨 좀 구하고 집 몇 채 더 구하기 위해 거의 다 거머쥔 전쟁의 승리를 놓치는 것은 더더욱 있을 수 없다.

전쟁 영웅의 서사가 전시 검열 체제를 통해 위에서 강제된 기억인 것은 틀림없다. 하지만 그 이상이기도 하다. 전쟁 초기에 거의 와해되다시피 한 군사 조직과 거듭되는 패퇴, 나치의 압도적인 폭력과 정교하게 조직되고 체계적으로 작동하는 절멸전쟁의 와중에서 자신들을 구출해줄 영웅에 대한 기대 심리는 영웅주의적 전쟁 서사가 아래로부터 받는 호응의 정도가 만만찮음을 짐작케 한다. 초현실주의적이라 느

전쟁은 여자의 얼굴을 하지 않았다

껴질 만큼 압도적이고 극단적인 나치의 강제 점령과 전쟁 폭력의 희생자였던 소련의 인민들에게 초인적 군사 영웅들이 펼치는 전쟁 서사가 지녔을 호소력은 충분히 이해할 만하다. 저격병 신화처럼 그 영웅이 자신들과 같은 기층 민중 출신이면 호소력이 더 컸다. 그러니 외적의 침략으로 절체절명의 위기에 처한 상황에서 위대한 영도자든 당 서기장이든 대통령이든 총리든 어느 지도자가 전쟁 영웅의 서사를 마다하겠는가?

개표가 끝나 당선이 확정되면 우리나라 대통령 당선자가 예외 없이 국립 현충원을 방문하는 것도 이런 맥락에서 이해된다. 국가는 현실적인 실재로서 우리 앞에 주어진 것이 아니라, 국가를 구성하는 성원들이 그것이 실재라고 믿고 권능을 부여함으로써 구성되는 상상의 질서이다. 국가를 통치한다는 것은 그 구성원들이 국가가 정치적 실재라고 믿고 받아들이도록 유도하는 일이기도 하다. 국가를 위해 기꺼이 자신을 희생한 영웅적 전사자들은 상상의 국가를 실재로 만드는 그러한 믿음의 정점을 찍고 있다.

그러니 대통령 당선자에게 국립 현충원의 방문을 자제하거나 국가를 위해 죽어간 자들을 영웅시하지 말라는 이야기는 국가를 통치하는 대통령의 권리와 의무를 게을리하거나 저버리라는 무리한 요구로 비추어질 수밖에 없다. 하물며 안보 콤플렉스를 자극하여 새 정권의 정통성을 흔들려는 보수 세력의 상투적 공세에 시달리는 문재인 대통령의 입장에서는 더 무리라고 생각될 수도 있겠다.

전쟁을 증언하는 생생하고 역겨운 목소리

그럼에도, 아니 바로 그렇기 때문에 스베틀라나 알렉시예비치(Svetlana Alexievich)의 《전쟁은 여자의 얼굴을 하지 않았다》를 일독할 것을 대통령에게 권한다. 알렉시예비치가 인터뷰한 소련 여성들의 전쟁담은 전쟁이 살인 행위라는 지극히 당연하고 간단한 사실을 생생하게 드러내주기 때문이다. 알다시피 전쟁 영웅 이야기 대부분은 판타지 소설에 가깝다. 목과 손이 잘리고, 시체들이 즐비하게 쌓이고, 집들이 불타거나 파괴되는 참혹한 전쟁의 실상은 전쟁 영웅들이 만들어내는 판타지에서 지워지기 마련이다. 머리카락과 온몸에 번진 "검고 끈적끈적한 피, 사람 몸에서 나온 온갖 것들과 뒤섞인 피였지. 환자의 오줌이며 대변과 뒤섞인 피", 그런 피비린내 나는 동화는 있을 수 없기 때문이다.

우리 친구 파울 보이머가 전사한 1918년 10월 어느 날에도 사령부 보고서에는 "서부전선 이상 없다"라고 적혀 있을 뿐이다. 혁명이나 조국이 승리하거나 패배한 전투가 없었다면, 우리 친구의 죽음은 아무 일도 아닌 것이다. 역사에 기록되는 것은 내 친구 파울 보이머의 죽음이 아니라 그를 포함한 전사자 숫자이다.

에리히 레마르크(Erich Remarque)가 묘사한 독일군 사령부 보고서《서부전선 이상 없다》와는 달리 알렉시예비치의 소설은 숫자로 환원된 역사적 행위자를 생생한 목소리와 감정을 가진 구체적이고 살아 있는 인물로 복원한다. 국가를 위해 죽은 전사자의 숫자를 셀 때만 의미를 갖는 무명의 n분의 1 전사자가 이름과 개성을 가진 개인으로 복원되는 것이다. '목소리 소설'이라는 독특한 형식으로 전쟁을 겪은 개개인의 절실한 체험과 감정이 작가의 여과지를 통해 드러나는 이 소설에서 참혹한 전쟁터에 던져진 역사적 행위자들은 이제 숭고한 이념을 위해 자신을 던지는 영웅이기를 그친다. 밑에서부터 구성된 전쟁의 기억 속에서 화자들은 배고픔을 못 참고 두려움에 떨며 극한 상황에서도 예뻐 보이고 싶은 뼈와 살을 가진 평범한 여성으로 되살아난다. 자신의 예쁜 다리가 다칠까 봐 겁이 났다는 한 소녀 병사의 아름다움에 대한 기억은 전쟁의 잔인하고 폭력적인 광경을 이질적인 것으로 만들고, 결과적으로 전쟁의 초현실주의적 폭력을 더 날카롭게 부각시킨다.

밑에서부터 재현된 전쟁의 기억을 좇아가다 보면 전쟁은 살인 행위일 뿐이다. 방어전쟁, 예방전쟁, 대조국전쟁, 의로운 전쟁, 문명전쟁, 해방전쟁 등등 무어라 이름을 붙이고 정당화하든, 공인된 살인 행위라는 전쟁의 속성은 변하지 않는다. 이 번잡스러운 다양한 이름은 전쟁의 속성을 감추고 판타지 서사를 만들려는 노력일 뿐이다.

스베틀라나 알렉시예비치에게 당신은 전쟁의 '추악한 면'과 '냄새나는 속옷'만 보여주고 있으며 그래서 '당신의 진실은 천박하다'는 현실 사회주의 당시 출판 검열관의 비판에서는 감추고 싶은 진실을 들킨 사람의 당혹감이 느껴진다. "사람이잖아. 비록 적이지만 저자도 사람이야. …… 내가 사람을 죽였다는 공포가 밀려들었어. 하지만 나는 곧 그 일에 익숙해져야만 했지. …… 한 마디로 끔찍했어! 결코 못 잊을 거야"라고 전쟁을 회상하거나, 자신이 장애아를 낳은 것은 전쟁에서 사람을 죽인 데 대한 벌을 받는 것이라고 참회하는 참전 여성 병사의 진실이 추악하고 천박하다고 생각한다면, 안 읽는 게 좋을지도 모르겠다. 작가의 말을 빌리면, "기본적으로 여자들의 머릿속에는 전쟁은 살인 행위라는 생각이 또렷이 박혀 있다"는 것이다.

사람을 죽이거나 자신이 죽을지도 모른다는 공포 외에도, 전쟁터에 나갔을 때 여성이라서 겪어야 하는 어려움은 예상치 못한 의외의 일일 경우가 많다. 저격병이었던 룰라 아흐메토바는 이렇게 회상한다. "전쟁터에서 제일 끔찍한 게 뭐냐고, 지금 묻는 거야? …… '죽음'이라는 대답을 기대하겠지. 죽는 거라고. …… 전쟁터에서 제일 끔찍했던 건, 남자 팬티를 나르는 일이었어. …… 글쎄 우선 꼴이 웃겼다고 할까. …… 전쟁터까지 와 놓고 남자 팬티나 나르다니. 한마디로, 정말 웃기는 상황이었지." 참전 여성 병사들의 기억 곳곳에서 튀어나오는 이 '웃기는' 상황들은 전쟁의 고통에 대한 독자들의 감수성을 마비시키기보다 오히려 공감의 배율을 더 증대시킨다.

국가의 전쟁 기념 문법에 대한 도전

타인의 고통이 지나치게 끔찍하다면 이웃들은 그것에 대해 연민만 느끼기 십상이다. 더 나쁘게는 그 고통스러운 상황이 전달하는 그로테스크한 불쾌감이 타인의 고통을 외면하게 하는 효과도 있다. 가장 나쁘게는 타인의 가장 끔찍한 고통을 훔쳐보려는 관음증적 욕구를 불러일으켜 타인의 고통이 일종의 오락처럼 소비될 가능성도 배제하기 힘들다. 그것은 제노사이드(genocide)와 같은 극단적 비극의 희생자들에게 끊임없이 '믿을 수 없는 그 무엇'을 증언해주길 바라는 외부자들의 기대 심리 같은 것이 잘 입증해주는 바이기도 하다. 예컨대 아우슈비츠 생존자들에게서 도저히 믿기 힘든 경험에 대한 증언을 기대하는 사회적 심리가 그러하다.

그러나 《전쟁은 여자의 얼굴을 하지 않았다》의 여성 화자들이 기억하고 드러내는 전쟁은 그로테스크한 끔찍함으로 점철되기보다는 앞에서 말한 '웃기는' 상황도 있고, '창피한 게 죽는 것보다 더 싫어서' 목숨을 잃는 경우도 있다. 독일 공군의 폭격이 한창인데 숨기는커녕 파편이 사방으로 날아다니는 가운데서도 강물로 뛰어들어 온몸이 흠뻑 젖을 때까지 나오지 않고 결국 몇몇 여성 병사는 그 때문에 목숨을 잃기도 하는데, 그것이 자신의 생리를 감추기 위한 행동이었다는 대목에 이르면 그야말로 전율하게 된다. 창피한 게 죽음보다 더 싫었다는 여성 병사들의 회상은 그 어느 끔찍한 죽음에 대한 증언보다도 그들의 고통에 대한 공감을 불러일으킨다. 전쟁터의 한복판에서 이름 모르는 산모의 출산을 도와주고 그 답례로 받은 조개로 만든 분통을 열었을 때 사방에 총탄이 날아다니고 포성이 울리는 그 한밤중에 온 방 안에 퍼지는 분 향기를 생각하면 아직도 눈물이 난다는 전 보조 의사의 증언이 주는 울림은 잔잔하면서도 격하다.

스베틀라나 알렉시예비치는 《전쟁은 여자의 얼굴을 하지 않았다》를 "전쟁이라면 토할 것 같고 전쟁을 생각하는 것만으로도 역겨운, 그런 책"으로 만들고 싶어 했다. 전쟁은 살인 행위라는 생각이 또렷이 박혀 있는 여성들의 증언을 목소리 소설이라는 형식으로 재현한 것도 아마 그러한 이유에서일 것이다. 알렉시예비치의 소설에 등장하는 여성들이 기억하고 재현하는 전쟁은 세계 각국의 무명용사 탑이나 현충탑, 전몰자 묘지 등을 통해 국가가 기념하고 기억하는 전쟁과는 전혀 결이 다르

《전쟁은 여자의 얼굴을 하지 않았다》,
스베틀라나 알렉시예비치, 박은정 옮김, 문학동네, 2015.

국가의 전쟁 기념 문법에 대한 소박하지만
전면적인 도전!
이념의 허울을 걷어내고 개개인의 삶
그 자체를 보라.

다. 알렉시예비치의 이 소설은, 야스쿠니가 대변하듯이 전사자 숭배를 통해 국가와 민족이라는 세속적 상상체를 종교적 숭배의 대상으로 만들고 조국을 위해 죽어간 자들의 제사를 통해 영속된 운명 공동체를 재확인하는 국가의 전쟁 기념 문법에 대한 소박하지만 전면적인 도전이다.

물론 알렉시예비치가 처음은 아니다. 1925년 독일의 평화주의 운동가이자 저널리스트이며 작가인 쿠르트 투홀스키(Kurt Tucholsky)는 독일 전역에 흩어져 있는 제1차 세계대전 전사자 추모비에 분개하여 탈영병을 위한 대안적 기념비를 제안했다. "여기 동료 인간을 쏘아 죽이기를 거부한 한 남자가 살았노라. 그에게 경의를." 투홀스키의 탈영병 기념비 아이디어가 현실화된 것은 제2차 세계대전이 끝나고도 한참 후의 일이었다. 1986년 브레멘을 시작으로 1987년 카셀, 1995년 에어푸르트, 1999년 포츠담, 2005년 울름, 2007년 슈투트가르트 등 독일 각지에 탈영병 기념비가 세워지기에 이르렀다. 이어 2014년 10월 오스트리아 수도 빈의 전쟁 기념비가 세워진 영웅광장의 지척에 탈영병을 위한 기념비가 제막되었다. 《전쟁은 여자의 얼굴을 하지 않았다》는 탈영병을 기리는 이 대안적 기념비들에 대한 소리 없는 성원이다.

탈영병을 위한 기념비는 아직 요원한가

조국을 위해 죽어간 자보다 조국을 배반하고 전선을 이탈한 자들을 추모한다는 것은 그리 쉬운 일이 아니다. 2009년 오스트리아 의회는 나치가 범죄자로 낙인찍은 탈영병들을 복권시키는 결의안을 통과시켰지만,

'전우를 배반했다'는 사회적 낙인까지 지우지는 못했다. 탈영병을 위한 기념비에 분개한 오스트리아 재향군인회의 완고한 회원들은 전우를 배반한 탈영병들을 나치와 싸운 레지스탕스 전사들과 혼동해서는 안 된다고 공개적으로 못 박기도 했다. 이들에게 탈영은 나치에 대한 저항이 아니라 전우에 대한 배반이라 비추어진 모양이다. 하지만 죽음을 무릅쓰고 탈영한 자들이 죽기 살기로 싸운 자들보다 비겁하다고 몰아붙일 것까지는 없다. 전우를 배반한 일이 다른 사람을 죽이는 것보다 더 나쁜 죄악인지도 의심스럽다.

1943년 이탈리아의 반파시스트 빨치산은 "조국을 위해 죽은 자들에게 바친 우스꽝스러운 기념비들을 부수고 그 위에 탈영병들을 위한 기념비를 세우자"고 제안하면서, 전장에서 죽은 자들은 모두 전쟁을 저주하면서 그리고 탈영병들의 행운을 부러워하면서 죽어갔노라며 자신의 제안을 정당화했다. 전사자를 '호국 영령'으로 칭송하는 야스쿠니 신사의 '영령 제사' 논리에 대해 탈영병을 위한 기념비만큼 통렬한 비판은 찾기 어려울 것이다.

대통령에게 이 책을 권하는 이유는 이미 이것만으로도 충분할 것이다. 구 소련의 출판 검열관과 생각의 결이 비슷한 '호국' 당이 국회의 다수를 차지하고 있는 정치 현실에서 알렉시예비치의 소설은 너무 이상적인지도 모르겠다. 그러나 탈영병을 위한 기념비를 세워달라고 요청하는 것도 아니고 그저 전쟁에 대한 다른 목소리들을 한번 읽어보시라고 해서 국가를 모독하고 민족을 배반하는 것은 아니지 않은가? 한국 군대의 섹시즘에 맞서 싸운 예비역 여군 중령 피우진을 보훈처장에 임명하고 5·18 민주화운동 기념식에서 유가족을 안아줄 수 있는 대통

전쟁은 여자의 얼굴을 하지 않았다

령의 감수성이라면《전쟁은 여자의 얼굴을 하지 않았다》에서 남북 관계는 물론 동아시아의 기억 정치, 타인의 아픔에 공감할 수 있는 정치 문화에 이르기까지 다양한 영감을 얻을 수 있으리라 믿는다.

2017년 5월 서울국제문학포럼에 참석하기 위해 첫 방한한 작가는 서울 거리를 걸으면서 받은 첫인상이 "검은 제복을 입는 직종은 대부분이 남자인 …… 한국은 남자들의 나라"라는 것이었다고 말했다. 〈한국일보〉의 기사에 따르면, 작가는 "여성이 사회 요직 예컨대 국방장관에 오른다면 전쟁이 덜 일어날 것이지만, 러시아나 한국은 남성 사회를 살고 있기 때문에 이런 모습은 아직 상상하기 이른 것 같다"고 덧붙였다고 한다. 이 인터뷰만으로도 알렉시예비치의 소설을 일독하시라고 대통령에게 권하는 알리바이는 충분하다고 본다.

함께 추천하는 책

《포스트 워 1945~2005》 1·2, 토니 주트, 조행복 옮김, 플래닛, 2008.

냉전의 시각에서 벗어나 제2차 세계대전 이후 현대사의 전개 과정을 잘 그리고 있다. 청와대와 여의도, 도쿄와 베이징, 워싱턴을 못 벗어나고 있는 한국 정치의 좁은 시각을 넘어서 지구화 시대의 세계에 대한 시야를 넓힐 수 있는 책이다.

《암흑의 대륙》, 마크 마조워, 김준형 옮김, 후마니타스, 2009.

20세기 유럽에서 일어난 전쟁과 대량 학살, 제노사이드와 인종 청소 등 유럽 현대사에 대한 비판적 고찰을 통해 검은 대륙은 아프리카가 아니라 유럽임을 역설한 현대 문명에 대한 비판적 역사서. 21세기 한반도에 필요한 문명은 어떤 문명인가를 원점에서부터 다시 고민하게 만들어주는 책이다.

마음으로 보듬어야
통합의 정치가 가능하다

03

안대회

성균관대
한문학과 교수

지난 5월에 끝난 제19대 대선에서 닮고 싶은 역사 인물을 물었을 때 대통령 후보들은 각각 세종과 박정희, 정도전, 정약용을 꼽았다. 박정희가 등장하고 정조가 등장하지 않은 것이 뜻밖이었다. 또 정도전과 정약용이 명단에 오른 것이 참신했다.

그동안 대통령이 닮고 싶은 인물로는 세종이나 정조가 많이 언급되었다. 조선조 이전으로 올라가자니 시대적 간극이 커 동떨어진 느낌이 들고, 두 명의 국왕을 제외하면 흔히 평가가 엇갈리므로 거론하기에 마땅치가 않다. 박정희는 당대 인물이라 평가에 거리를 두기가 어렵기도 하고, 평가가 극단적으로 갈리기도 한다. 대통령이 되고자 하는 마당에 신하인 인물을 꼽는 것이 한편으로는 적절치 않아 보인다. 그렇다면 영락없이 세종과 정조로 갈 수밖에 없다.

조선왕조 500년 동안 왕이 한두 명도 아니고, 태종이나 영조를 비롯해 치적이 두드러진 왕도 여럿 있다. 그러나 전기에는 세종, 후기에는 정조가 이룩해놓은 치적을 능가할 왕이 없기도 하고, 또 사람들이 공감하기도 쉽지 않다. 구체적 공적을 따질 것 없이 지명도나 인기로 볼 때 둘을 넘어서는 왕은 없다.

조선이 멸망한 이후 천지가 개벽하는 변화가 벌어졌다고는 하지만 우리 시대의 대통령이라면 그가 누구든 역대 최고 지도자가 어떤 모습을 보여주었는지를 더듬어볼 수밖에 없다. 또 그중에서 뛰어난 공적을 거두고 명성을 갖춘 이라면 정말 어떤 일을 했고, 어떤 말을 했는지 대강은 알아둘 필요가 있다. 그렇다면 정조를 찾는 것이 자연스럽고 그의 행적과 어록을 조금은 이해해두는 것이 필요하리라.

그대로 따르지는 않겠다

정조(正祖, 1752~1800, 재위 1776~1800)! 그는 조선의 제22대 왕으로 생전에도 백성에게서 존경을 받았고, 사후에도 위대한 왕으로 추모의 대상이 되었다. 정조가 사망한 뒤 그가 통치한 시대를 건릉성제(健陵盛際, 건릉은 정조의 왕릉 이름이고, 성제는 융성한 시대라는 뜻)라고 불러서 위대한 왕이 다스리던 태평성대로 추억했다. 그렇다면 정조의 그와 같은 이미지가 정말 실상에 부합하는 것일까?

정조의 특징을 거론할 때 인상 깊게 본 장면 하나가 떠오른다. 《조선왕조실록》을 여기저기 살펴보다가 〈순조실록〉을 보게 되었는데 평소에 익숙하게 본 〈정조실록〉과 눈에 띄게 다른 것이 있었다. 〈순조실록〉은 그야말로 관료를 임용하고 각 부서에서 올라온 간단한 보고 내용과 탕

약을 바친 내용이 대부분이었다. 보고가 올라오면, 순조는 대부분 "그대로 따랐다"라고 허가할 뿐 지시하거나 의견을 피력하는 말이 거의 보이지 않았다. 말이 없는 국왕, 순조는 허수아비에 지나지 않았다. 순조 이후의 국왕도 크게 다르지 않았다. 〈고종실록〉은 기사의 가짓수가 많고 순조보다는 나으나 역시 "그대로 따랐다"라는 말이 많았다.

그렇다면 〈정조실록〉은 어떨까? 관료 임용과 각 부서의 보고, 그에 대한 승인이 빈번한 것은 다른 왕과 다르지 않으나 무조건 "그대로 따랐다"라기보다는 의견을 피력하거나 지시하는 내용이 월등히 많았다. 각각 통치 15년째 되는 해의 3월 기사를 보면, 정조의 실록에는 한 달 동안 기사가 46가지 실려 있고, 순조의 실록에는 16가지가 있다. 같은 때의 〈고종실록〉 역시 〈순조실록〉과 차이가 거의 없다. 수량만 가지고도 순조는 정조보다 일을 3분의 1밖에 하지 않았다.

거행한 정사의 수량도 중요하지만 문제는 질이다. 순조는 기껏해야 관료 임용과 보고를 윤허했을 뿐인 데 반해, 정조는 보고라 해도 그냥 따르지 않고 묻고 변경하는 일이 많았다. 지방관을 임용하고 해임할 때도 불러다가 해당 지역의 민원을 청취했다. 3월 4일자 기사에 "주상은 백성의 일을 근심하여 근신(近臣)으로서 고을 수령으로 있다가 교체되어 돌아오는 자가 있으면 곧 만나보고 조용히 백성의 실정을 물어보곤 했다"라고 기록되어 있으며, 여주 목사에서 해직되어 돌아온 관료를 불러 해당 지역 상황을 주제로 묻고 의견을 말했다.

눈에 번뜩 띄는 것은 3월 29일자 기사이다. 정조는 좌의정 채제공(蔡濟恭)에게 노비의 폐단에 대해 세밀히 연구해서 보고서를 올리도록 하명했다. 더 흥미로운 것은 지시하는 이유와 보고서의 방향을 상당히 자세하게 설명하고 있다는 것이다. 뒤에는 또 중앙과 지방의 고위 관료들에게 각자의 의견을 내도록 지시해 충청도와 경상도 관찰사 등이 의견을 내놓고 있다. 이달에는 전국의 노비 현황을 여러 번 언급하더니 이 지시가 내려갔다. 아마도 이것이 정조 말년 중요한 업적의 하나인 공노비 해방으로 진행되었을 것이다.

재위 15년 3월 한 달 동안의 실록 기사는 국왕들 사이의 차이와 정조의 특징을 명확하게 보여준다. 무엇보다 정조는 왕으로서 능동적으로 국정을 처리하려는 태도를 굳게 지켰다는 사실을 분명하게 보여준다. 관료들에게 끊임없이 지시하고 의견을 묻고 갈등을 조율하는 과정의 밑바탕에는 백성의 안녕과 국가의 유지라는 목표를 굳건하게 설정해놓고 있었다.

정조가 추진했다는 개혁의 강도와 실현 여부에는 의문을 가질 수 있어도, 한 나라의 최고 지도자로서 신하와 백성 들과 소통하려고 노력했고 국정에 최선을 다했다는 점을 부정하기는 어렵다. 세종과 함께 정조가 당시부터 지금까지 일반인이나 정치 지도자에게까지 사랑을 듬뿍 받고 닮고 싶은 인물로서 언제나 거론되는 것은 충분한 근거가 있다고 말할 수 있다.

거침없는 다변의 국왕

이런 정조이지만, 현재 정조의 정치상을 충실하게 알려주는 책을 비롯해 학술적으로 깊이 있게 분석한 저작은 예상보다 많지 않다. 정조만이 그런 것이 아니라, 세종도 마찬가지다. 책들이 대개는 의견 수준의 주장이 난무해 인물을 과대평가하거나 저평가하기도 한다. 정조의 경우 국정 철학과 처리 과정을 안내하는 알맞은 수준의 책은 손으로 꼽을 정도이다. 대통령을 비롯해 일반 사람들이 떠도는 소문이나 인상에 따라 정조를 판단할 것이 아니라 어느 정도 정확하게 이해한다면 제대로 존경하고 우리 정치의 자양분으로 삼을 수 있을 텐데 말이다.

최근 10년 이래 정치 지도자로서 정조의 요모조모를 소개하는 저작들이 몇 종 나왔는데, 독자에게 조금 더 쉽게 다가갈 수 있는 책을 꼽는다면 정조의 말과 글을 뽑아서 번역하고 해설한 어록을 들 수 있다. 신하들이 듣고 본 정조의 말과 행동을 기록한《일득록》을 선집한 책이나《일득록》을 포함해 많은 역사 기록과 저술, 어찰에서 어록과 글을 뽑아서 정조의 생각을 전반적으로 살펴볼 수 있도록 한 책 등이 있다. 이들 책은 국정을 대하는 의도와 방향을 생생하게 보여주는 어록 선집이라는 점에서 정조의 진면에 더 가까이 다가가서 보는 느낌을 줄 수 있다. 그중에서도《정조치세어록》은 폭넓은 주제로 정조의 말과 글을 다방면에서 보여주려 시도한 책으로, 통치 철학과 리더십, 통치자로서의 고뇌 등이 담긴 글들 위주로 가려 뽑아 실었다.

그렇다면 정조의 어록을 직접 접하는 것은 어떤 의미가 있을까? 어록을 읽어서 최고 지도자의 정치 행위를 엿보는 것은 특이한 일이 아니다. 깊이 있는 분석을 담은 저술을 읽는 것도 중요하지만 어투나 감정, 배경까지 함께 접할 수 있는 어록은 지도자를 생생한 실물로 보여준다는 점에서 더 큰 도움을 받을 수 있다. 이것이 주목받는 정치가의 어록이 인기를 얻는 이유이기도 하다.

조선조 왕 가운데 어록이 흥미로운 왕은 정조가 으뜸일 것이다. 정조는 침묵하거나 대인기피증이 있던 군주가 아니다. 조선의 왕 가운데 가장 적극적으로 자신의 생각을 드러낸 다변의 왕임이 틀림없다. 당연히 수많은 말을 쏟아냈다. 엄청나게 쏟아낸 많은 말이《일성록》과《승정원일기》를 비롯한 각종 사료와 그의 문집《홍재전서》에 실려 있는데 채 정리되지 않고 있다.

　한 가지 더 짚고 넘어갈 것은 정조의 글이다. 말을 많이 했을 뿐만 아니라 일반인의 상상을 초월할 만큼 글도 많이 썼다. 그것도 뛰어난 문사가 쓰는 것보다 많은 양을 직접 썼다. 정조의 글쓰기를 일반 통치자와 비교해보면 큰 차이가 있다. 보통 통치자는 글을 많이 쓰지 않는다. 쓴다고 해도 전문적인 문사가 통치자가 써놓은 글을 가필한다. 조선시대라고 다르지 않다. 현재 세계의 통치자 가운데 본인이 직접 연설문을 쓰는 이가 얼마나 되겠는가? 대부분 연설 담당 비서관 여럿이 통치자의 의중을 반영해 대필하는 것이 통상적인 관례다.

　구한말의 고종은 조선조 왕으로서는 드물게 분량이 많은 문집을 남기고 있다. 하지만 고종이 직접 쓴 것이 얼마나 될까? 대한민국 역대 대통령의 호화스런 연설문집 역시 고종의 문집과 차이가 있을까? 그러나 정조는 다르다. 정조는 남들이 대필한 글은 대필했다고 밝혔고, 그렇지 않은 것은 본인이 직접 썼다. 밝히지 않았다 해도 문체가 독특해 글의 작자가 누구인지를 바로 알 수 있다.

　따라서 글과 말로 이루어진 정조의 어록에는 조선조 왕의 숨김없는 발언이 담겨 있다. 특히 시선을 사로잡는 것이 신하들에게 보낸 어찰, 그중에서도 비밀 편지다. 심환지(沈煥之)에게 보낸 어찰이 대표적인데,

국정의 한 축을 담당하는 당파의 영수와 지속적으로 많은 어찰을 주고받으면서 국정을 상의한 실물이다. 아마도 현재의 상황에 대비하면, 야당 당수와 수시로 전화나 문자 메시지, 메모를 주고받은 것과 같다.

백성이 배고프면 나도 배고프다

정조의 말과 글은 연설가나 작가로서의 능력을 의미하는 것이 아니다. 국정에 대한 열정과 국정 장악, 소통과 토론의 능력과 의지를 의미한다. 이것은 관료나 백성 들과 소통하고 공감하는 능력이다. 그것은 타고났거나 어느 날 갑자기 얻어진 능력이라기보다는 어릴 때부터 끊임없이 키운 노력의 산물이다. 세상을 누구보다 잘 다스려보겠다는 목표를 위해 그가 갈고닦은 결과이다.

《정조치세어록》에 실린 글 대부분이 그와 같은 정조의 의지와 능력의 구체적 실물이다. 그 내용은 우리가 상상하는 것보다 흥미롭고 깊은 의미를 담고 있다. 유사 이래 정조는 가장 완벽하게 기록물을 남긴 통치자였다. 그의 일거수일투족이 기록으로 남아 있다. 봉건시대 국왕의 기록이지만 현대 정치와 무관하다고 할 수 없이 재미나다. 현재의 대통령이 읽어보면 지금 해도 좋다고 여길 만한 그럴듯한 사례도 발견할 수 있을 것이다.

일례로 1783년 전국적으로 자연재해가 발생했을 때 정조가 실행한 행동과 말을 보도록 하자. 이는 대신 서유방(徐有防)이 기록해놓은 어록이다. 정조는 침실의 동서 벽면에 재해가 발생한 각 도의 현황판을 붙

《정조치세어록: 난세를 사는 이 땅의 리더들을 위한 정조의 통치의 수사학》,
안대회, 푸르메, 2011.

당파 간, 지역 간, 신분 간 이해관계로 조각난 나라를
특유의 소통과 토론 능력으로 다스린
정조 제왕학의 진면목을 보다.

여놓고 구휼과 관련한 각 조목을 써놓은 뒤 상황이 바뀔 때마다 직접 기록했다. 그러다가 신하를 돌아보면서 다음과 같은 말을 던졌다.

> 백성이 배고프면 나도 배고프고 백성이 배부르면 나도 배부르다. 재해를 구하고 피해를 입은 백성을 돌보는 것은 특히 시기를 놓치지 않도록 서둘러야 한다. 백성의 목숨이 달려 있는 사안이므로 잠시라도 중단할 수 없다. 오늘 한 가지 업무를 보고 내일 한 가지 일을 처리한다면 곤경에 처한 우리 백성들이 편안한 자리로 옮겨갈 것이다. 그런 뒤에야 내 마음도 편안할 것이다.

250년 전 침실에 재해 상황실을 만들어 왕이 직접 챙기는 장면은 생각할수록 놀랍다. 또 정조의 말은 모든 백성, 특히 재해에 고통받는 백성의 마음을 위로하고 격려한다. 이 한 장면은 정조가 왜 당시부터 후대까지 존경받는 위대한 왕인지를 선명하게 보여준다.

재위 15년 3월 7일, 한양의 서부 지역에 큰 화재가 일어나 민가 64호가 불에 타는 재해가 발생했다. 한성부에서는 화재 상황을 즉시 보고하지 않았다. 뒤늦게 이 사실을 안 정조는 즉시 보고하지 않은 한성부 판윤에게 몇 달치 녹봉을 지급하지 않는 벌을 내렸고, 피해민들을 서둘러 구제하도록 지시했다. 이처럼 이 책에는 백성의 마음을 휘어잡는 정조의 시원한 대책과 말 들이 소개되어 있다. 봉건시대의 낡은 방법이라 해 무시할 수 없는 국정을 처리하는 태도이다.

말과 글은 마음에서 우러나온다. 가식으로 꾸미는 데에는 한계가 있다. 정조가 신하와 백성 들을 감동시켜 통합의 길로 나갈 수 있었던 것은 마음에서 우러나온 배려와 의욕, 합리적인 통치 그리고 그 모든 것을 표현한 말 덕분일 것이다. 정조의 치세가 다른 시대보다 다스리기 편한 환경이 아니었다. 그런데도 정조는 치열한 노력으로 당파의 경쟁과 지역 간 이해관계의 대립, 신분 차별, 경제문제와 종교문제로 조각난 나라를 안정시켰다. 정조가 소외된 지역과 신분, 직업인 들을 특별히 배려한 정책은 조선의 왕이 상식적으로 집행하는 수준을 넘어서 있다. 또한 정조는 백성이 정책을 확인하도록 해 백성으로 하여금 국왕이 자신들을 사랑하고 보호한다는 믿음을 심어주었다. 반면 관료에게는 지나칠 정도로 간섭하고 따지고 요구해 그의 시대에는 관료 노릇하기가 힘들었다는 후일담이 전하기도 한다.

정조 역시 왕으로서 단점과 실책이 없지 않았다. 그러나 이 책은 굳이 실책과 약점에 중점을 두지 않고 70여 가지 사례를 통해서 정조가 추구한 제왕학의 구체적 모습을 제시한다. 정조의 제왕학은 당시로서는 치밀하게 계산되어 발명된 정치 방법으로 정치철학적 의미가 깊다. 200년 전의 시대에 뒤처진 낡은 통치 방법이라고 넘겨버릴 허술하고 우연한 정치술이 아니다. 현대의 우리 대통령이 읽고서 그 정신과 철학을 되새겨볼 가치가 있다. 왜 역대 대통령뿐만 아니라 대선 때마다 후보들이 닮고 싶은 역사 인물로 정조를 꼽는지 그의 어록이 직접 말해줄 것이다.

정조치세어록

《채근담》, 홍자성, 조지훈 옮김, 현암사, 1996.

작게는 한 개인의 처세를 안내하나 크게는 국가를 경영하는 방법을 안내한다. 가정에서부터 사회, 기업, 국가까지 사람들이 부대끼며 살아가는 모든 공간에서 생각해보면 좋을 상식과 지혜를 말해준다. 때때로 펼쳐 보면서 인생과 사회를 헤쳐나가는 교훈과 힘을 얻을 수 있다.

《정관정요》, 오긍, 김원중 옮김, 휴머니스트, 2016.

당나라를 건설한 이후로 당 태종과 신하들은 나라를 안정적으로 통치하는 방법을 놓고 토론했다. 통치의 기본과 통치자의 자격, 관료를 통솔하는 방법 등 국가 경영에 관한 아시아의 전통적 통치술을 배울 수 있다. 제왕학의 고전으로서 여전히 통치자에게는 교과서와 같은 가치를 지닌다.

결과에 대해 책임지는 정치가 필요하다

04

박명림

연세대
지역학협동과정
정치학 전공 교수

피렌체는 유럽에 가면 자주 들르는 도시 중 하나이다. 특히 정치학도로서 마키아벨리의 출생지부터 출퇴근길, 근무지, 유배지는 여러 차례 답사했다. 그때마다 가슴에는 《군주론》, 《로마사론》의 내용은 물론 그것을 쓴 사람의 고단한 삶, 뜨거운 애국심, 섬뜩한 현실주의, 절묘한 균형 감각, 냉철한 분석력이 함께 밀려왔다. 무엇보다 우리나라의 지정학적 위치, 전란의 비극, 전쟁의 위기를 생각할 때면 당시 이탈리아와 유사한 지금의 한국 처지가 비교되면서 폐부를 찌르는 그의 애국심과 통찰력에 천학하고 무력한 나 자신이 처절하게 압도되곤 했다.

《군주론》 집필 500주년을 맞아, 몇 해에 걸친 간청 끝에 안내자의 특별한 허락을 얻어, 낮 시간에는 이미 여러 해 둘러본 《군주론》 집필 현장을 깊은 밤에 방문한 적이 있다. 안내인은 심야에 집필실 방문을 허용한 것은 사상 처음이라고 했다. 가슴이 두방망이질 쳤다. 500년의 시차를 건너뛰어 동양의 한 정치학도가 마키아벨리와 마음의 대화를 시도한다. 자기 나라(의 위기)를 앞에 둔 영혼의 교감이다.

훌륭한 통치(자)란 무엇인가? 정치의 본질은 무엇인가? 정치는 왜 하는가? 좋은 정치란? 정치에서 목적과 수단의 관계는? 애국은 무엇이며 어떻게 하는가? 정치(학) 교사는 무엇을 해야 하는가? 좋은 나라는 누가 어떻게 만드는가? 당신은 《군주론》을 왜 썼는가? 위기에 빠진 나라와 인민을 구할 요체는 대체 무엇인가? …… 공직에서 퇴출당한 가난한 가장으로서 하루의 노동을 끝낸 뒤 좌정한 채, 때로는 군주의 급습을 두려워하며 손을 떨면서 썼던, 집필 당시에 쏟아진 잉크 자국이 아직도 선명한 《군주론》 집필 책상을 심야의 집필 시간에 방문하여 연신 쓰다듬으며 온갖 상념을 떠올린다.

정치 이론의 새로운 패러다임을 열다

니콜로 마키아벨리(Niccolò Machiavelli, 1469~1527)의 《군주론》은 조국 이탈리아를 위한, 그리고 시대를 초월한 통치자 및 국가의 흥망 이유와 권력 유지를 위한 최적의 방법을 논의한 책이다. 한마디로 그의 이론은 르네상스 인문주의와 근대의 태동 시기에 정치의 전혀 다른 패러다임을 열어젖힌 국가 사이 및 권력의 정교한 관계 이론이다. 그의 저작들이 정치에 대한 소크라테스 이래의 모든 철학의 척도·표준·기준·규칙의 유용성을 고갈시킨 '최초의 지표'로 평가받는 까닭이다.

마키아벨리는, 첫째 인간의 본질에 대한 성선설과 성악설의 이분법에 대한 부정과 극복, 둘째 생성·성장·소멸을 포함한, 직선사관을 극복한 역사에 대한 순환사관, 셋째 최적 정치에 대한 혼합 정치 체제론을 세 가지 사상적 중심 기둥으로 삼아 자신만의 창조적이고 혁신적인 웅장한 새 정치 이론을 축조한다. 기저 출발점으로서 그는 인간에 대한 성선과 성악의 오랜 고전적 오류, 즉 선천적 숙명론, 운명론, 도덕주의, 흑백논리, 이분법을 선명히 넘어선다.

그가 자신이 명명한 이른바 '완벽 국가', '완전 공화국(perfect state)'을 인간과 사회 갈등의 산물로 보는 까닭이다. '완전 공화국'이란 고전 이론 이래의 혼합정체(mixed polity)로서 통치자와 귀족, 평민—오늘날의 대통령, 의회, 시민— 3자가 모두 참여하는 융합 체제를 구축하여 갈등하는 요소 전부를 포괄하는 균형 국가를 말한다. 즉 혼합정체란 제도요 헌법인 동시에 그것을 넘어 정치 역량을 통해 구축되는, 갈등하는 요소 사이의 타협을 통한 혼합 정부(mixed government)요 혼합 세력(mixed forces)을 말한다. 오늘날의 연합 정부, 연방 체제, 연립 정부, 합의(제) 정부, 통합 정부를 말한다.

둘의 본질적 차이를 정확하게 꿰뚫고 있었음에도 '제도'와 '운용'을 구분하지 않고 함께 포괄하는 놀라운 발상이 아닐 수 없다. 그가 말하듯 인간이 존재하는 한 갈등은 필연이다. 그렇다면 반대 세력을 (과거 전제와 독재 시대 같은 폭압과 배제를 제외한다면) 체제 내로 포용하는 것보다 더 좋은 갈등 관리, 통치 능력 제고, 혼합정체 구성, 타협 방법, 안정 희구 수단은 아직 없다. 권력 독점의 헌법 구조 및 제도, 그리고 진영 논리와 대결 정치가 만나 최고 수준의 정치적·사회적·이념적 갈등을 노정하는 승자 독식에 함몰된 오늘의 한국 정치에 제도와 운용 모두에서 이보다 더 절실한 통찰과 충언은 없다.

현실의 정치학이 곧 윤리학이다

오랫동안 우리에게 《군주론》으로 알려진 정치학의 고전은 담고 있는 주제와 내용에 비추어 '통치론' 또는 '통치 자질론', '통치 역량론'으로 번역하는 것이 합당하다. 세습군주 자체에 대한 언설은 일부일 뿐만 아니라 그조차도 일관되게 비교적 관점에서의 통치의 자질과 능력에 대한 내용이다. 혁신적 내용들로 가득 찬 《군주론》을 짧게 압축한다는 것은 불가능하다. 따라서 이 글은 오늘의 우리에게 긴히 필요한 몇몇 항목과 주장에 한정하여 진술하고자 한다.

우선 마키아벨리가 명명한 책 제목(Principe)이 흥미롭다. 그것은 본래 '가계', '혈통', '고귀한 혈족'이라는 좁은 의미의 '세습군주'가 아니라 '최고 능력자', '최고 지도자', '일인자'를 뜻하는 말[princeps: primus(prime)+capabilis(capable)]에서 발원한 것이다. 제목 자체가 국가 통치 질서와 체제에 대한 인류의 오랜 고정관념과의 혁명적 단절과 패러다임 전환을 담고 있다. 주장하는 내용 역시 시종 혁명적이다.

한마디로 마키아벨리는 권력과 정치의 윤리성과 책임성의 양자택일을 원천적으로 극복하려 시도했다. 그에게는 좋은 결과가 곧 좋은 윤리였다. 그는 통치자의 행위는 심판자가 없기 때문에 사람들은 최종 결과에 주목하게 된다고 말한다. 상례로 드는 전쟁의 승리와 패배는 물론 이 말은 마치 통치의 합법성과 정당성의 문제를 넘어선 현대 민주주의의 도래를 알고 말한 진술처럼 들린다. 결과에 대해 책임지는 정치는 국가의 안전과 인민의 안정을 위한 현실적 문제 해결 능력, 즉 현실성과 책임성이 정치의 존재 이유이자 윤리임을 말한다.

즉 통치자는 그렇게 할 수만 있다면 선함·자비·인간성·신의·신앙심에서 벗어나지 않아야 하지만, '불가피하게 요구될 경우' 그와 반대되는 행동을 할 자세가 되어 있어야 한다. 악덕은 가급적 피해야 하지만, 이를테면 그것 없이는 국가를 구할 수 없는 경우처럼 도저히 피할 수 없다면 오명을 감수하고 결행해야 한다.

정치를 당위의 진리나 본질 또는 도덕의 발현으로 이해하기보다는 인간 문제의 해결을 위한 공적 영역에서의 출현과 형성과 변혁—혁명과 순환을 포함해—으로 보았던 것이다. 개인 윤리와 통치 덕목, 일상생활의 개인 도덕과 필수 상황에서의 통치 윤리를 분리함으로써 그는 권력의 도덕학과 윤리의 정치학에서 벗어나 실제 작동하고 있고, 또 작동해야 하는 권력의 현실학과 정치의 결과학을 추구하고 제시했다. "나에게는 사물에 대한 상상이 아니라 그것의 실질적 진실을 추구하는 것이 더욱 적절하다"고 말한 이유이다. 고전 철학과 정치 이해의 완전한 역전이다.

현대의 국가 통치자들은 민주적 선거를 통해 집권함으로써 극소수를 제외하고는 대부분 도덕적이고 합법적이다. 그렇다면 더 이상 정당성과 민주성으로 통치 과정과 능력을 평가받으려 해서는 안 된다. 그것들은 최소 출발 요건일 뿐이다. 철저하게 업적과 결과로 평가받아야 한다. 시대에 응답하고 필요에 부응하며 상황을 타파하고 난관을 돌파하는 통치 역량이 절대적인 이유이다.

운명에 결연히 맞서는 통치자의 자질이 중요하다

국가 운영은 끝없이 터져 나오는 사태들로 인해 한순간도 안온할 수가 없다. 마키아벨리가 시대를 초월하여 말하고 싶었던 가장 중요한 요체는 끝없이 닥쳐오는 '운명(포르투나, *fortūna*)'에 결연히 맞서는 통치자의 '자질(비르투, *virtù*)'에 관한 것이었다. 《군주론》의 정수는 이것이었다. 그의 시대는 대국에 둘러싸인 조국 이탈리아가 분열과 외침으로 인해 풍전등화의 시기였다.

여기서 말하는 '통치 자질'은 덕성·국량·능력·역량을 포함하는 마키아벨리 정치사상의 모든 요소와 부면을 관통하는 제1요체다. 어떤 '운명'이 닥치더라도 통치자로서 압도적 실력과 과감한 결단, 능동적 선택, 적시의 기회 포착, 건곤일척의 승부를 통한 돌파를 말하기 위함이었다. 그가 끝없이 '운명'과 '자질'을 팽팽하게 대비시키는 동시에 '자질'을 우위에 둔 까닭이다.

특별히 '운명'으로 인해 최고 통치자가 된 사람들은 통치에 필요한 '자질'을 통해 마땅히 자신의 운명을 감당하고 헤쳐 나가야만 한다. 세습, 가계, 종교, 타인의 갑작스러운 죽음, 인간관계, 진영 구도, 선임자 퇴출, 대중혁명을 포함한 '운명의 힘'으로 지도자가 된 사람들은 자주 위험하다. 그는 '인간의 자질'로는 분명 선하고 부지런하며 신중하고 따뜻하며 의롭고 희생적일 수 있지만, 영악하고 냉혹하며 결단하고 선택하며 극복하고 돌파해야 하는 '통치 자질'에서는 크게 부족할 수 있다.

아니, 바로 그 '운명'—그가 말하는 '운명'은 '시련'과 함께 '기회', '행운'의 뜻도 언제나 같이 품고 있다―이 통치자의 자리로 끌어낸 지도자들은 역사에서 보듯 통치 자질이 부족한 경우가 많았다. 마키아벨리가 책 제목을 정치 이론의 새 하늘과 새 땅을 제시하기 위해 '통치론', '통치 자질론'으로 명명한 연유였다. 강조컨대 지도자의 '운명'은 등극의 순간 '자질'로 대체되어야 한다. 마음속으로든 언설로든 통치자가 운명(과 무력함)을 반복적으로 되뇌어서는 안 되는 이유이다. 그렇지 않으면 자신도 나라도 나락으로 빠져든다. 오직 통치자 자신과 통치 자질에 바탕을 둔 안전만이 신뢰할 수 있고 확실하며 항구적이다.

차악과 최선을 결합하는 소름끼치도록 절묘한 이상적 현실주의

마키아벨리는 로마를 예로 들면서, 문제를 앞서 파악하면 국가에 발생하는 폐해를 신속하게 해결할 수 있다고 강조한다. 그러나 제때 인식하지 못하여 사태가 악화된 뒤에는 어떤 해결책도 소용없게 된다고 경고한다. 그가 적절한 대처를 위해 '자질' 못지않게 강조한 것은 '실천적 통찰', '분별지(*prudenzia*)'다. 분별지는 바로 시대적·상황적 '불가피성(네체시타, *necessità*)'을 파악하는, 즉 '근본지'와 '방편지'를 연결하는 정치적 통찰력과 현실 파악 능력, 다시 말해 냉혹한 객관적 사태 파악력을 말한다. 따라서 '분별지'는 난관을 통찰할 줄 알며 가장 해악이 적은 차악을 최선의 대안으로 선택한다.

분별지를 강조하는 그의 통찰을 보면 그를 현실주의자로, 《유토피아》를 저술한 토머스 모어를 이상주의자로 보는 오랜 전통적 해석들이 얼마나 큰 오류인지를 깨닫게 된다. 여기에서 우리는 '차악의 현실'과 '최선의 이상', 즉 차악과 최선을 결합하는 마키아벨리의 소름끼치는 이상적 현실주의를 보게 된다. 모든 지도자가 지녀야 할 필수 덕목이다. 통치자들이 가져야 할 지혜와 지식은 바로 고전 철학들이 강조한 정치의 윤리학과 권력의 도덕학으로서의 '철학적 근본지'도 아니고, 수많은 구체적 정책 사안과 상세한 세부 대책을 말하는 현대의 '기능적 방편지'도 아닌, 둘을 연결하고 종합하는 '시대적·상황적 분별지'인 것이다.

지도자에게 위기는 '운명'을 타파하고 '자질'을 유감없이 발휘할 기회다. 제도가 안내하는 현대 민주주의에서 지도자의 자질은 나라와 국민이 요구하는 필요에 대한 절박감과 애국심의 발로라는 점을 명심해야 한다. 운명과 상황을 기필코 제압하고야 말겠다는 절박한 문제의식을 지녔다면 자질과 국량은 다가오며 해법은 찾아진다. 나는 이 점을 특별히 강조하려 한다.

운명과 상황을 뛰어넘기 위해 무엇보다 자질을 지닌 지도자는 자질을 가진 사람을 알아보아야 한다. 통치자는 자질을 가진 인물을 우대함으로써 통치 자질이 드러나게 해야 한다. 그것은 자기의 통치 능력을 드러내어 자질을 가진 자들의 덕성과 역량을, 일반 시민의 충성과 지지를 모두 끌어내는 지름길이 된다.

운명과 구조로 인해 '할 수 있는 게 없다', '할 게 없다'는 자조와 자탄 대신 통치자는 '반드시 하지 않으면 안 되는 것'과 '할 수 있는 것'을 어떻게든 끝까지 찾아내야만 한다. 그리하여 그는 자기와 자기 조국 앞에 미세하게 열린 공간과 기회를 정확하게 포착하고 활용하여 상황을 견결히 뚫고 나아가야 한다.

《니콜로 마키아벨리 군주론》, 니콜로 마키아벨리,
최장집 한국어판 서문, 박상훈 옮김, 후마니타스, 2014.

'국가 통치'와 '정치'를 다룬 가장 실용적인 교범학!
마키아벨리에게서 이상적 현실주의의 정수를 배우다

국가의 근본 토대는 좋은 법률과 좋은 군대다

실제 국가 통치학과 현실 정치학에서 마키아벨리의 핵심 통찰의 하나는 안보와 안전의 우선성이다. 즉 대외 문제가 안정될 때 대내 문제도 안정된다. 국가 안전이 민생 증진이고 평화가 복지다. 이는 특히 제국이 아닌 중견 국가와 약소국 들에 가장 긴요한 통치 요체라고 할 수 있다. 전쟁과 침략, 점령, 위협, 강제 분할로부터 국가와 국민, 안보, 주권을 안전하게 수호할 수 있다면 내부는 안정된다. 소국 피렌체의 고위 관리로서 누란에 빠진 조국의 운명, 살육과 능욕 앞에 수시로 노출된 동족의 비극과 마주한 마키아벨리가 보여준 국제 관계와 국가 안전, 평화 우선의 이상적이며 현실적인 통찰과 지혜는 제국들 사이의 경계 국가로서 누천년 시달려온 한국으로서는 가장 절실하게 체득해야 할 교훈이다.

그는 20세기 초·중반에 난무하던 전쟁과 혁명의 시기에도 자주 운위된 자신의 유명한 잠언에서 "무장한 예언자들은 모두 승리했으나 무장하지 않은 예언자는 패배했다"라고 정면으로 충고한다. 정치는 국민에 대한 약속으로서 일종의 예언이다. 국가(의 안전과 평화)를 수호할 힘이 없다면 모든 약속은 허언이 된다. 그는 특히 스스로를 지킬 능력이 없이 외국 군대와의 동맹과 원조에 의존해서는 나라를 안전하게 지킬 수 없다고 반복해서 강조한다. 그가 강조하는 국가 통치의 요체 중 하나이다.

"프랑스의 샤를 왕은 이탈리아를 백묵 하나로 점령했다"라는 그의 진술은 안보를 의존한 통치자의 '죄악'에 대한 역설적인 고발이다. 우리의 경우 치열한 저항으로 인해 비록 '백묵 하나'는 아니었지만, 외군의 침략과 침탈, 점령, 참전, 식민, 진주, 분할……이라는 안보 질서의 반복되는 외부 주조는 '최고사령관'으로서의 선대 통치자들이 국가를 방어하기에 충분한 정치적·전략적·군사적 역량을 갖추지 못해왔음을 고통스럽게 방증한다.

통치자는, 집권과 동시에 최초·최후의 직임은 국민의 생명과 국가의 안전을 책임지는 '최고사령관'이라는 점을 한시도 잊어서는 안 된다. 말할 필요도 없이 "자기 무력에 기반하지 않은 명성이나 권력보다 더 불확실하고 불안정한 것은 없다." 그리하여 통치자는 다른 무엇보다도 군사, 전쟁, 안보, 평화에 대한 제도와 훈련에 최고의 목표와 관심을 가져야 한다. 마키아벨리는 단순히 외정을 강조하는 데서 나아가 외정과 내정을 통합적으로 이해한다. 즉 모든 국가의 근본 토대는 좋은 법률과 좋은 군대다. 둘은 상보적이다.

부모 세대는 미증유의 대전쟁 참화를 겪었고, 우리 세대는 또다시 세계 최악의 핵전쟁 위기에 직면한 이 시기에 우리 통치자가 가장 깊이 명심해야 할 언명이 아닐 수 없다. 20세기 최고의 한 정치철학자가 동족 유대인들의 오랜 비극에 대해, 운명을 스스로 개척하지 못해온 데 대한 정치적 책임을 정면 비판한 점은, 오랫동안 대국에 둘러싸여 그들의 원조와 지원에 의존하고 그들의 위력과 횡포에 휘둘려왔으면서도, 오늘의 대위기 국면에서조차 스스로에게 주어진 역량 발휘의 틈새가 이토록 좁을 때까지 방치해온 책임에서 우리의 지도자들 누구도 자유로울 수 없다는 가장 아픈 현실을 떠올리게 한다.

최상의 요새는 인민의 미움을 사지 않는 것이다

마키아벨리는 끝내 민중과 시민에 기반을 둔 통치의 안정성을 강조한다. 그는, 자주 표변하며 자기 이익을 중시하는 기득 세력보다는 민중을 자신의 지지 기반으로 만들어야 한다는 점을 힘주어 강조한다. 그렇지 않으면 역경에 처했을 때 속수무책일 수밖에 없다. 기득 세력은 통치자가 난관에 직면하면 자신들의 이익만을 좇아 통치자의 파멸에 기여할 것이기 때문이다. 따라서 민중에게서 미움과 경멸을 피해야 하는 것은 통치자의 최소 필수 요목이다. 통치자가 민중에게 당할 수 있는 최악의 상황은 미움과 경멸로 인해 버림받는 것이다. 여기에는 유약함과 우유부단과 무능으로 인한 경멸도 포함되어 있음을 명심해야 한다. 가장 경계해야 할 요소이다.

민중에 기반을 둔 통치자가 통치 역량을 보여준다면 민중에게 배반당하는 일은 결코 없을 것이다. 특히 시민들이 국가를 필요로 할 때─평화의 시기─에 국가가 응답함으로써 국가와 통치자가 시민을 필요로 할 때─위기의 시기─에 대비해야 한다. 전자에 대한 응답이 후자의 요건인 것이다. 그리하여 통치자는 자신과 국가 안보를 위해서라도 "최상의 요새는 인민의 미움을 사지 않는 것이다. 인민이 통치자를 미워한다면 어떠한 요새도 그를 지켜주지 못한다." 요새보다 민중의 지지가 우선인 것이다.

새 체제와 새 질서를 건설하려는 개혁가들은 항상 큰 어려움을 겪게 된다. 그러나 넘어서야 한다. 최선의 해결책은 자신들의 자질과 능력으로 돌파하는 것이다. 운명·구조·외부 요인에 대한 변명이 존재해서는 안 된다. 개혁의 성공은 헌법과 법률과 제도의 개창으로 이어져야 한다. 마키아벨리는《군주론》의 마지막 장에서 이렇게 웅변한다.

새로이 등장한 지도자가 새 법률과 새 제도를 창설하는 것보다 더 큰 명예를 얻게 되는 것은 없다. 새 법률과 새 제도 들이 잘 구축되고 위엄을 갖춘다면 지도자는 존경과 칭송을 받게 된다. 그러한 모든 형상을 빚어낼 재료는 결코 부족하지 않다. 즉 위대한 '자질'은 팔다리(민중 개개인들)에게는 있으나 두뇌(지도자들)에게는 결여되어 있다. 민중 개개인들이 보여주는 힘, 재간 그리고 기예가 얼마나 탁월한지를 주의 깊게 보라.

요컨대 통치 자질과 능력이 부족하면 민중에게 묻고 민중으로부터 구하라. 시민에게 묻고 시민으로부터 구하면 된다. 시민들의 대표에게도 묻고 대표로부터도 구하면 된다.

삶의 마지막 해에 마키아벨리는 절친한 프란체스코 베토리에게 보낸 편지에서 그의 삶과 영혼의 본질을 단박에 드러낸다. "나는 내 영혼보다 내 조국을 더 사랑한다." 이어서 그는 "나는 60년 동안의 체험을 통해 이 점을 말한다"라고 고백하고 있으니 이 얼마나 절절한 자기 내면의 표현인가? 우리 지도자와 공복 들이 그들의 가슴 한복판에 공직의 첫날부터 끝나는 날까지 반드시 새기길 바라는 명편(銘片)이다. "나는 내 영혼보다 내 조국을 더 사랑한다."

함께 추천하는 책

《정조 책문, 새로운 국가를 묻다》, 정조, 신창호 옮김, 판미동, 2017.

탁월한 개혁군주 정조가 직접 밝힌, 국가 통치와 정치의 핵심 항목을 78가지 질문으로 나누어 번역·정리한 일급 통치 요목이자 지도자용 필수 전수(傳授) 지침이다.

《권력의 조건》, 도리스 굿윈, 이수연 옮김, 21세기북스, 2013.

링컨이 어떻게 해서 위대한 지도자가 되었고, 미증유의 국가 위기를 극복했는지를 포용·연대·화해·연합·통합에 초점을 맞추어 심층 분석한 역저로서 리더십 분야의 세계적 필독서이다.

05

《아내 가뭄》

가사 노동 문제 해결이
사회 발전의 답이다

서민

단국대
기생충학과 교수

문재인 대통령님께

대통령님, 저는 기생충학을 전공하는 서민이라고 합니다. 기생충뿐 아니라 책도 사랑하는지라 이번에 대통령님께 책을 추천하는 영광을 안게 되었습니다. 사실 박 전 대통령께도 책을 추천한 적이 있습니다. 그분께 꼭 필요한 책이었는데 그 후 별로 달라진 게 없었던 걸 보면 아마 읽지 않으셨던 모양이지요. 전 사람을 긍정적으로 보려고 노력하는지라 "읽었지만 이해하지 못했다"는 일부 비판론자들의 견해에 동의하지 않습니다.

문재인 대통령님은 취임 후 몇 달간 굉장히 잘하고 계십니다. 80퍼센트를 넘나드는 높은 지지율이 그 증거겠지요. 놀라운 것은 여성에 대한 배려도 잊지 않으셨다는 점이에요. 보통 대선 후보들이 대선 전 여성단체를 방문해서는 "여성에게 잘하겠다"고 약속하지만, 제대로 실천하는 분이 드물었거든요. 이름으로 보아 여성이 해야 할 것 같은 여성가

족부와 그다지 힘 있는 부처가 아닌 환경부에 여성 장관을 임명해놓고 "약속을 지켰다"고 생각하시곤 했어요. 문 대통령님의 놀라운 점은 외교부와 국토교통부에 여성 장관을 임명했다는 점이에요. 흠결이 있는 사람은 공직에 임명을 안 하겠다는 소위 5대 공약을 지키지 않은 사실을 논외로 한다면, 강경화 장관의 임명은 신선한 충격이었습니다.

우리 사회는 좋은 사회가 아닙니다

이런 점을 높이 평가하면서도 굳이 여성에 관한 책을 추천하는 이유는 우리나라 여성들의 삶이 여전히 힘들기 때문입니다. 잠시 제 얘기를 해보겠습니다. 저는 신문에 칼럼을 쓰고, 그걸 발판으로 방송에 나오면서 사람들에게 알려졌습니다. 그런데 제가 이렇게 뜬 데는 아내의 힘이 절대적이었습니다. 바깥 일만 할 수 있도록 내조해줬을 뿐 아니라 제가 더 잘할 수 있게 격려를 아끼지 않았거든요.

저를 만나기 전 아내는 동화책에 삽화를 그리는 일을 했습니다. 그림을 꽤 잘 그려 여러 출판사에서 일을 맡겼지요. 사촌 형 집에 갔을 때 제 아내가 그린 동화책이 있는 걸 보고 놀란 적이 있는데, 아이를 키우는 집에는 대부분 아내의 이름이 박힌 책이 있을 거라네요. 이토록 능력 있는 삽화가였던 아내는 이제 그 일을 하지 않습니다. 그저 저를 위해 그리고 저희 부부가 기르는 개들을 위해 밥을 짓고, 빨래를 하고, 집안 청소를 합니다. 이 일들이 중요하지 않은 것은 아니지만, 사회에서 인정받는 일이 아니라는 데는 동의하실 겁니다. 똑같은 일의 반복이며,

승진 같은 것도 없고, 결정적으로 돈을 버는 일이 아닙니다. 하지 않으면 집안이 돌아가지 않기에 누군가는 해야 하는 이 일은 대부분 여성만의 몫이었습니다.

주요 부처에 여성을 뽑으려 했을 때 대통령님이 가장 난감해하셨던 점은 '뽑을 만한 여성이 없다'는 것이 아니었을까요? 그건 여성의 능력이 떨어져서가 아닙니다. 자기 일만 하면 되는 남성과 달리, 여성들은 집안일도 병행해야 했기에 그리고 출산과 육아로 인해 경력이 단절되었기에 높은 곳에 올라가지 못했던 것입니다.

이렇게 정리할 수 있을 겁니다. 남성의 성공 뒤에는 아내가 있지만, 아내를 가질 수 없는 여성은 성공하기 어려웠다고요. 누구나 노력하면 잘 될 수 있는 사회가 좋은 사회라면 여성이라는 이유로 성공하기 힘든 우리 사회는 나쁜 사회입니다. 여성 장관 몇 명의 존재가 많은 여성에게 희망을 주는 건 맞지만, 그것만으로 우리 사회가 좋은 사회가 되는 것은 아닙니다. 대통령님께서 그 자리에 오르신 이유가 좋은 사회를 만들기 위함이라는 전제하에, 《아내 가뭄》이라는 책을 추천해드립니다.

여성 위인과 가사 분담의 관계는?

제목만 본다면 《아내 가뭄》은 여자가 없어서 결혼을 못하는 우리나라 농촌 총각들의 현실을 그린 책 같습니다. 하지만 이 책은 애너벨 크랩 (Annabel Crabb)이라는, 오스트레일리아의 정치평론가가 "왜 여성 위인은 나오지 않는가?"란 문제의식을 가지고 쓴 책입니다. 오스트레일리아 여성이 쓴 책이니 당연히 오스트레일리아의 현실이 배경이 되지만, 그 나라의 현실은 우리나라와 아주 흡사합니다.

> 처음 직장을 얻을 때는 남녀 모두 미혼에 홀몸으로 경쟁력을 갖추고 있다. …… 하지만 아기를 갖기 시작하는 시점이 되면 아내 가뭄 현상이 본격적으로 시작되고 부조리 곡선도 시작된다. 육아 때문에 휴직하는 여성들은 대개 남편보다 더 적게 버는 자신이 휴직하는 게 합리적이라고 생각한다. 하지만 시간제 근무든 탄력근무든, 출산 후 복직을 하면 전보다 더 더욱 못 벌게 된다. 직업 세계에서 경쟁력이 낮아졌기 때문이다. 반면 남편들은 눈에 보이지 않는 파워 알약, 다시 말해 아내 덕에 더욱 큰 경쟁력을 갖추게 된다.

정말 우리나라와 똑같지요? 이것만이 아닙니다.

> 첫아이 출산은 여성의 가사 노동을 대폭 증가시켰다. 여자는 첫째 출산 후에 평소 하던 집안일보다 절반 정도를 더했다. 그리고 둘째를 출산한 후에 또 그만큼 집안일을 더했다. 그러나 남자는 첫째가 태어나도 집안일이 늘어나봤자 무시해도 될 정도의 수준이었다. 그리고 둘째부터는 Y 염색체 공급자인 남자가 집안일에 쓰는 시간은 오히려 줄어들었다.

크랩은 이 현상을 '아내가 맞벌이를 하다가 쉬니까 남편이 더 열심히 일한다'는 것으로 해석합니다. 그래서 다음과 같은 결과가 초래됩니다.

평범한 스물다섯 살의 오스트레일리아 남성은 40년 동안 직장 생활을 하면 총 200만 달러를 벌 것으로 예상하는데, 아이가 없는 경우에 한해서 그렇다. 만약 아이가 있는 경우에는 250만 달러로 올라간다. 반면 여성에게 부모라는 입장은 역효과를 가져온다. 사실 아이가 없는 여성은 아이가 없는 남성만큼 돈을 번다(190만 달러). 하지만 아이가 있으면 소득은 130만 달러로 떨어진다.

이걸 보면 남성은 어느 나라에서나 다 똑같은 것 같네요. 어쩌면 하나같이 집안일을 하기 싫어할까요. 하지만 세부적인 지표를 살펴보면 다른 점이 드러납니다. 오스트레일리아 남성들은 평균적으로 주당 15~20시간 집안일을 합니다. 15시간만 잡아도 하루 두 시간이 넘습니다! 그런데도 저자는 남성이 하루 세 시간 가사 노동을 하는 노르웨이를 부러워하며, 하루 한 시간밖에 하지 않는 일본 남성을 보며 위안을 삼습니다.

"불행 중 다행은 오스트레일리아 여성들은 일본 남자와 결혼하지 않았다는 것이다." 자, 그렇다면 우리나라 남성들은 얼마나 가사 노동을 할까요? 2017년 고용노동부 조사 결과를 담은 기사를 보죠.

한국 남성들의 가사 분담 시간이 하루 45분에 불과해 경제협력개발기구(OECD) 회원국 중 최하위 수준인 것으로 나타났다. 통계가 잡힌 국가들 가운데 유일하게 한 시간이 채 안 되었다. …… 한국 남성의 1일 평균 가사 노동 시간은 45분으로 OECD 평균(138분)의 3분의 1이 채 안 되었으며, 남성의 가사 노동 참여가 가장 활발한 덴마크(186분)의 4분의 1 수준

아내 가뭄

에 불과했다. 해당 통계를 낸 26개국 가운데 한 시간도 가사 노동에 참여하지 않는 국가는 한국이 유일했다. 이런 상황에서 한국 여성은 남성의 5배가 넘는 227분을 하루 동안 가사 노동에 할애했다.

- 임재희, '하루 45분 …… 한국 남성 가사분담률 OECD 최하위', 〈뉴시스〉, 2017. 7. 3.

남성들이 가사 노동을 하루에 두 시간씩 하는 오스트레일리아에서도 "여성이 집안일을 하는 바람에 위인이 나오지 않는다"는 볼멘소리가 나오는 판에, 45분에 불과한 우리나라에서 여성 위인이 나오는 건 기적이겠지요. 이 기사에 달린 댓글들을 보면 이런 현실이 개선될 여지는 없어 보입니다. "여자도 군대 가라", "데이트 비용, 결혼 비용 반반 하고 나서 가사 분담 애기하라"는 댓글들이 주렁주렁 달려 있으니까요. 이렇듯 남자들이 집안일을 거의 안 하니 아이가 클 때까지 일을 쉬어야 하고, 다시 일을 하려고 할 때는 '경력 단절녀'가 돼 낮은 임금을 받아야 합니다. 그 결과 다음과 같은 일이 벌어집니다.

한국 남성 근로자가 100만 원의 임금을 받는다고 치면 여성은 62만 8,000원을 수령하는 것으로 나타났다. 이 같은 남녀 간 임금 격차는 경제협력개발기구(OECD) 회원국 가운데 가장 컸다. 또 여성 근로자 10명 중 4명은 저임금에 시달리는 것으로 나타났다. 이 비율 또한 OECD 회원국 가운데 가장 높았다. 남성의 저임금 비율은 15.2퍼센트였다.

- 김기찬, '한국 남성 100만 원 받을 때 여성은 63만 원 받아 ……
남녀 임금격차 OECD 최고', 〈중앙일보〉, 2017. 7. 4.

《아내 가뭄: 가사 노동 불평등 보고서》, 애너벨 크랩, 황금진 옮김, 동양북스, 2016.

직업 세계에 진입하는 여성을 늘리려 하기보다,
가사노동에 진입하는 남성을 늘리는 데 눈을 돌려야 한다.

이런 상황에서 높은 지위에 오르는 여성은 뭘까요? 슈퍼 우먼이거나 운이 좋게도 남편 혹은 시댁을 잘 만난 덕분이죠. 그러니까 남성은 실력이 있으면 높이 오를 수 있지만, 여성은 실력과 더불어 '운'이 따라주어야 고위직이 가능하지요. 강경화와 김현미 등 여성 장관들이 바로 그런 분들입니다.

육아휴직만이라도요

박근혜 전 대통령 때 집안일을 안 하던 남성들이 문 대통령이 취임하셨다고 해서 갑자기 개과천선(改過遷善)하는 기적은 일어나지 않았습니다. 이런 질문을 해보겠습니다. 오스트레일리아가 부러워하는 노르웨이에서는 어떻게 남성들이 집안일을 하게 되었을까요?

> 노르웨이에는 진작부터 인심 후한 유급 육아휴직 제도가 있었고 1977년부터는 아버지들도 사용할 수 있었다. 하지만 육아휴직을 쓰는 아버지들은 고작 3퍼센트밖에 되지 않았다. 그래서 노르웨이 정부는 1993년 표준 유급 육아휴직을 쓰는 사람이 아빠여야만 수당의 상당 부분을 지급하도록 법으로 정했다.

그러니까 노르웨이는 남자가 쓰지 않으면 자동으로 수당이 소멸하는 제도를 만듦으로써 남성들의 육아 참여를 유도한 것이지요. 그러다 보니 이런 일이 벌어졌습니다.

오늘날 노르웨이의 아버지들 90퍼센트가 육아휴직을 쓰고 있다. 그리고 육아는 물론 가족과 보내는 시간이 10년 전 아버지들보다 하루 평균 1시간 더, 1970년 당시 아버지들보다는 하루 평균 2시간 더 많다.

집안일에서 육아가 차지하는 높은 비중으로 보건대, 노르웨이 여성들이 우리나라 여성들보다 훨씬 행복할 것은 당연하겠지요.

흔히 여성이 아이를 더 잘 본다고 생각하지만, 막상 아이가 태어나면 남녀 모두 어찌해야 할지 모릅니다. 남성이 안 하니 여성이 육아를 도맡아서 하고, 그러다 보니 육아 전문가가 되는 것이지요. 노르웨이의 사례는 "초보 부모일 때부터 육아에 참여할 기회만 주어지면 남녀 모두 육아를 잘할 수 있다"는 것을 보여줍니다. 물론 막 태어난 아이와 같이 시간을 보내는 것은 힘든 일입니다. 하지만 그게 의미가 없는 것은 아닙니다. 오스트레일리아에서 이루어진 연구에 의하면 "아버지가 부모기 초기 단계에 휴직을 하면 장기적으로 볼 때 더욱 적극적인 부모가 된다는 증거가 있다"고 합니다.

자녀를 출산할 즈음에 열흘 혹은 그 이상 휴가를 낸 오스트레일리아의 아버지들은 그 아기가 유아가 되었을 때 육아 관련 활동에 더욱 자주 참여했다. …… OECD 연구에 따르면 육아휴직을 쓰지 않은 아버지들 중 유아가 된 자녀를 매일매일 재워준 비율은 19.3퍼센트밖에 되지 않았다. 하지만 열흘 혹은 그 이상 육아휴직을 쓴 아버지들 중 자녀를 매일매일 재워준 비율은 27.9퍼센트로 더 높았다.

아내 가뭄

사정이 이러니 노르웨이 여성들이 자발적으로 군대에 가겠다고 주장하게 된 거죠. 이런 사정을 외면한 채 '여성도 군대 가라'고 외치는 남성들은 번지수가 틀린 것이고요.

우리나라도 육아휴직 제도가 있긴 합니다만, 남성이 쓰는 일은 매우 드뭅니다. 왜 그럴까요? "육아휴직을 끝내고 복직한 노동자들이 우연찮게도 감원 대상이 되었다거나 한직으로 좌천되었다는 사례는 차고 넘친다"는 오스트레일리아의 사례가 남 얘기는 아닙니다. 아니, 오스트레일리아보다 가부장적이고 노동 착취가 더 심한 우리나라에서 이런 일은 훨씬 더 흔하게 벌어집니다. 다음 기사를 보시죠.

> 남성 공무원들의 육아휴직 활용도는 낙제점 수준이다. 자녀를 낳은 남성 공무원이 육아휴직을 신청한 비율은 100명 중 2명꼴에 불과했다. 여성 육아휴직도 마찬가지다. 중앙정부는 여성 육아휴직률이 30퍼센트 대에서 제자리걸음을 하고 있고, 광역자치단체에서는 아예 뒷걸음질 쳤다.
>
> - 박철근, '육아휴직 가는 공무원 엄마 줄었다 …… 아빠는 100명 중 2명뿐',
> 〈이데일리〉, 2017. 7. 7.

육아휴직 제도가 도입된 공무원과 대기업도 이럴진대, 육아휴직을 도입한 곳도 절반에 불과한 중소기업의 사정은 어떻겠습니까? 우리나라 여성들이 슈퍼 우먼이 돼야 하는 현실도 여기에서 비롯합니다. 이 부담을 안 그래도 어려운 기업에게만 지울 수는 없으니, 국가의 지원이 절실합니다.

여성 관련 통계마다 OECD 꼴찌를 도맡아 하는 현실이 지겹지 않으십니까? "여성을 좀 뽑아야 하는데 인물이 없어"라는 고민도 이제 그

만하고 싶지 않으십니까? 그렇다면 제가 추천해드린 《아내 가뭄》을 읽어주십시오. 그리고 어떻게 해야 할지 생각해주십시오. 이건 여성만을 위한 게 아닌, 남녀 모두를 위한 길입니다. 대통령님의 결단을 촉구합니다.

《낯선 시선》, 정희진, 교양인, 2017.

정희진의 책은 늘 새로운 깨달음을 선사해주는데, 이 책 역시 그렇다. 예컨대 다음 구절을 보자. "야당이나 진보를 표방하는 정당은 감히 빨간 옷을 입지 못한다. 새누리당은 색깔 선택의 자유가 무궁하나, 야당은 극도로 제한되어 있다." 우리가 무심코 넘겼던 사건이 이렇게 새로운 시각으로 재단될 때, 우리 사고가 확장될 수 있다. 다양한 문제에 열린 사고를 해야 하는 대통령에게 이 책을 추천하는 이유이다.

《예민해도 괜찮아》, 이은의, 북스코프, 2016.

여성은 일로 만난 남성에게 흑심을 품지 않지만, 남성은 그렇지 않은 것 같다. 제자인 여대생을 성추행한 교수가 있고, 환자의 신체 부위를 몰래 촬영한 의사가 있다. 남성의 욕망은 상대를 가리지 않아, 남성을 상대로 한 성희롱 소송에서 이긴 저자에게 성추행을 한 법조계 선배도 있었다. 이게 교육의 문제인지 아니면 남성이란 종 자체의 문제인지. 《예민해도 괜찮아》를 읽으며 고민해보자.

06

《사당동 더하기 25》

가난의 책임은
가난의 구조적 조건에 있다

오찬호
작가, 사회학 연구자

가난한 사람들은 늘 존재한다. 그간 이들을 위한 정책이 참으로 많았지만 별로 달라진 건 없다. 그래서 '가난은 나라님도 구하지 못하는데 별수 있냐'면서 달라지지도 않을 사람에게 굳이 돈을 써야 하냐는 사람들이 많다. 하지만 이 말은 지금껏 위정자들이 만들어낸 정책이 틀렸다는 뜻이기도 하다. 가난이라는 현상을 목도하더라도 이를 오해하면 가난을 본질적으로 해결할 수 없는 정책을 만들 뿐이다.

여기서 오해는 가난의 결과를 원인으로 혼동하는 거다. 항상 가난한 사람들은 더는 나빠질 데가 없는 현실에서도 더 추락한다. 여기에 다다르면 삶을 의미 있게 살고 싶은 의지를 상실한다. 주변에서는 이들의 무너진 모습을 '열심히 살지 않는 증거'로 삼아 저런 게으른 사람들을 왜 도와줘야 하는지 모르겠다며 투덜댄다. 정치인들은 이것도 여론이랍시고 눈치를 보니 세상이 달라질 만한 근본적인 해법이 나오지 않는다. 그저 동냥하러 온 자에게 밥만 먹을 수 있는 수준의 적선만 하는 꼴이니 당연히 한 번 거지는 영원한 거지일 뿐이다.

서러우면 스스로 가난을 떨쳐내라고? 나는 이런 나태한 사고야말로 대표적인 구시대의 유산이라 생각한다. '열심히 노력하면 가난 정도는 극복할 수 있다'고 믿는 사람들은 '성장의 신화'를 앞세워 사회정의를 짓밟았다. 그래서 새 대통령이 강조하는 적폐 청산에 가난에 대한 지긋지긋한 오해도 포함되었으면 하는 바람을 가지고 세 권의 책을 골랐고 그중 하나를 소개한다.

《불평등한 어린 시절》,《쫓겨난 사람들》,《사당동 더하기 25》는 가난을 두껍게 이야기한다. 그중《사당동 더하기 25》는 가난의 사회적 오해 때문에 힘들어하는 사람들의 날 것 그대로의 언어를 통해, "태어날 때 가난한 건 당신의 잘못이 아니지만 죽을 때도 가난한 건 당신의 잘못이다"라는 말이 부유하는 한국 사회가 왜 부끄러운지를 적나라하게 까발린다.

그냥 가난한 사람을 깔보는 거다

"3년 전에 운 좋게 임대주택에 당첨되어, 서울 하늘 아래 아파트 전세에 사는 호사를 누리고 있다. 지금도 지하철 종점에서 내려 아파트로 향해가는 15분의 발걸음이 흥분에 차 있을 때가 많다." 내가 첫 책을 출간할 때 저자 소개에 남긴 문구이다.

진심이었다. 내 삶은 임대주택(서울시 장기 전세 주택)에 살기 전과 후로 구분된다. 전세금 인상이 최대 5퍼센트에 불과하기에, 나는 생애 처음으로 주거 비용을 장기적으로 예측하면서 돈을 관리하는 여유를 누릴 수 있었고, 2년마다 이사를 가지 않아도 되니 사는 동네에 대한 애정도 생겼다. 그리고 집주인이 사람이 아닌 서울시다 보니 그간 있는 줄도 몰랐던 '세입자의 권리'를 알게 되었다. 내겐 천국과 다름없는 공공주택의 긍정성을 세상에 알리고 싶었다. 종점에서 내려 15분을 걷는다는 것은 비용 문제로 인해 변두리에 건설될 수밖에 없는 임대주택의 운명이기도 했는데, 나는 그 거리를 걸을 때마다 가슴이 벅차올랐다. 아마 중산층이 아니기에 경험해야 했던 온갖 번잡스러운 일들과 이를 해결하기 위해 소모되는 에너지가 약간이나마 줄어든 것에 대한 기쁨 아니었겠는가. 특히 '주택 정책' 하나로 내 삶이 이전과 이후로 구분될 수 있다는 점은 참으로 놀라웠다.

내가 임대주택에 입주하게 된 것을 알게 된 사람들은 확연히 구분되는 반응을 보였다. 초록은 동색이라고, 집은 물론이고 목돈도 얼마 없어 서러움이 일상이 된 내 주변 사람들은 '어떻게' 임대주택에 선정되었는지를 묻고 또 물었다. 하지만 지방에 사시는 70대 부모님은 그런 걸 왜 굳이 동네방네 밝히느냐며 좀 부끄럽다는 입장이셨다. 임대주택 입주가 (최소한 수도권에서는) 하늘의 별을 딴 것인데 이를 자랑하는 것이 무엇이 부끄러운 것일까 생각했으나, 한국의 압축적 성장기와 삶의 궤적이 같은 부모님과 그 주변 분들이 가난을 어떻게 이해하는지를 생각해보니 쉽게 납득이 되었다.

기성세대들에게 임대주택에 '어떻게 입주했는지'는 관심 사항이 아니다. '어쩌다가' 그런 곳에 살고 있는지가 궁금할 뿐이다. 측은지심처럼 보이지만 실상은 조롱이다. 그러니 부모님은 남들이 '자녀 건사 제대로 못했다'는 식으로 생각할 불씨를 왜 제공하느냐며 아쉬워한 것이 아니겠는가. 성장의 신화에 갇혀버린 한국인들에게 임대주택이라는 상징적 단어로서 가난을 공표하면 '사지 멀쩡한 사람이 집도 장만하지 못했다는 건 어딘가 문제가 있다는 것 아니냐'는 식의 부메랑을 마주할 수 있다는 건 지극히 정당한 추론이다.

이런 시대(?)정서는 내가 그동안 직접 경험하거나 혹은 당사자이기에 관심을 가진 일들의 근원을 알게 했다. 내가 사는 아파트의 옆 아파트에서는 '임대단지 조성을 반대한다'는 대형 현수막을 재개발로 철거되는 순간까지도 걸어놓았다. 임대아파트 주민들은 그 현수막을 거쳐 지하철역으로 가야 했고, 내 딸은 이를 더듬더듬 읽으면서 이렇게 물었다. "아빠, 임대아파트가 나쁜 거야?" 임대라는 단어가 아이에게 첫 순간부터 부정적으로 기억될 수밖에 없는 참으로 비상식적인 세상이다.

이런 비정상의 활보는 무수하다. 옆 동네 학원에서는 부모 상담을 하면서 "저희 학원은 (임대주택 많은) ○○동 아이들이 없다"는 식의 말을 서슴지 않고 했다. 그 동네 학부모들에게는 ○○동 학생들이 적을수록 좋은 학원이었다. 이런 분위기가 산발적이라면 따져보기라도 하겠는데 워낙 보편적이다 보니 우리 동네 사람들조차 무덤덤했다. 그래서 '자기 아이가 옆 동네 학원 테스트를 통과했다'면서 기뻐하는 주민들도 있었다. '같은 임대아파트에 살지만 너희와 나는 급이 다르다'는 확인증이라도 받은 사람처럼 말이다.

같은 아파트 단지에서 기어코 철조망을 쳐서 임대아파트 사람들의 출입구를 따로 만들고, 사적 재산권이라며 '임대동 사람들은 사용 금지'라는 팻말을 평등의 최후 보루라 할 놀이터에 박아놓았다는 뉴스를 보았다. 황당했지만 내가 겪은 일상과 맥락이 닿아 있으니 놀랍지 않았다. 어떻게든 임대아파트 사람들과 섞이지 않으려는 사람들의 사투 말이다. 세상을 바라보는 좁은 시야를 기꺼이 실천으로 옮기는 부모들의 적극적인 모습을 아이들이 보란 듯이 닮아가는 건 당연하다. 요즘 초등학생들이 '휴거'(LH공사의 브랜드명인 '휴먼시아' 아파트에 사는 아이들은 '거지'라고 부르는 말)라는 혐오 가득한 차별 단어를 고안한 것은 놀라운 일도 아니다.

이런 천박함이 당당하게 존재하는 이유는 간단하다. 그냥 가난한 사람들을 깔보기 때문이다. 그럴 수 있다고, 그래도 된다고 생각하기 때문이다. 천부인권을 부정하는 이 놀라운 망상은 자기 딴에는 그럴싸한 논리를 영양분 삼아 하나의 신념이 되어 타인을 차별하는 자아를 긍정하는 지경에 이른다. 문제는 이런 사고로 무장한 사람을 세상이, 정확히는 그 세상을 쥐고 흔드는 소수의 기득권이 지금껏 좋아했다는 거다. 힘없는 다수는 여기에 맞추어 '억울하면 출세하라'는 가당치도 않은 처방전을 사회철학으로 받아들여 세상에 적응할 수밖에 없었다. 그렇게 '억울'이 철저히 개인의 몫이 되어버린 사회에서 가난한 이들에게 모욕을 주는 말과 행동은 면죄부를 받았다.

가난해서 가난하다

《사당동 더하기 25》는 25년간 한 가족을 추적한 이야기다. 25년 전 철거 예정 지역에서 만난 그 가족은 가난했다. 그리고 이후에도 가난했고, 지금도 가난하다. 가난이 대물림되는 이유는 간단하다. "가난을 설명하는 데 가난 그 자체만큼 설명력을 가진 변수는 없다." 책이 말하고자 하는 바는 이게 다. 하지만 25년이라는 시간 속에 누적되어온 '끔찍한' 악순환의 '정교한' 선순환을 확인하면 이 간단한 메시지가 제공하는 울림은 엄청나다. 특히나 '가난해서 가난하다'는 현실의 간단한 이치를 부정하라는 또 다른 현실을 긍정해야만 했던 사람들이라면 지금까지의 주술이 깨지면서 발생하는 이 울림을 뼈저리게 느껴야 한다.

가난해서 가난하니, 저자는 앞으로 25년을 더 추적해도 같은 이야기를 하게 될지도 모를 두려움을 책 말미에 고백한다. 그럴 수밖에 없는 이유는 '지속되는 가난'은 개인이 손쓸 영역이 아니기 때문이다. 꼬마가 성인이 되어가는 과정이 고스란히 담긴 '가난에 대한 두꺼운 읽기'는 독자들 역시 다른 생각을 못하게끔 한다. 다시 말하지만, 가난은 가난 때문이다. 그렇기에, 가난했지만 기어코 가난을 극복한 소수 사례가 다수를 대변해서는 안 된다. 특히 소수 중에 소수가 합격한다는 사법고시 관문을 넘었기에 가난을 극복할 수 있었던 정치인이라면. (지금 대통령보다는 제19대 대통령 선거에서 기호 2번이었던 후보 들으라고 하는 이야기다. 그는 자신의 사례를 표본 삼아 가난을 오해하는 대표적인 정치인이다.)

아침마다 공용 재래식 화장실 앞에서 마을 사람들이 줄을 서서 볼일을 보던 시대에서 집마다 수세식 화장실이 두 개는 기본인 세상이 되었는데, 아직도 가난하다면 무슨 문제인 거 아니냐는 사람들이 많다. '눈앞에서' 사라진 가난의 현재에 매몰되어 '눈앞에서만' 사라진 가난의 본질을 이해하지 못하는 이들은 책과 함께 친절히도 제공되는 다큐멘터리 DVD를 꼭 보고 마지막 내레이션을 메모해두길 바란다.

《사당동 더하기 25: 가난에 대한 스물다섯 해의 기록》, 조은, 또하나의문화, 2012.

가난을 설명하는 데 가난
그 자체만큼 설명력을 가진 변수는 없다.
가난해서 가난하다.

"달동네가 사라졌다고 가난한 사람들이 사라진 것은 아니다." 노파심에 응용 문구까지 첨언해본다. 누가 비싼 스마트폰 들고 하나에 4,000원 넘는 커피를 마신다고 해서 가난하지 않은 게 아니다. 가난은 꿈꿀 수 없는 거다. 주인공 할머니의 손자가 그 이유를 말해준다. "돌고, 돌고, 또 돌고 계속 그 자리만 머물게 되고 …… 꿈이 있어야 하는데……."

오해는 여기서부터 시작된다. 돌고 돌아도 계속 그 자리인 사람에게 꿈꿀 의지는 사치다. 하지만 돌고 돌지 않았기에 그 자리에 계속 머무르지 않을 수 있었던 사람들과 애초에 돌 필요조차 없었던 사람들이 주도해나간 사회의 공기는 이들을 나무란다. 왜 실패를 두려워해서 포기부터 하냐면서 좀 열심히 살아보라고 격려 같은 조롱을 일삼는다.

실제로 '계속' 가난한 사람들은 안 해본 것이 없을 정도로 많은 것에 도전했다. 실패를 두려워하는 건 너무나 열심히 살아도 실패했기 때문이다. 그럴수록 삶의 의욕이 사라지고 그래서 계속 가난하다. 이들이나 이들의 윗대는 '맨몸으로 서울에 올라와' '가진 것이라고는 몸밖에 없는' 사람들이다. 맨몸이고 몸밖에 없으니 돌고 돌아 제자리다. 그러니 이들은 최소한 평범하게는 살아야지만 접근 가능한 교양과 지식을 향유하기 어렵고, 이것의 부재가 야기한 '상시적인 기회 박탈'이 누적되다 보면 때로는 인간으로서의 도리를 어겨 주변의 지탄을 받기도 한다.

사람들은 이들의 '무너진' 단면만 끊어서 뇌리에 각인시키고 온갖 억측을 생산한다. 멍청한 사회에서는 억측도 여론이 되는데, 이런 곳에 살다 보면 누구나 '그런 인간들'의 후손들과 내 아이가 섞이지 않도록 놀이터를 그딴 식으로 운영하는 괴물이 된다. '저 인간들은 어떠하다'는 사회적 고정관념은 누군가의 안 그래도 비참한 삶을 더 비참하게 만들어 진짜 '저런 인간들'을 탄생시킨다. 단언컨대 임대아파트에 산다는 이유로 놀이터에서 쫓겨난 경험이, 100명 중 한 명에게는 가난을 떨쳐 낼 동기부여가 될지 모르지만 대개는 트라우마가 되어 괴롭힌다. 가난 은 그렇게 재생산된다.

《사당동 더하기 25》는 엘리트 관료들의 정책적 실수가 어떤 씨앗에 서 출발하는지를 적나라하게 담아내기에 대통령이 읽어야 한다. 가난 하기에 나타나는 결과를 가난의 원인으로 오해하는 중산층들의 실수를 책은 놓치지 않는다. 현장에 간 조교들은 가난한 이들의 소비 활동을 '씀씀이가 헤픈' 경우로 이해하고, 다큐멘터리를 본 관객은 임대아파트 앞에는 배달 음식 그릇들이 많았다는 본인의 기억을 바탕으로 '그들은 몸을 움직이지 않으려는 나태한 자'로 확대 해석한다. 이것은 생각하며 살지 않고 사는 대로 생각하는 대표적인 경우인데, 자신이 갖고 있는 고정관념에 부합한 사례만 발견하거나, 아니면 사례를 어떻게든 고정 관념에 맞추려는 모습은 우리 주변에 허다하다. 그 사람이 정치인이라 면 그 나라가 좋아질 리 만무하고.

결과는 정의로운 것이 아니라 평등해야 한다

"기회는 평등하고 과정은 공정하고 결과는 정의로울 것이다." 문재인 대통령은 2012년 선거에서도, 이번 취임사에서도 이 문장을 반복하며 경쟁의 공정한 토대를 마련할 것임을 국민에게 다짐했다. 하지만 이 아 름다운 문장에는 가난에 대한 기존의 오해를 해결할 수 없는 한계가 있다. 결과를 정의의 영역에 놓으면 온갖 자의적 해석이 등장할 수밖에 없다. 정의(正義)는 주관적으로 정의(定義)되기 때문이다.

'저임금 노동'의 삶을 해결하는 방법은 지금껏 추구해온 '이렇게 하면 너도 그런 삶에서 벗어날 수 있다'는 식의 처세술이 아닌, 누가 어떤 노동을 하더라도 저임금을 받지 않게 하는 구체적인 처방으로 가능하다. 그래서 저임금 노동자를 상징하는 비정규직들을 무기계약직 같은 모호한 지위가 아닌 호봉도 인정받고 함부로 해고할 수 없는 정규직으로 전환시키는 것이야말로 가난하기에 계속 가난한 '정의롭지 못한 결과'에 대한 제대로 된 성찰이 아니겠는가.

하지만 이를 '공정하지 않은 조치'라고 이해하는 사람들이 많다. 이들은 현재의 정규직과 비정규직이 다른 노력을 했는데 그 결과를 평등하게 조정하는 것은 정의롭지 못하다고 주장한다. 이들은 기회와 과정의 불평등을 줄이는 노력은 할 수 있어도 결과를 어찌할 수는 없다는 입장이다. 지금껏 이들의 의중대로 정책이 만들어졌다. 하지만 나아진 것은 없다. 오히려 '가난한 사람들은 도와줘도 별로 달라지지 않는다'는 거친 상상력만 유발했을 뿐이다. 그러니 '정책이 만들어질수록' 가난한 이들을 국민 세금만 빨아먹는 흡혈귀로 보는 사람들이 늘어간다. 결과를 조정하지 않는 것이 정의롭다는 착각이 빚어낸 엄청난 재앙이다.

결과는 주관적 영역인 정의란 단어로 설명되어서는 안 되며 객관적 영역인 평등이란 지표로 완성되어야 한다. 결과와 평등이 조합되면 흥분하는 사람들이 많은 줄 안다. 하지만 '결과의 평등'은 모두가 같은 보상을 받는 것이 아니라, 어떤 보상을 받더라도 최소한 일주일에 40시간 성실히 일한다면 가난하지 않을 평등을 뜻한다. 가난하지 않기에 시대에 어울리는 소비를 할 수 있고 이를 통해 인간다운 존엄한 삶을 살아가는 것, 이것이 결과의 평등이다. 이는 저소득층을 향한 생색 내기 수준의 지원으로는 완성될 수 없다. 결과의 평등은 가난한 사람들이 '덜' 가난해지는 것이 아니라 '안' 가난해지는 파격적인 정책들로 실현 가능하다. 그래야만 확률적으로 어제의 가난이 해결된 오늘을 맞이할 사람들이 늘어난다. 이렇게 객관적으로 빈곤층을 줄여나가는 것, 그게 정치 아닌가? 지금껏 그러지 못했다는 건 세상의 이치가 원래 그런 것이 아니라 세상을 살아가는 사람들의 시야가 틀렸기 때문이다.

《불평등한 어린 시절》, 아네트 라루, 박상은 옮김, 에코리브르, 2012.

'부익부 빈익빈'의 뜻을 누가 모르겠는가. 하지만 그런 현장의 모습을 보여주면 자꾸 부정하는 사람이 많다. 우리는 머리로는 사회과학적 세상 이치에 고개를 끄덕거리지만 가슴은 '꿈과 열정만 있으면 세상에 불가능은 없다'는 비현실적 주술에 두근거린다. 이 책은 가난하니 꿈을 꿀 수 없고 열정도 샘솟지 않음을 실증한다. 땀은 배신하지 않는다느니 뭐니 등의 나태한 격려가 일상적인 사람들이 반드시 읽어야 할 책이다.

《쫓겨난 사람들》, 매튜 데스몬드, 황성원 옮김, 동녘, 2016.

'생생한 기록'이라는 표현을 다른 책에 함부로 붙일 수 없다는 생각이 들 만큼 생생한 기록이 담겼다. 엄청난 사례들을 엄청난 문체로 정리했고, 그래서 소설처럼 빠르게 읽히지만 행간의 의미가 던져주는 폭력적 세상의 실체가 독자를 괴롭힌다. 돈이 없어도 집에서 쫓겨나서는 안 된다고 하면 다들 말도 안 된다고 할 것이다. 하지만 책을 읽으면 말이 된다. 철옹성 같은 자본주의적 가치에 진짜 균열을 낼 수 있는 수작이다.

성숙한 인격이
성숙한 정치를 만든다

07

김연철

인제대
통일학부 교수

남아프리카공화국은 오랫동안 인종 갈등을 겪었다. 내전의 상처는 깊었고, 과거는 해결되지 않은 채 미래의 발목을 잡았으며, 증오의 뿌리에서 깊은 불신이 자랐다. 그런 상황에서 넬슨 만델라(Nelson Mandela)는 폭력이 아니라 협상으로, 복수가 아니라 용서로, 차별이 아니라 공존으로 나라를 바꾸었다. 만델라는 존경받는 지도자이다. 국내에서는 흑인과 백인 모두에게서 존경을 받았고, 세계에서도 이념과 정치, 혹은 종교와 문화를 뛰어넘어 가장 폭넓은 지지를 얻은 정치인이다

만델라는 갈등뿐인 세상에 희망과 용기를 주었다. 폭력의 악순환에서 벗어나지 못하는 세계 곳곳에서 '또 하나의 만델라'를 기다린다. 우리도 마찬가지다. 전쟁을 겪었고, 독재의 어두운 터널을 통과하면서 아물지 않은 상처들이 방치되어 있다. 우리도 치유의 정치가 필요하다. 더 나은 세상을 바라는 많은 사람이 만델라가 보여준 화해의 정치를 희망한다.

만델라에 관한 책은 넘친다. 이 책은 만델라가 직접 쓴 자서전이다. 전반부는 감옥에서 썼다. 태어나서 자라고 사회에 눈을 뜨고 투쟁에 나서는 과정을 세월의 흐름을 따라가며 썼다. 고난의 순간에 만들어진 문체가 정갈하고 아름답다. 27년간의 감옥 생활도 자세하게 서술되어 있다. 감옥에서의 삶은 만델라라는 '성숙한 인간'이 만들어지는 과정이다. 감옥에서 나와 그가 이룩한 기적 같은 드라마를 이해하기 위해서는 반드시 그 전사(前事)를 알 필요가 있다.

우리도 새로운 대통령에 바라는 기대가 크다. 경제도 중요하지만, 삶의 질을 결정하는 것은 역시 정치다. 우리 사회에서 '화해의 정치'는 누구도 시도해보지 못했다. 화해는 싸운 사람들이 악수 한번 한다고 이루어지지 않는다. 이제 현대사에서 오랫동안 방치해놓은 '역사의 상처'를 치유할 때가 왔다.

미래를 향해 걸을 때도 마찬가지다. 관계는 좋았다가 나빠진다. 그때마다 화해의 노력이 작동하는 새로운 정치 문화를 정착시켜야 한다. 그리고 남북 관계에서 화해는 얼마나 중요한가? 쉽지 않은 일이지만, 가야 할 길이다. 만델라가 걸은 길에서 지혜를 찾아보자.

성숙한 인격의 지도자가 정치의 수준을 높인다

만델라에 대한 수많은 평가 중에서 가장 어울리는 말은 '보기 드문 성숙한 인간'이다. 지도자의 인격은 갈등의 해결 과정에서 중요한 영향을 미친다. 인간관계에서 갈등의 내용만큼이나 갈등을 해결하려는 태도가 중요하기 때문이다. 만델라의 인격은 주어진 것이 아니라 만들어졌다. 오랜 고난의 세월을 겪으며 마치 강가의 돌처럼 다듬어졌다. 중요한 것은 성찰의 힘이다. 만델라는 언제나 성숙해지기 위해 노력했다.

먼저 '사람을 바라보는 시선'이 눈에 띈다. 만델라는 감옥에서 자신을 괴롭힌 교도소 사령관조차 이해하려 노력했다. 그는 "모든 사람은, 심지어 가장 냉혈적으로 보이는 사람조차도 깊숙한 곳에는 인간다움이 있었으며, 그들이 깊이 감동을 받으면 변화될 수 있다는 것을 기억할 필요가 있다"고 썼다. 만델라는 그런 시각을 갖고 사람을 대했다.

어쩌면 만델라는 "증오는 증오로 이길 수 없다. 사랑만이 증오를 이길 수 있다"라고 말한 마틴 루서 킹(Martin Luther King)의 말을 현실 정치에서 실천한 사람이다. 만델라도 비슷하게 말했다. 그는 "사람들이 증오를 배운다면 사랑도 배울 수 있다. 왜냐하면 인간 마음에서 사랑은 그 반대보다 훨씬 더 본성적이기 때문이다"라고 생각했고, "인간의 착함이란 가려 있으나 결코 꺼지지 않는 불꽃"이라는 믿음을 가졌다. 그래서 백인 정권과 협상을 할 때도 인내심을 잃지 않았고, 내부의 혼란을 조정할 때도 결코 흥분하거나 치우치지 않았다. 인간을 바라보는 시선이 어쩌면 그의 낙관의 힘에서 가장 중요한 요소였을 것이다.

만델라는 성숙해지기 위해 다양한 노력을 했다. 감옥에서 채소를 기른 이유도 마찬가지다. 처음에는 채소를 소규모로 기르기 시작했지만, 나중에는 교도관들에게도 나누어줄 만큼 농장 규모로 발전했다. 감옥 생활 초기에 채소를 길러야겠다고 생각한 이유는 무언가에 정성을 쏟아 부질함을 달래기 위한 것이었다. 세월이 흐르면서 채소를 기르는 의미도 달라졌다. 만델라는 정원사와 지도자의 공통점에 주목했다. "정원사와 마찬가지로 지도자는 자신이 경작한 것에 대하여 책임을 져야 하며, 자연의 일에 성실하고, 적을 물리치고, 살릴 수 있는 것은 살리고, 살아날 수 없는 것은 제거해야 한다."

만델라는 마음에 대한 수련뿐만 아니라 몸에 대한 투자도 게을리하지 않았다. 그는 감옥에서 제자리 달리기, 팔굽혀펴기, 윗몸일으키기 등을 하루도 빠짐없이 했고, 교도소 환경이 개선되어 테니스장이 만들어지자 열심히 땀을 흘렸다. 만델라는 "신체가 건강할 때 일을 더 잘하고 명철해짐을 깨달았고, 그래서 운동은 내 생애에서 반드시 해야 하는 것 가운데 하나"라고 강조했다.

한국 정치에서도 성숙한 인격을 가진 정치 지도자를 보고 싶다. 정치의 수준을 높이는 것은 단지 제도만으로는 부족하다. 지도자의 인격이 정말 중요하다. 정치인 스스로 성숙해지려는 노력을 게을리하지 말아야 한다. 몸을 튼튼히 하고, 마음을 수련하고, 인간을 바라보는 낙관이 중요하다. 정치의 소용돌이에서 인격을 유지하고 발전시키는 것이 쉽지는 않다. 그러나 폭력의 악순환에서 벗어나서 화해의 선순환을 시작하기 위해서는 정치 지도자부터 달라져야 한다. 언제나 분노는 약자의 무기다. 대통령은 품을 줄 알아야 하고, 그러기 위해서는 우선 성숙한 인간이 되어야 한다.

적을 인정하고 존중하라

갈등의 현장에서 대화로 문제를 해결해야 한다. 힘을 이용한 해결은 반드시 후유증을 남긴다. 정치는 전쟁이 아니고, 경쟁자는 적이 아니다. 만델라는 백인 정권의 마지막 대통령이었던 프레데릭 데 클레르크(Frederik de Klerk)와 늘 싸웠지만 항상 동반자라는 점을 잊지 않았다. 데 클레르크와 국민당은 인종차별 정책을 끝내야 한다는 시대의 요구를 수용했지만 자신들의 기득권을 지키기 위해 최선을 다했다. 당연히 부딪힐 수밖에 없었다.

만델라는 민주화를 위한 협상에서 데 클레르크와 날카롭게 부딪혔다. 그러나 심하게 언쟁을 벌여도 언제나 웃으면서 악수했다. 정치의 기본은 상대를 인정하고 존중하는 것이다. 그것이 힘으로 해결하는 폭력과 다른 점이다. 대통령 후보 TV 토론에서도 두 사람은 치열하게 논쟁을 벌였지만, 만델라는 끝날 때 그에게 다가가 손을 잡았다.

1993년 만델라와 데 클레르크가 공동으로 노벨 평화상을 받았을 때, 만델라는 수상 연설에서 공로를 그에게 돌렸다. 상대가 약해지면 협상의 동력도 떨어지기 때문에 경쟁자를 존중해야 한다는 점을 만델라는 잘 알고 있었다. 그런 과정이 있었기 때문에 만델라가 대통령에 당선되었을 때, 데 클레르크는 부통령 자리를 수용했다. 그는 만델라를 믿었다. 정치는 사람이 하는 일이기에, 꾸준히 신뢰를 쌓는 노력이 정말 중요하다.

정치는 앞만 보고 할 수 없다. 협상은 언제나 양면이다. 내부의 지지를 얻지 못하면 합의를 해도 지킬 수 없다. 언제나 적은 내부에 있다는 말도 있다. 남아프리카공화국의 인종차별에 저항한 아프리카민족회의(ANC)는 대규모 조직이고 그야말로 다양한 분파로 구성되었다. 여전히 무장투쟁을 지속해야 한다는 강경파도 적지 않았다. 강경파는 협상 지체를 나약함의 표시로 여겼다. 만델라가 오랫동안 갇혀 있던 로벤섬에서도 일부 정치범들이 석방을 거부했다. 만델라는 그들을 찾아가 호소했다. '협상 자체가 하나의 투쟁'이라는 점을 강조했다.

화해의 길에는 언제나 폭력의 유혹이 손짓한다. 민주화 협상의 막바지에 크리스 하니(Chris Hani)가 암살당했을 때가 고비였다. 그는 아프리카민족회의에서 부장투쟁을 이끌었고, 공산당 사무총장이었으며, 차세대 지도자였다. 분노의 물결이 일었고, 협상은 기로에 섰다. 만델라는 그날 밤 TV에 출연해서 "피에 굶주린 사람들이 나라를 위험에 빠뜨릴 행동을 하도록 촉발해서는 안 된다"고 호소했다. 한편으로는 자제를 당부하고, 추모의 열기를 상대편 압박의 기회로 활용했다. 대화의 길은 언제나 어렵지만, 그렇다고 폭력의 유혹에 굴복하면 화해는 불가능해진다.

내부의 다양한 요구와 생각의 차이를 조정하는 일은 정말 어렵다. 만델라는 가능하면 멀리 보고자 했다. 현미경으로 보면 갈등뿐이지만, 망원경으로 보면 방향이 보인다. 협상의 길은 멀고, 전진과 후퇴를 반복한다. 깨질 것 같은 위기의 순간도 적지 않았다. 만델라는 자신의 의견을 앞세우지 않고, 인내심을 갖고 듣고 또 들었다.

누군가의 이야기를 들어준다는 것은 언제나 갈등을 해결하는 첫걸음이다. 대통령은 귀를 열고 들어야 한다. 조금 시간이 걸리더라도 다양한 주장이 길을 찾을 수 있도록 기다려야 한다. 남북 관계도, 한국 외교도 헤쳐가야 할 길이 멀다. 중요한 것은 내부의 합의가 외교의 동력이라는 점이다. 민주적 협의의 과정이 정당성을 만들고, 그것이 외교의 협상 수단이라는 점을 잊지 말아야 한다.

《만델라 자서전: 자유를 향한 머나먼 길》, 넬슨 만델라, 김대중 옮김, 두레, 2006,

현대사에서 오랫동안 방치해놓은 역사의 상처를
치유하기 위해 관용, 화해, 비폭력을 실천한
거대한 인격의 이야기에 귀 기울이다.

억압하는 자까지 해방하는 용서의 힘과 화해의 정치

만델라는 "용서는 영혼을 자유롭게 한다"라고 말했다. 분쟁의 땅에서 미래로 가기 위해서는 과거를 매듭지어야 하고, 그러기 위해서는 용서의 강을 건너야 한다. 용서는 현실 정치의 산물이었다. 오랜 백인 통치 기산에 벌어진 국가 폭력이라는 얼룩진 과거를 어떻게 할 것인가? 여전히 백인이 경찰과 군대를 장악하고 있는 상황에서 처벌은 쉽지 않았다. 그렇게 할 힘도 없었다. 만델라가 선택한 것은 진실과 화해였다. 진실을 밝히면 사면해주겠다는 약속이었다. 국가 폭력의 피해자들은 강력하게 반발했다. 그들은 사면을 반대하고 법에 의한 강력한 처벌을 원했다. 지난한 설득의 과정이 필요했다. 진실이 밝혀지는 과정도 힘들고 고통스러웠다. 국가의 미래를 위해 화해는 필요했지만, 피해를 입은 개인에게 화해를 강요할 수는 없었다.

만델라는 용서의 힘을 강조했다. 서로 오랫동안 싸운 백인과 흑인이 함께 어울려 살아가야 한다. 공존을 위해서는 손을 잡아야 한다. 그는 대통령 취임사를 통해 '치유의 정치'를 강조했다. 과거의 상처를 치유하며, 화해의 공동체를 만들기 위해 최선을 다하겠다고 약속했다. 만델라는 보통의 지도자와 다른 점이 있었다. 그는 "억압하는 자와 억압받는 자 둘 다를 해방시키는 것이 나의 사명"이라고 말했다.

분쟁의 땅에서 일반적으로 정치의 목표는 '억압받는 자의 해방'이다. 그러나 만델라는 '억압하는 자'도 해방되어야 한다고 주장한다. 억압받는 자의 해방은 폭력으로 가능할지 모르나, 억압하는 자까지를 해방하기 위해서는 반드시 용서가 필요하다. 만델라는 지속 가능한 화해의 미래로 나아가기 위해서는 반드시 용서의 힘이 필요하다고 생각했다.

우리 또한 현대사의 상처가 적지 않다. 시간이 많이 흘렀지만, 치유의 노력은 부족했다. 지금 대통령이 해야 할 일이 바로 '치유의 정치'다. 우리는 전쟁을 겪었고, 독재 시기를 경험했다. 국가 폭력에 대해 진실을 밝히고 화해해야 한다. 제주와 거창처럼 기억과 성찰의 공간이 적지 않다. 그러나 아직도 진실이 밝혀지지 않은 과거의 상처들이 많다. 진실의 문을 통과해야 화해의 문으로 갈 수 있다.

화해의 문은 하나가 아니다. 화해하고 화해해도 또 화해해야 할 일이 생기는 것이 인간세계다. 삶이 지속되는 한 갈등은 언제나 존재한다. 갈등은 사라지는 것이 아니라 조율되는 것이다. 갈등이 생겼을 때, 폭력이 아니라 민주적 방식으로 해결할 수 있는 문화가 필요하다. 갈등으로 생긴 상처를 치유할 수 있는 정치가 정말 중요하다.

용기를 위하여

만델라가 걸은 길은 고난의 길이다. 감옥에서 보낸 27년의 세월은 결코 짧지 않았다. 그는 좌절하지도 않았고, 포기하지도 않았다. 어떻게 그 오랜 세월 희망을 잃지 않고 견딜 수 있었을까? 그는 스스로 "나는 근본적으로 낙관론자이다"라고 말한다. 그리고 "그것이 타고난 것인지 교육된 것인지는 알 수 없다. 낙관적이라는 것은 머리를 태양을 향해 똑바로 치켜들고 발을 앞으로 내딛는 것이기도 하다"라고 말한다.

고뇌의 순간도 많았을 것이다. 그리고 역사의 고비마다 한 걸음 앞으로 내딛는 것이 두려웠을 것이다. 감옥에서의 두려움뿐 아니라 민주화를 위한 협상 과정에서도 책임감으로 어깨가 무거웠을 것이다. 만델라는 '용기 있는 사람'이다. 그가 말했다. "용기란 두려움이 없는 것이 아니라 두려움을 극복하는 것"이며 "용감한 사람이란 두려움을 느끼지 않는 사람이 아니라 그 두려움을 정복하는 사람이다."

대통령이 맡은 책임은 크고 넓다. 대통령은 정책 결정의 무게를 인식해야 하고, 자신의 결정이 가져올 결과를 생각해야 하기 때문에, 언제나 두려울 수밖에 없다. 그래서 대통령이 가져야 할 가장 중요한 덕목 중 하나가 바로 용기다. 갈등의 바다를 헤쳐나가야 하는 대통령은 고독하다. 만델라의 말처럼 용기는 두려움을 극복하는 것이다. 용기를 가져야 안개를 뚫고 전진할 수 있다.

가야 할 길이 멀다. 만델라의 말처럼 언덕을 오르면 넘어야 할 산이 보인다. 대통령은 용기를 갖고 개혁의 길을 걸어가야 할 것이다. 번역자인 김대중 전 대통령은 '역자의 말'에서 만델라를 "인간은 스스로 좌절하지 않는 한 결코 패배자가 될 수 없고 반드시 승자가 된다는 것을 보여주었습니다"라고 평가했다. 김 전 대통령이 걸은 길은 만델라와 많이 닮았다. 그가 만델라를 높이 평가한 것은 화해의 정치고, 용서의 힘이었다. 그는 만델라의 삶을 보면서 "용기 있는 사람만이 용서할 수 있습니다"라고 강조했다. 나라를 나라답게 만들기 위한 대통령의 길에서 만델라의 삶이 나침반이 되었으면 하는 바람으로 이 책을 권한다.

함께 추천하는 책

《피스메이커》, 임동원, 창비, 2015.

보수적 군인으로 출발해서 김대중 정부의 대북 정책 사령탑을 맡았던 임동원 전 장관의 회고록이다. 그는 1991~1992년 남북기본합의서를 만들었고, 2000년 남북정상회담의 주역이었다. '평화를 만든 사람'이 걸었던 길을 따라가다 보면, 위기의 리더십과 협상의 철학을 이해할 수 있다. 현재의 북핵 위기를 극복하기 위해서는 25년의 북핵 역사를 이해할 필요가 있고, 이 책은 고민하는 협상가들에게 용기를 줄 것이다. 지금만 어려운 것이 아니다. 한반도 정세는 늘 어려웠고 고비의 순간이 적지 않았다. 평화는 주어지는 것이 아니라 만드는 것이다.

《8월의 포성》, 바바라 터크먼, 이원근 옮김, 평민사, 2008.

제1차 세계대전의 발발 과정을 그린 책으로, 전쟁은 의도가 아니라 우연의 결과라는 점을 보여주는 책이다. 제1차 세계대전은 작은 불씨가 오해를 불러오고, 착각과 착시가 오판으로 이어진 의도하지 않은 거대한 비극이었다. 케네디 대통령은 1962년 쿠바 미사일 위기 때 이 책을 참모들에게 권했다. 《8월의 포성》을 읽으며, 그들은 위기의 순간에 신중해지고 하나하나의 선택이 가져올 효과를 충분히 검토해서 오판을 줄였다. 한반도에 살고 있는 우리에게 《8월의 포성》의 교훈은 울림이 크다.

권력은 영향력이 아니라
책임감이다

정희진
서강대 전인교육원
글쓰기센터 강사,
여성학·평화학 연구자

권력은 인간의 학명이 호모사피엔스가 된 결정적 이유일 것이다. '지혜로운 인간', '슬기로운 인간'은 생각한다는 뜻이고, 생각하는 행위는 나의 외부를 전제한다. 사람은 '개/인(個/人)'일 수 없다는 뜻이다. '인/간(人/間)'이기에 우리는 인간이다. 사람과 사람 사이에는 공기가 있다. 그 공기가 권력이다. 공기가 신선하든 오염되었든, 모든 곳에 권력이 있고 인간은 공기가 없는 곳에서 존재할 수 없다.

권력은 모든 인간의 관심사이자 매일의 실천이다. 삶을 권력 외부에서 설명하는 것은 불가능하다. '현실 정치'는 권력의 표면 혹은 결과일 뿐이다. 반면 가족이나 이성애 제도는 정치의 최종 심급, 정치의 심연이다. 미시적이고 거시적이며, 구조적이면서 개인적이다. 가장 오래된 정치이며 가장 깊은 상처를 남긴다. 가장 친밀하고 그래서 가장 폭력적인 관계다. 이것이 바로 페미니즘 사상에서 말하는 "개인적인 것이 정치적인 것이다(The personal is the political)"라는 의미다.

인간과 권력을 다시 묻다

분단 상황이라는 탓이 크겠지만 남한 사회는 언어가 풍부하지 않다. 적대의 언어, '지당하신 말씀'이 우리를 괴롭히더니, 지금은 증오의 말이 넘쳐난다. 권력(고통, 폭력……)에 대한 담론은 더욱 없다. 사람들은 대놓고 권력을 행사하지만 권력에 대해 논의하지는 않는다. 권력의 개념이 대단히 좁고 조악하다. '순수문학 대 참여문학' 같은 무지는 말할 것도 없고, 요즘 유행하는 '내로남불' 현상은 권력의 발신지에 대한 사유의 부재, 행위자의 위치성에 대한 지식의 부재를 잘 보여준다.

나는 갑질 앞에서 어떻게 행동할 것인가. 혹은 내가 갑질을 할 때 내 행동의 의미를 아는가. 아니면, 알고서도 타인을 억압할 수 있는 사회가 되었는가.

내가 24시간 끼고 있는 렌즈(세계관)로 보자면, 내 삶의 테마는 권력을 행사하든 당하든 '권력 앞에 선 인간의 선택'이다. 그런 면에서 도취, 우월감, 비굴, 회피, 공포, 저항, 민망함, 복수심은 다르지 않다. 그 순간의 나의 선택, 그것이 내 인격이자 인생이라고 생각한다. 그래서 내가 쓰고 싶은 모든 글의 주제는 인간과 권력의 관계 그리고 권력의 재개념화이다.

내가 '대통령에게' 추천하고 싶은 책은 소설가 정찬의 중편 〈얼음의 집〉이다. 내가 이제까지 읽은 국내서 가운데 권력에 대해 이보다 치열하고 깊이 사유한 텍스트는 없었다. 대통령이 아니더라도 모든 이에게 권하고 싶다. 이 작품은 《황금 사다리》(자유포럼, 1999)라는 장편소설로도 개작되었는데, 나는 장편소설 《황금 사다리》보나 중편소설 〈얼음의 집〉

〈얼음의 집〉, 완전한 영혼

을 더 좋아한다. 《황금 사다리》는 너무 많은 '경우의 수'와 요소가 얽혀 있다. 〈얼음의 집〉 역시 읽기 쉽지는 않다. 내용이 어려워서가 아니라 몸이 텍스트를 통과하기 힘들다. 작품을 읽고 나면 외로운 사유의 시간이 기다린다.

현재 〈얼음의 집〉이 실린 《완전한 영혼》은 절판된 상태다. 절판된 책이어서 쓸 수 없는 것이 아니라, 미미하나마 내 '권력'이 보태져서 이번 기회에 이 소설집이 재출간되기를 소망한다. 지금 이 글은 〈얼음의 집〉에 대한 내 버전의 소개이다. 이 작품에 대한 정과리, 홍정선 등 다른 평자들과 나의 접근 방식은 다르다. 나는 '권력의 사용'이라는 주제에 초점을 맞추겠다.

인간은 권력을 가졌는가－마키아벨리와 홉스는 이젠 그만!

권력에 대한 가장 큰 오해는 '소유했다'는 관념이다. 인간의 역사, 즉 승자의 역사는 모두 이 관점에서 쓰였다. 그래서 모든 드라마는 권력의 쟁취와 탈환을 둘러싼 서사이다. 소위 전문가들이 대통령에게 하는 조언도 이 범주 안에 있다.

권력 개념에 접근하는 두 가지 방식은 권력이 '있다'와 권력을 '가졌다'이다. 권력을 소유의 개념으로 사고하면, 인류의 모든 행동은 "도전과 응전의 역사"가 된다(막강한 클리셰다). 이것이 전통적인 국제정치학의 접근 방식이며, 이때 국가는 인류가 발명한 최고의 정치 조직이 된다. 물론 이는 일부 국제정치학계의 생각이다. 국제정치학 내부를 포함해서 더 많은 학문이나 사조, 즉 후기 구조주의, 탈식민주의, 현상학, 페미니즘 등의 입장은 아주 다르다.

　니콜로 마키아벨리(Niccolò Machiavelli)와 토머스 홉스(Thomas Hobbes)는 남성 지식인이나 정치인 들이 자주 인용하는 사상가들이다. 마키아벨리는 억울할 것이다. '마키아벨리스트'는 권모술수, 폭군지상주의, 면종복배(面從腹背)의 대명사가 되었다. 이는 마키아벨리의 사상과 거리가 멀 뿐만 아니라, 개인적으로도 그는 선량하고 심지어 소심한 사람이었다. 주지하다시피《군주론》은 르네상스 시기에서 근대국가 건설로 가기까지 조국 이탈리아에 강력한 지도자가 필요하다는 주장으로, 책 내용은 그 방법론이다(국민에게 사랑받을 것인가, 두려운 존재가 될 것인가). 이처럼 국가를 중심으로 한 권력 개념은 근대 초기에 등장한 것으로, 권력에 대한 연구도 정신력(will)과 군사력을 중심으로 한 힘의 사용에 관한 것에 집중되었다.

　홉스의《리바이어던》이 많이 언급되는 것도 '리바이어던'의 존재 때문이 아니다. 이 책이야말로 '국가의 탄생'이다. 실제 국가는 제도라는 보이지 않는 시스템이지만, 실체(entity)인 양 보여주는 데 결정적 역할을 했기 때문이다.《리바이어던》은 첫 줄부터 마지막 줄까지 '몸의 은유(body metaphor)'로 서술되어 있다. 소유 개념으로서 권력이 작동하기 위해 국가는 영토와 주권, 인구를 가진 실물이어야 한다. 이처럼 전통적인 권력 개념은 국가와 군주를 중심으로 한 지배 집단의 자원을 의미했다. 경제주의, 자유주의적 의미의 권력은 실체로서 소유, 계약, 양도할 수 있는 것이다. 특히 '주권'은 그것을 '뺏고 빼앗긴다'는 의미에서 국가 간 전쟁 담론을 가능케 하는 주요 개념이 되었고, 국가 안보가 절대적인

〈얼음의 집〉, 완전한 영혼

통치의 도구가 될 수 있는 이유였다.

미셸 푸코(Michel Foucault)는 다르게 생각했다. 주권은 밑에서부터 '두려움을 가진 사람의 의지'(강조는 필자)에 의해 형성되며, 권력관계는 법이나 주권 내부에 있는 것이 아니라 일상적인 지배 구조 안에 널리 퍼진 수많은 연결망 안에 있다고 보았다.

"권력을 가져야 한다, 실력을 키워야 한다, 억울하면 출세해라." 어느 시대에나 통용되는 지배 세력의 지상 명령이자 비극의 씨앗이다. 인간의 소유 욕망은 권력에 대한 욕망이다. 물리적 자원, 능력, 관계, 힘, 사랑……, 이 모든 것은 영향력으로서 권력이다. 이러한 권력 개념에서 갈등과 분쟁, 전쟁, 부패는 필연적이다. 현실 정치에 대한 혐오는 여기에서 나온다. 집권(執權), 권력투쟁, 권불십년(權不十年), 권력을 좋아하는 사람, 이러한 표현은 모두 권력을 구체적인 영향력이라고 생각하기 때문에 나온 일상 담론이다. 결국 권력의 최종은 무기(폭력)이고, 이 개념 앞에서 인간의 모든 지성과 윤리는 중단된다.

한마디로 소유로서의 권력 개념은 인류의 역사를 자연 선택(natural selection)이 아니라 인간의 선택, 약육강식으로 만들었다. 수많은 혁명이 실패한 이유이다. 진정한 혁명(민주주의)은 권력의 탈환이 아니라 권력의 개념을 바꾸는 것이다.

〈얼음의 집〉은 소유 대상(object)으로서 권력 개념을 폐기하기 위한 사유의 시작을 보여준다. 정찬의 방법론은 '피해자'가 아니라 '가해자'의 입장에 초점을 맞춘다. 권력의 메커니즘과 '합리성'은 피해자보다 가해자를 분석할 때 더 잘 알 수 있다. 그들은 권력을 소유하기 위해 권력의 속성과 지배의 법칙을 연구한다(대학이 그런 곳이다). 피지배자는 저항을

〈얼음의 집〉, 《완전한 영혼》, 정찬, 문학과지성사, 1992.

진정한 혁명은 권력의 탈환이 아니라
권력의 개념을 바꾸는 것이다.
소유에서 책임감으로 권력의 의미를 바꾸는
사유의 시작점에, 이 책이 있다.

시작할 때가 되어서야 상대를 파악하기 시작한다. '의식화' 전에는 '적'도 자기처럼 '착한 줄 안다'. 이 구조가 약자가 당하는 이유이다.

가해자와 피해자는 유동적, 맥락적 개념이므로 가해의 절대성은 가능하지 않은데, 작가는 영리하게도 이를 고문자와 피고문자의 구도로 고정시켜놓았다. 고문은 죽음과 고통을 매개로 한 '영원한 관계'의 장이기 때문이다. 고문에 대한 일반적인 접근 방식은 임철우의 〈붉은방〉이다. 이때 우리는 피해자를 지지하고 동일시한다. 그러나 피해자와의 동일시는 우리 자신이 가해자일 수도 있다는 가능성을 상정하기 어렵게 하는 사유 방식이다. 피해자 포지션이 나의 정체성이 되어버리는 것이다. 정찬은 거꾸로 간다. 그는 방법론 자체가 사유 방식임을 보여준다.

고문(拷問)의 사상, 예술가로서 고문자

내가 가지고 있는 정찬의 책은 대개가 장편인데도 30여 권(공저 포함)이 넘으니, 얼마나 많은 작품을 썼는지는 정확히 모른다. 에세이는 한 권도 없다. 오로지 소설이다. 아마도 그는 매일 매일 매일…… 쓰는 것 같다. 그의 소설을 다 읽지는 못했지만 분명한 것은 문제의식 자체가 독특하고 어지러울 정도로 뛰어난 작품이 적지 않다는 것이다.

그 연배의 한국 문단에서 어떻게 이런 독특한 남성 작가가 나올 수 있을까. 역시, 인간의 경험은 구조를 넘어선다는 기쁜 진리를 확인한다. 그의 작품에는 한국 소설에 흔히 등장하는 외세 콤플렉스, 성애 묘사(여성에 대한 타자화)가 거의 없다. 자기도취나 자의식도 없다. 작품의 주제는 물론이고 문체와 행간의 밀도는 그의 노동을 짐작케 한다. 초기에는 5·18 민주화운동을 집중적으로 다루었지만 주로 언어, 권력, 몸, 예술, 구원 등을 주제로 한 작품을 많이 썼다. 문학평론가 김현은 생전에 이청준, 복거일, 최인훈의 뒤를 이을 작가라고 주목했다. 동료 문인이나 평론가 들은 '독특한', '굉장한', '치열한' 작가라고 하지만, 대중적으로 많이 알려진 작가는 아니다. 하긴 IT가 신(神)을 대신한 이 무지의 시대에, 무라카미 하루키조차 "SNS와 대적하겠다"는 시대에, 정찬의 작품이 베스트셀러가 되기는 어려울 것이다.

〈얼음의 집〉은 일제강점기 일본이 배출한 최고의 고문 기술자 하야시와 그의 유일한 후계자 재일 한국인의 이야기다. 스승 하야시는 에도 시대 최하층 천민인 에타 출신이고, 제자는 관동대지진에서 살아남은 재일 조선인이라는 사실이 주제의 한 축을 이룬다. 주 내용은 스승과 제자가 주고받은 고문에 대한 사유이다. 이 작품은 고문의 사상(思想)을 설파함으로써 인간이 권력과 맺는 관계를 탐구한다. 고문의 사상? 그렇다. 〈얼음의 집〉의 주인공은 고문의 쾌락, 권력자의 쾌락을 추구하지 않는다. 쾌락의 관리와 절제, 이것이 고문의 사상이다.

내가 정찬의 작품을 통해 주장하고 싶은 바는 이 글의 제목 그대로이다. "권력은 영향력이 아니라 책임감이다." 그런데 이 논의의 시작이 왜 고문일까. 삶 자체가 고문이고, 고통은 생명의 본질이기 때문이다. 고문은 몸의 고통을 담보로 하는 최고의 악이다. 고문자는 공무원이든 사형자(私刑者)든 나쁜 사람이다. 하지만 이 작품에서 고문은 은유도, 음지의 세계도, 일상과 먼 이야기도 아니다. 우리는 고문자이기도 하고 고문을 당하기도 한다. 갑질을 피하기 어려운 사회이지만, 사실 *세상은*

'갑을' 관계로만 이루어져 있지 않다. '갑을병정……' 매순간 상황이 바뀐다. 언제 어떤 위치에 있게 될지 모른다. 권력 행위는 중단되지 않는다. 삶은 자신이 참여한 혹은 개입된 권력에 대한 사유여야 한다. 〈얼음의 집〉에서는 이 근원적인 삶의 모습을 양면 거울로 볼 수 있다.

기존의 개념인 영향력으로서 권력은 고통을 회피하고 고통당하지 않으려는 방어 심리의 시작이다. 타인을 먼저 공격, 지배함으로써 책임의 문제를 승패로 바꾼다. 그러므로 자신에게 주어진 고문이라는 역할을 욕망이 아니라 노동과 기술(art)의 장인 정신으로 인식하고 자기의 일에 대한 사유를 멈추지 않는 고문의 사상이야말로, 책임감으로서 권력 개념을 정확히 보여준다.

이 작품은 워낙 교직(交織)이 촘촘한 두꺼운 텍스트여서 어느 부분을 발췌해노 나의 오독일 가능성이 높지만, 이 글에 한정한 나의 주장은 아래 장면으로 요약할 수 있다.

고문의 목적은 죽음이 아니다. 정보의 획득과 정신의 해체와 파괴다. 이 해체와 파괴를 통해 체제의 정통성과 우월성을 지켜나가는 것이다. 고문은 처형이 아니다. 고문자가 고문 대상자를 죽음에 이르게 한다면 그것은 조직의 명령과 규칙을 깨뜨리는 행위다. 그러므로 고문자는 고문 대상자의 죽음에 대한 저항력을 정확히 측정해야 한다. 이 저항력을 넘어서는 힘을 가하면 그는 죽어버린다. 저항력의 정확한 측정이야말로 고문 기술자에게 없어서는 안 될 소중하고 섬세한 능력이다. 그런데 고문자가 폭력의 쾌락에 갇혀버리면 저항력으로의 침범, 즉 죽임이 강렬한 힘으로 그를 유혹한다. 이 유혹은 너무나 뜨거워 자신이 고문자라는 사실조차 잊어버린다. 그 결과는 처형을 향한 질주다. 하지만 너와 나는(스승과 제자-필자), 이 세계에서 오직 너와 나는 이 쾌락에 갇히지 않는다. 쾌락의 유혹과 끊임없이 싸우면서, 일어서는 쾌락을 지우고 또 지운다. 그리하여 고문 대상자가 마침내 사물로 보일 때 너와 나는 이 세상에서 유일한 권력자가 되는 것이다. 권력의 운명에서 벗어난 유일한 권력자. 얼마나 장려한가. 운명의 가시가 없는 황홀한 불을 가진 인간의 모습이.

- 장편소설《황금 사다리》

생사여탈. 아니, 요즘 세상에 어떻게 생사가 삶과 죽음에 국한되겠는가. 먹고사는 그 자체가 생사여탈인 시대에 타인의 삶을 좌우할 수 있는 권력이 당신에게 있다. 죄의식 없이 사용할 수 있는 권력이다. 당신은 열 명에게 영향력을 미칠 수 있다. 그 과정에서 존경과 부, 쾌락을 느낄 수 있다면 몇 명쯤에서 멈출 수 있겠는가. 상대는 나쁜 사람이다. 상대를 죽일 수 있고 죽여도 박수 받을 수 있다. 이런 권력의 유혹과 싸워 이길 수 있겠는가. 권력의 쾌락을 거부하는 정신력은 마치 갑자기 중독을 멈추는 경지, 단 한 번의 사랑에서 남녀 모두 사정(射精)을 하지 않을 절제, 평생 절실히 원했던 무엇인가를 포기하는 순간의 긴 시간을 인내하는 것이다.

이 결정을 좌우하는 핵심은 나와 상대방에 대한 사유이다. 이때, 생각하지 않음("처형을 향한 질주")이 폭력이라는 한나 아렌트의 말은 정확하다. 죽임의 유혹을 물리치는 확고한 사상, 상대방의 방어력을 판단할 수 있는 고도의 기술. 그렇다면 왜 이들이 장인, 예술가, 사상가가 아닌가? 나는 이제까지 하야시와 그 제자 같은 이들을 본 적이 없다.

〈얼음의 집〉, 완전한 영혼

작은 권력조차 남용(abuse, 학대)하는 우리 이웃들을 보라. 나는 20여 년간 아내에 대한 폭력을 공부하면서, '죽도록' 때릴 수 있는데 '죽기 직전에' 멈추는 남성을 보지 못했다. 맞는 사람의 상태를 살피는 구타자는 없다. 외부 개입 없이 폭력이 중단되는 유일한 순간은, 가해자가 지치거나 스스로 귀찮아질 때다. 대부분의 인간은 주어진 권력을 끝까지, 남김없이, 다 쓴 뒤에도 한계를 잊은 채 자기 엔진이 탈 때까지 쓴다.

〈얼음의 집〉은 1992년에 발표되었지만 인간사의 영원한 주제를 담고 있다. 권력을 다룰 윤리와 능력을 갖춘 사람은 드물다. 권력을 동경하지도 무시하지도 겁내지도 않는 '세련된' 인간을 아는가. 나는 알지 못한다. 어쩌면 '인문학의 위기'는 무식한 데다 권력욕에 눈이 충혈된 채 이리저리 날뛰는 이들을, 정면으로 대항할 언어의 부재가 아닐까. "이게 나라냐"라는 외침은 그런 이들을 분별하고 걸러낼 인프라가 없다는 절망이 아닐까. 다른 사회와 비교할 때 지금, 이곳의 월등한 우울과 자살률 그리고 그 증가 속도를 생각해보라.

우리 스스로 책임감 있는 권력자가 되어야 한다

삶의 모든 고통은 권력에서 온다. 물론 제일의 권력은 육체적 고통, 생로병사이다. 이 역시 사회적 차원의 문제지만 자연의 법이 있으므로 차치하자. 우리가 직접 개입할 수 있는 문제는 자원을 둘러싼 권력으로부터 배제와 소외, 착취다.

인간이 공동체를 이루고 사는 것은 개인이나 특정 집단이 권력을 독점하기 위해서가 아니라 고통을 분담하기 위해서라고 믿는다. 그러나 지금 글로벌 금융 자본주의의 '포스트 휴먼'들은 인류가 경험해보지 못한 세계로 진입했고, 지배 세력은 대중의 가시권에서 사라졌다. 20:80의 사회도 아닌 것이다. 20조차 보이지 않고 저항은 '불가능'해졌다. 한국인들의 희망은 국제 자본을 걸러줄 국가이다. 물론 당대에만 그런 것은 아니다. 역사상 민초들은 언제나 선하지만 강력한 지도자를 갈망했다. 유능하지만 욕심 없는 사람을 원했다. 하지만 대개 선한 사람은 약하고, 강한 사람은 악하다. 심지어 지금은 악함과 강함이 구별되지 않는 세상이 되었다. 결국 권력은 뻔뻔하고 나쁜 사람의 손아귀에 들어가기 일쑤이다. 어떤 착취자는 "봉사할 기회를 달라"고 울부짖는다.

하지만 나는 악화가 양화를 지배하는 것이 필연적이라고 생각하지 않는다. 인간은 자신이 만든 세상을 다시 만들 수 있다. 일상에서부터. 선한 권력자의 등장보다 선행되어야 할 것은 권력의 재개념화이다. 권력이 힘이나 영향력, 통제력이 아니라 책임감과 보살핌의 노동이라면, 지금처럼 사람들이 권력을 원하겠는가. 이때 권력은 '고달픈 노동'이다. 권력을 책임감이라고 생각하는 사람들은 대개 자리를 고사한다. 책임감으로서 권력. 우리는 그것을 소명, 사명감이라 부른다.

현대사회의 권력은 영향력/책임감으로 이분화되지 않는다. 판단하기 어려운 상황이 대부분이다. 당대는 '고문자(좋은 경찰)'와 '고문자(나쁜 경찰)'가 바통 터치하는 시대가 아니라 '고문자'와 '피고문자'가 역할 분담을 하는 구조이다. 우리는 모두 이 상황의 참여자가 되었다. 이것이 새로운 일상이다. 대신 우리는 권력을 다룰 줄 알아야 한다. 그것은 빛에 번쩍이고 날선 장도(長刀)에 흐르는 꿀을 빨아 먹는 일과 같다. 조심스럽

〈얼음의 집〉, 완전한 영혼

게 먹어야 혀를 보존할 수 있다. 그러려면 사회와 자신을 알아야 한다.

권력의 행위자(agents)인 우리 모두에게는 정확한 사용(책임, 저항)을 통해 권력의 개념을 변화시켜야 할 의무가 있다. 우리는 '권력이 존재한다/권력을 가졌다'는 두 가지 관점 중에서 하나를 선택할 수 있다. 모든 인간은 그 어떤 위치에서도 권력이 '있다'. 권력의 장에서 권력의 실천은, 권력을 가져서 가능한 것이 아니라 자신의 사회적 위치로부터 나온다.

권력을 구조 속에서만 파악할 때, '사람'은 사라지고 역설적으로 책임을 물을 수 없게 된다. 예를 들어, 전쟁에서 발포한 사람은 발포한 사람으로서 책임이 있고 명령한 사람은 명령한 사람으로서 책임이 있다. 정찬의 단편 〈새〉나 중편 〈슬픔의 노래〉는 5·18 민주화운동을 배경으로 권력의 맨 밑바닥에서 총검을 휘둘렀던 평범한 계엄군 개인의 쾌락과 죄의식을 다룬다.

자신이 '가진' 권력의 정확한 사용을 둘러싼 고민은 '책임감(역할)으로서 권력'이라는 인식 전환의 계기가 된다. 모든 인간에게 부여된 책임감으로서 권력은 '일', '노동'이다. 촛불시위는 좋은 권력자를 뽑는 과정이 아니라 우리 스스로 권력자가 되는 과정이었다. 그래야 피해자가 가해자가 되지 않으며, 보이지 않는 다양한 억압(계급, 젠더, 인종, 나이, 성 정체성, 국적, 건강 약자……)을 드러낼 수 있다.

우리는 〈얼음의 집〉의 주인공처럼 권력을 정확히 사용하는 예술가를 만날 확률이 거의 없다. 우리 자신이 그렇게 되어야 한다. 정찬의 〈얼음의 집〉은 고통의 백신이다. 고통의 시대에 어찌 백신이 필요하지 않겠는가.

함께 추천하는 책

《녹색세계사》, 클라이브 폰팅, 이진아·김정민 옮김, 그물코, 2010.

사람이 아닌 지구의 관점에서 쓴 역사. '녹색'에 대한 고정관념을 잠시 접어두고 '강정', '밀양', '매향리', '성주', '북한'이 곧 한반도 전체가 될 수 있음을 알려주는 책이다. 호모사피엔스의 필독서. 내가 대통령이라면 '국정교과서'의 하나로 채택 하겠다. 우리는 역사적 경험을 통해 질문해야 한다. 4차 산업혁명이 실제로 무엇 인지, 그것이 변화시킬 세상이 어떤 모습일지. 민주주의와 혁명이 가장 극단적 으로 대립하는 영역이 있다면, 그것은 생명체의 생존이다.

《섹스 앤 더 처치》, 캐시 루디, 박광호 옮김, 한울아카데미, 2012.

무지와 폭력의 결합을 '상식'으로 생각하는 경우가 있다. 동성애에 대한 입장이 대표적일 것이다. 고정관념과 달리 한국에도 미국에도 기독교인으로서 사명감 을 갖고 활동하는 동성애 인권운동가나 동성애자를 지지하는 기독교인이 많다. 《Sex and the Church》, 이 책은 원제 그대로 인간의 성 활동(섹슈얼리티)에 대한 현대 기독교의 입장을 다룬다. 우리는 이 책을 통해 진보적인 성 윤리를 배울 수 있다. 또한 동성애 전반에 대한 인식은 물론이고 무엇보다 인문학은 곧 언어의 역사라는 사실을 깨달을 수 있다. 인권 이론의 필독서이다.

09

《숲에서 우주를 보다》

지구를 생각하고
자연을 이해하는 리더가 필요하다

이정모
시울시립과학관상

지금 지구를 지배하는 생명체는 무엇일까? 생물량으로 가장 많은 박테리아라고 말하지 말자. 어디 박테리아가 한두 종인가? 박테리아끼리 무슨 연대 의식이 있는 것도 아닐 텐데 말이다. 사회성이 있는 생명체만 따져보자. 그중에 생물량이 가장 많은 것은 개미다. 지구에 있는 개미를 모두 모으면 가로, 세로, 높이 2킬로미터의 상자를 가득 채울 수 있다. 정말 어마어마한 양이다. 인류 역시 만만치 않다. 같은 크기의 상자를 75억 명의 지구인으로 가득 채울 수 있다. 지구의 개미와 인류는 생물량이 같다. 그런데 개미를 인간과 같은 반열에 둘 수는 없다. 개미는 최소한 1만 2,000종이 있는데, 인류는 단 한 종뿐이다. 46억 년의 지구 역사상 이렇게 거대한 생물량을 차지한 종은 인류, 그 가운데에서도 호모사피엔스가 유일하다.

호모사피엔스는 어떻게 지구를 지배하게 되었을까? 인간은 매우 허약한 존재인데 말이다. 우선 덩치가 작다. 코끼리나 기린은커녕 웬만한 맹수들보다 작다. 곰처럼 몸을 따뜻하게 유지하는 털이 풍성한 것도 아니다. 독수리의 발톱이나 사자의 어금니 같은 공격용으로 쓸 만한 신체 부위도 없다. 게다가 하늘을 날기는커녕 나무 사이를 뛰어다니지도 못하고 평지에서도 다른 동물보다 느리다. 그런데도 지구를 지배하는 생물이 되었다. 다른 동물에게는 없는 두 가지 덕분이다. 하나는 나머지 네 손가락과 모두 마주칠 수 있는 엄지손가락이 달린 손이고, 다른 하나는 불의 사용으로 커진 두뇌다.

위대한 인류와 여섯 번째 대멸종

모든 생명은 자연의 자원을 활용해야 살 수 있다. 그리고 자원은 언제나 제한되어 있다. 방법이 없다. 제한된 자원으로 살아가야 한다. 커다란 두뇌와 자유로운 손이 있는 인간이 다른 생명체보다 자연의 자원을 더 많이 사용하는 것은 당연한 이치다. 기원전 1만 년 전 지구에는 처음으로 환경에 적응하는 대신 환경을 바꾸는 생명이 등장했다. 바로 호모사피엔스이다. 농사를 짓겠다고 멀쩡한 벌판과 숲에 불을 질렀다. 수만 년에 걸쳐 형성된 물길을 단숨에 바꾸었다. 그사이에 수백만 년 동안 존재했던 거대 포유류들이 순식간에 멸종하고 말았다. 인간은 자연에 적응하는 대신 자연을 바꾼 것이다. 인류는 위대하다.

농업혁명은 자연에서 인간의 지위를 바꾸었다. 인간은 단숨에 최고 포식자의 자리를 차지했다. 이게 끝이 아니었다. 특히 17세기 과학혁명과 19세기 산업혁명은 인류에게 풍요와 건강을 가져왔다. 수명은 늘어났고 인구는 증가했다. 인구 증가에 결정적인 역할을 한 것은 석탄과 석유라는 화석연료였다. 1804년 처음으로 10억 명을 돌파한 인구는 이후 수직 상승하여 2016년 말에는 75억 명을 넘어섰다. 현재 50~60대 장년들은 자신이 살아 있는 동안 지구 인구가 두 배 이상으로 늘어난 현장을 목도하고 있다. 어느 순간부터 인간은 '위대한 인류'가 만들어낸 결과가 재앙임을 스스로 깨닫게 되었다.

깨달음의 순간은 불과 얼마 전이었다. 공기가 탁해졌다. 숨을 쉬기 힘들어졌다. 물이 더러워졌다. 마시기가 어려워졌다. 곳에 따라서는 더러운 물마저 구할 수가 없게 되었다. 아무리 비료를 뿌려도 산출량은 늘어나지 않았고, 한없이 있을 것 같던 물고기마저 급격히 줄어들었다. 게다가 지구는 점차 더워지면서 인간이 손대는 것보다 더 빠른 속도로 환경을 바꾸어가고 있다. 지금 우리는 여섯 번째 대멸종을 겪고 있다. 인류는 비로소 자신이 저지른 일에 대해 두려움을 갖게 되었다.

하지만 괜찮다. 우리는 이 위기를 극복할 수 있다. 그 이유는 자연사가 알려준다. 우리가 역사를 배우는 이유는 우리 문화의 찬란함을 알고 자부심을 느끼기 위해서가 아니다. 역사 속에 등장하는 그 나라들이 왜 망했는지 배우는 것이다. 그래야 우리나라가 어떻게 하면 더 지속할 수 있을지 알 수 있기 때문이다.

자연사도 마찬가지다. 고생대 3억 년 동안이나 지구 바다를 지배한 삼엽충은 왜 멸종했을까, 1억 6,000만 년 동안이나 중생대 육상을 지배한 공룡들은 왜 멸종했을까를 배우는 것이다. 그래야 우리 인류가 어떻게 하면 더 지속 가능한지 알 수 있기 때문이다.

자연사에는 다섯 차례의 대멸종이 있었다. 당시 생물종의 70~95퍼센트가 멸종한 사건들이다. 특히 최고 포식자는 반드시 멸종했다. 대멸종에는 패턴이 있다. 평균 기온이 5~6도씩 갑자기 오르거나 떨어졌다. 대기 중 산소 농도는 떨어지고 산성도는 높아졌다. 그런데 이 모든 것에 당시 생명체들은 책임이 없다. 그저 지구 자연이 그렇게 바뀐 것이다. 생명체는 책임도 없지만 헤쳐나갈 능력도 없었다. 바로 이것이 포인트이다.

우리 인류는 여섯 번째 대멸종을 겪고 있다. 과학자들은 현재 지구환경의 변화 추세가 바뀌지 않는다면 여섯 번째 대멸종은 짧으면 500년, 길어야 1만 년이면 완성될 것이라고 경고한다. 게다가 지금 최고 포식자는 바로 우리 호모사피엔스이다.

하지만 괜찮다. 우리에게는 희망이 있다. 여섯 번째 대멸종은 농업혁명과 과학혁명 그리고 산업혁명의 결과이기 때문이다. 세 차례의 혁명은 모두 인간이 만든 것이다. 이때 지구는 아무런 역할을 하지 않았다. 지난 다섯 차례의 대멸종 당시의 생명체들과 달리 여섯 번째 대멸종은 우리 인류만 변하면 얼마든지 늦출 수 있다. 이것이 바로 희망의 근거이다.

자연에서 답을 찾다

생체모방학 또는 바이오미메틱스(biomimetics)라는 새로운 학문이 있다. 생체모방은 1997년 미국의 생물학 저술가인 재닌 베니어스(Janine Benyus)가 《생체모빙》이라는 책을 펴내면서 널리 알려지기 시작한 단

숲에서 우주를 보다

어이다. 베니어스는 생체모방학회를 설립하고 다양한 교육 활동을 통해 수많은 과학자와 공학자, 건축가, 기업가 들에게 영감을 주었다. 생체를 모방하는 일은 자연계를 모방하는 행위다. 당연히 자연 생태계에 이로울 수밖에, 아니면 적어도 다른 기술보다는 자연에 덜 해로울 수밖에 없다. 그래서인지 그녀는 '레이첼 카슨 환경윤리상'과 유엔환경계획(UNEP)이 수여하는 '지구챔피언상'을 받았다.

우리는 알지 못하는 사이에 경험한다. 인간의 역사는 생체모방의 역사였다. 그 어느 것 하나 우리 머리에서 처음 나온 것은 없다. 맹수들의 날카로운 이빨과 발톱을 보고 칼과 화살촉을 만들었듯이, 우리의 기술은 결국 자연에서 온 것이다. 20세기 최신 기술이라고 해서 다르지 않다. 태양광발전은 식물의 광합성 공정을 흉내 낸 것이다. 바닷속 바위에 단단히 달라붙는 홍합의 성질을 흉내 낸 접착제가 개발되었다. 수직 벽을 오르내리는 도마뱀붙이의 발바닥 표면을 흉내 내어 강력하면서도 쉽게 떼어낼 수 있는 테이프와 수직 벽에 오르고 천장에 거꾸로 매달려 움직일 수 있는 로봇을 개발한다.

비자연적으로만 발달할 것 같던 농업도 자연의 모습으로 돌아가고 있다. 산업혁명 이후 농업이란 단일 작물을 화학 성분으로 키워내는 방식이었다. 재래종이 아닌 외래종 한 종만 자연에서 격리시켜 유전적 다양성을 차단한 채 공장에서 만든 비료와 살충제로 키웠다. 덕분에 엄청난 농업 생산성을 달성할 수 있었다. 그런데 이제 한계에 다다랐다.

농업 역시 다시 자연을 흉내 내야 했다. 자연의 생태계에는 다양한 다년생 식물이 자란다. 99.9퍼센트가 다년생 풀이다. 1년 내내 땅을 덮고 있어서 흙이 흩어지는 것을 막는다. 여기에는 지렁이와 곤충, 새 같

《숲에서 우주를 보다》,
데이비드 해스컬, 노승영 옮김, 에이도스, 2014.

여섯 번째 대멸종은 우리 인류만 변하면
얼마든지 늦출 수 있다.
이것이 바로 희망의 근거이다.

은 동물들도 어울려 산다. 이들이 땅속의 생태 환경을 유지하면서 토양의 밀도와 양분을 일정하게 유지하고 해충도 막아준다. 이 자연의 목초지에 다양한 식물이 섞여 있는 것을 흉내 내어 다양한 작물을 섞어 경작했더니 오히려 생산성이 더 좋아진다는 것도 깨달았다.

생체모방은 자연을 모델로 삼아 새로운 기술을 만들어낸다. 하지만 그 목적은 단순하다. 자연을 최대한 효율적으로 활용하겠다는 것이다. 자연 수탈에 있어 인간의 방식이 한계에 달하자 자연에서 배워 더 잘 수탈하겠다는 것이다. 이런 방식과 태도만으로는 결국 여섯 번째 대멸종을 더 재촉할 뿐이다.

숲에서 우주를 보다

이제 우리는 다시 자연의 한 일원으로서의 우리를 찾아야 한다. 방법은 간단하다. 자연이라는 우주 속으로 조용히 들어가서 자기 자신을 관찰하는 것. 현재 미국 테네시주 산악지대에 위치한 시워니 대학에서 생물학을 가르치고 있는 데이비드 해스컬(David Haskell)도 같은 생각을 했다. 생태학자이자 진화생물학자인 해스컬은 학교 가까이에 있는 오래된 숲 안에 지름 1미터가 조금 넘는 가상의 원을 그렸다. 그리고 이 원을 만다라라고 부르면서 숲 전체를 내다보는 창으로 삼았다. 이 창에는 참나무·단풍나무·백합나무 등 여남은 종의 활엽수가 있고, 바닥은 기름진 흙으로 덮여 있다.

딱히 그곳일 이유는 없었다. 그저 앉기에 편안한 너럭바위가 가까이에 있기 때문이었다. 해스컬은 간단한 규칙을 세웠다. 그곳을 자주 찾아서 한 해 동안의 순환을 소란 피우지 않고 지켜본다는 것이다. 아무것도 죽이지 않고, 어떤 생명체도 옮기지 않으며, 땅을 파헤치거나 그위에 엎드리지도 않고 오직 눈과 귀만 이용해서 관찰한다는 것이다. 그는 규칙을 지켰다. 이 책은 1년에 걸친 관찰 일기다.

1월 1일의 일기 제목은 '결혼'이다. 겨울이라 숲은 음침하고 무기력하게 보인다. 그의 눈에는 지의류가 보인다. 지의류는 겨울에도 생리기능을 발휘하며 생기를 뿜어내기 때문이다. 지의류는 온기를 얻기 위해 연료를 태우지 않고 주위 온도에 따라 생명 활동을 조절한다. 이 모습을 보고 저자는《장자》의 한 장면을 떠올린다. 세찬 폭포수 아래에서 헤엄치던 남자가 "천명에 따라 이뤄지게 한 것입니다. 나는 소용돌이와 함께 물속에 들어가고 솟는 물과 더불어 물 위로 나오며 물길을 따라가면서 전혀 내 힘을 쓰지 않습니다"라고 말하는 장면이다.

지의류는 장자보다 4억 년 앞서서 이 원리를 깨달았다. 지의류 색깔은 수억 년 전에 한 결혼의 결과이다. 지의류 안에는 다양한 조류(藻類)와 균류가 살고 있는데, 이들이 지의류의 색깔을 다양하게 만들었다. 예를 들어 엽록체는 1억 5,000만 년 전 조류 안에 둥지를 튼 세균의 후손이다. 미토콘드리아 역시 한때는 자유롭게 살아가던 박테리아였다. 해스컬은 1월 1일 관찰을 마치고 "우리 몸도 수많은 세균의 결혼의 결과물"이라고 적었다.

8월 1일의 제목은 '영원과 코요테'다. 영원은 도롱뇽의 일종이다. 진홍색 벨벳처럼 마른 살갗에는 독성이 있어서 포식자를 두려워하지 않고 땅을 느긋하게 돌아다닌다. 덕분에 살갗이 말랐다. 걷는 모습을 보면 척추와 팔다리가 휘는 게 꼴사납다. 처음부터 이렇게 생긴 것은 아니다. 갓 부화한 새끼는 목에 깃털 달린 아가미가 있다. 물속에서 몇 달간 곤충과 갑각류를 먹으며 산다. 늦여름이 되면 아가미가 녹고 허파가 생기며 살갗이 질기고 붉어진다. 그리고 뭍에서 1~3년 산다. 애벌레처럼 말이다. 한 번 더 탈바꿈하면 생식기관과 두툼한 꼬리가 생긴다. 그러면 다시 물로 돌아가 10년 정도 산다. 영원처럼 작고 약한 동물이 오래 살 수 있는 이유는 환경에 적응하면서 생활상을 바꾸기 때문이다.

이런 점은 코요테도 마찬가지다. 코요테 새끼는 4월 초에 태어난다. 늦가을이 되면 어미의 굴에서 가까우면 10여 킬로미터, 멀면 100여 킬로미터나 떨어진 곳으로 새로운 터전을 찾아 떠난다. 아메리카 대륙에 인간이 도착하기 전에는 코요테보다 늑대가 더 많았다. 늑대는 자기보다 큰 동물을 사냥했다. 아메리카의 최고 포식자였다. 인간이 두려움을 느낀 것은 당연했다. 백인은 인디언에게 늑대 가죽으로 세금을 내게 했고, 세금을 내지 못하면 '모진 채찍질'로 처벌했다. 늑대는 덫이나 독약, 총으로 몰살당했다.

이에 반해 코요테는 쥐와 토끼 같은 작은 포유류를 먹이로 삼았다. 자기 자리를 지키기보다는 이리저리 쏘다니기를 좋아했다. 인간이 밀고 들어오면 밀려갔다. 인간의 절대적인 적이 아니었고, 최상위 포식자가 아니라서 개체수가 많았기 때문에 박멸하기도 어려웠다. 그런데 늑대가 사라지고 나자 코요테가 늑대의 빈자리를 차지하고 최고 포식자로 올라섰다. 그러자 인류의 사냥감이 되었다.

이 책은 이런 식으로 1월 1일부터 12월 31일까지 작은 숲에서 본 것을 우리에게 들려준다. 책을 통해 저자는 인류가 아무리 많아봤자 생태계의 복잡한 먹이그물에서 차지할 수 있는 틈새는 다른 생명 종과 마찬가지로 단 하나에 불과하다는 사실을 알려준다.

대통령에게도 '우주로 통하는 창'이 필요하다

내가 일했던 서대문 자연사박물관이 자리 잡고 있는 서울 한복판의 안산(鞍山) 기슭에는 산을 빙 둘러 나무 데크를 깔아놓은 '자락길'이란 아름다운 둘레길이 있다. 점심때 이 길을 걸으면서도 내 머리는 온갖 잡다한 일로 가득했다. 하지만 이 책을 읽은 후에는 풀과 나무와 새가 보였다. 내게도 우주를 보여주는 작은 숲이 생긴 셈이다.

그렇다. 누구나 틈새 하나를 차지할 뿐이다. 태양계는 우리 은하의 구석 하나를 차지할 뿐이고, 지구는 태양계의 한 구석일 뿐이다. 지구에 사는 인류도 생태계의 한 구석일 뿐이다. 미국이나 프랑스나 한국이나 지구 인류의 틈새 하나를 차지할 뿐이다. 여섯 번째 대멸종을 늦추기 위해서는 국제적인 협력이 절실하다. 그런데 트럼프 미국 대통령은 "We will make America great again!"을 외치고 있다. 자연 생태계를 지키는 국제 협력에서 자신들만 빠지겠다는 것이다. 한 치 앞도 내다보지 못하는 한심한 발상이다. 그가 그러든 말든 우리에게는 "We will make Our World great again!"을 외치고 실천할 대통령이 필요하다.

이 글을 쓰는 사이에 2017년 6월 19일 0시를 기해 고리 원전 1호기가 영구 정지에 들어갔다. 그 어렵던 문제가 대통령의 결단으로 결정되었다. 그리고 같은 날 오전 문재인 대통령은 원자력발선소 신규 긴설을 전면적으로 중단하고 탈핵 시대로 나아가겠다고 발표했다. 시작이 좋다. 하지만 앞으로 온갖 어려움에 부딪힐 것이다. 우리나라 사람이라고 해서 목전에 둔 당장의 경제적 이익을 놓치고 싶지는 않을 테니 말이다.

그래서 대통령에게 이 책《숲에서 우주를 보다》를 권하는 것이다. 청와대 뒷산 한적한 곳에 지름 1미터 정도의 우주로 통하는 창을 만드시기 바란다. 가능하면 자주 찾아가 우리 대통령도 숲에서 우주를 보시기 바란다. 자연과 자주 만나면 만날수록 자연에 대한 사랑과 존경심은 늘어날 것이고, 그만큼 우리가 가야 할 방향도 분명해지리라 믿는다.

함께 추천하는 책

《냉정한 이타주의자》, 윌리엄 맥어스킬, 전미영 옮김, 부키, 2017.

남을 돕겠다는 생각을 갖고 좋은 일을 한다는 것 자체를 비난할 이는 아무도 없다. 마땅히 칭찬해줘야 할 일이다. 그러나 선행이 오히려 문제를 발생시킨다면 이는 안 하느니만 못하다. 이런 일은 생각보다 많이 일어난다. 저자는 따뜻한 가슴(이타심)에 차가운 머리(데이터와 이성)를 결합시켜야 비로소 선한 의도가 좋은 결과를 낳을 수 있다고 강조한다. 정말 선한 우리 대통령이 꼭 읽어야 하는 책이다.

《만화 갈릴레이 두 우주 체계에 대한 대화》, 정창훈 글, 유희석 그림, 주니어 김영사, 2008.

과학을 한마디로 정의하라면 '어떤 의심에 대한 잠정적인 답을 찾아가는 과정'이라고 말하고 싶다. 과학은 지식이 아니라 태도이다. 과학에서 가장 중요한 것은 모르는 것을 모른다고 답하는 것이다. 그래야 답을 찾아갈 수 있다. 우리는 지식과 정보는 과잉 상태이지만 과학적인 태도는 찾아보기 힘든 사회에 살고 있다. 천동설과 지동설을 두고 상대를 설득하는 갈릴레오 갈릴레이의 대화법에서 우리는 합리적인 대답을 찾아가는 지혜를 얻을 수 있다.

10

《성장을 넘어서》

성장의 신화에서
공존의 경제로 나아가라

홍기빈

글로벌정치경제연구소
소장

문재인 정부는 2016년 말 한국 사회를 뒤집어놓은 '촛불혁명'의 적자이다. 그래서 문재인 대통령은 '적폐 청산'을 가장 절실한 과제로 제시하기도 했다. 그러자 한편에서는 과거에 대한 비판과 싸움에 묶여 있을 때가 아니라 위기에 처한 한국 사회의 미래를 개척해나가는 작업이 절실한 때라는 주장을 펼쳤다. 그러기 위해서는 저성장과 심각한 불평등 및 불안정성에 직면한 한국 자본주의에 새로운 비전을 제시하는 것이 더욱 시급하다고 이야기했다.

나는 두 가지 과제가 모두 중요할 뿐만 아니라 불가분의 관계에 있는, 사실상 동일한 과제라고 생각한다. 그 이유는 대한민국의 '적폐'라는 것이 기실 지난 반세기 동안 한국 사회를 지배해온, 지금은 빠르게 노후화하여 더는 기능하지 않는 것으로 변해가는 기존 성장 모델의 필연적인 결과물이라고 보기 때문이다. 따라서 '적폐 청산'은 곧 경제의 성장과 발전에 대한 새로운 비전과 그 비전에 입각한 새로운 모델을 구상하는 과정의 일부라고 보아야 한다.

'적폐 청산'과 새로운 경제의 비전

기존 경제학에서 말하는 경제성장이란 곧 자본 축적과 인구 성장을 뜻한다. 성장의 결실은 소비를 최소한으로 줄이고 더 많은 자본 투자로 이어지도록 해야 한다. 그래서 자본이 축적되면 노동생산성이 올라가고, 이를 통해 더 많은 가치가 생산되어 임금을 포함한 모든 소득이 늘어나게 된다. 그러면 이 늘어난 소득, 즉 성장의 결실이 다시 소비로 흐르는 양을 최소한으로 줄여 더 많은 자본 투자로 이어지도록 한다.

　이러한 일반적인 경제성장의 논리를 실현하기 위해 한국 자본주의는 1960년대 이후 반세기 동안 재벌기업을 앞세운 '캐치업' 산업화를 통한 수출 주도형 모델을 택했다. 국내 인적, 물적 자원의 압도적인 양을 소수의 재벌기업들에게 몰아주고, 이들의 영리 활동이 원활하게 이루어지도록 각종 사회적, 제도적 지원을 아끼지 않았다. 이들은 기존의 선진국들이 먼저 개척하여 성공적으로 일구어놓은 업종과 사업 모델을 빠른 속도로 모사하여, 국내의 '사회적 덤핑'을 배경으로 얻어낸 각종 우위를 기반으로 그 시장을 잠식해 들어갔다. 이렇게 해서 수출과 해외 진출을 통해 벌어들인 소득은 다시 소수 재벌기업의 성장과 발전에 우선적으로 쓰일 수 있도록 배분되었다. 국가가 앞서서 사회 전체를 동원하여 재벌기업들의 발전을 독려한 결과 재벌기업 부문은 성장의 엔진이 되었고, 여기서 발생한 '국부'가 '국민경제'의 여러 부분으로 흘러 들어갔다.

하지만 이 과정 또한 이른바 '낙수 효과'와 같이 자연스럽고 순진한 과정이 아니다. 사회 전체의 동원을 바탕으로 국가-재벌기업 동맹이 일군 성과는 그 자신을 최정점으로 하여 철저하게 서열화되고 위계화된 순서에 따라 조금씩 조금씩 아래로 흘러 들어간다. 먼저 이 정경유착, 아니 동맹 관계 속에 깊이 개입되어 있는 지배 엘리트들이 '사자의 몫(lion's share)'을 뭉텅이로 떼어간다. 그다음에는 거기에 충성을 바치며 수족 노릇을 하는 개인과 집단 들이 몫을 떼어간다. 그러한 순서를 거친 다음에야 비로소 시장에서 하청 중소기업들이 그 몫을 차지하며, 최종적으로 내수 경제와 서민 경제 등으로 차근차근 돈줄이 흘러 들어간다.

그런데 이렇게 지루한 한국식 자본주의의 분배 과정을 역동적이고 흥분된 것으로 만들어주는 '사이드쇼'가 있으니 바로 부동산 개발이다. 앞에서 말한 대기업 위주의 경제 모델의 작동은 과열된 부동산 투자와 맞물리면서 공간의 불균형도 낳아, 전국—이라기보다는 주로 서울과 수도권—을 냉골 같은 윗목과 펄펄 끓는 아랫목으로 갈라놓았다. 여기에서 이익을 본 이들은 구역질 날 만큼의 재산을 모았고, 소외된 이는 성경 말씀대로 "그나마 가지고 있던 것까지 모두 빼앗겼다".

요컨대, 기존의 한국 자본주의의 성장 모델 자체가 '적폐'를 필연적으로 내포하는 메커니즘을 안고 있었던 것이다. 말이 좋아 '불균형 성장'이지, 사실 이는 국가-재벌기업 동맹을 정점으로 하는 성장 주도 세력의 합법적 기득권은 물론이고, 불법적 혹은 초법적 기득권 체제에 다름 아니었다. 정의와 도덕은 고사하고 법과 규칙마저 번번이 유린되는 가운데 이 기득권 세력의 부와 권력은 점점 더 커지고 확고해졌다.

　이와 같은 이야기는 한국에서 태어나 자란 사람이라면 대단한 정치 경제학적 식견이 없더라도 모두 알고 있는 사실이다. 하지만 이토록 뻔히 드러난 불평등하고 정의롭지 못한 자본주의 체제도, 그나마 경제성장이 지속적으로 이루어지고 있는 동안에는 정당화될 수가 있었다. "강물이 들어오면 배가 다 떠오른다"고 했던가.

　하지만 지난 10년간 저성장 기조가 거의 고착화되면서 이야기가 달라졌다. 누구나 일자리 없음과 경제적 불안, 지독한 불평등을 이야기한다. 재벌기업들조차 산업의 미래를 이끌어나갈 지도력은 고사하고 과연 스스로의 미래를 자신할 수 있는지조차 불투명하다는 비관론이 심심찮게 나온다.

　이러한 난국을 타개하기 위해서 문재인 정부는 '국민 성장론'이라는 이름의 계획을 들고 나왔다. 국제노동기구(ILO) 등에서 제안하기 시작한 임금 주도 성장 이론 혹은 소득 주도 성장 이론에서 중요한 영감을 받아, 기존의 재벌기업과 그 수출에 편중된 성장 전략보다는 더욱 고르게 많은 이에게 일자리와 소득이 돌아갈 수 있도록 만들어서 이를 경제성장의 엔진으로 삼겠다는 것을 골자로 한다. 이러한 방향 전환은 분명히 한국의 현실에서도 시의적절한 것이며, 또 세계적인 변화와도 궤를 같이하는 것으로 환영할 만한 일이다.

　하지만 나는 진정 '적폐'와 단절한 새로운 사회의 비전을 열기 위해서는 한국 사회에서 '성장' 개념에 대한 근본적 전환이 필요하다고 생각한다. 문재인 정부가 꾀하고 있는 대안적인 성장 경로는 분명히 중요한 의미가 있지만, 이 또한 일자리 창출과 국민 소득 증대, 즉 국내총생

성장을 넘어서

산(GDP) 확대라는 목적은 동일하다. 그러나 '성장'이나 '발전'을 계속 GDP의 확대와 동일시하는 사고방식 자체와 단절할 필요가 있다. '적폐 세력'과 완전히 단절함으로써 이루어진 새로운 21세기의 출발은 이를 통해서 분명히 보장될 것이다.

낡은 물질주의적 성장 개념을 버려야 할 때

우리가 가지고 있는 '성장'과 '발전'의 이미지는 압도적으로 물질적이다. 1970년대 배고프던 시절, 북한에서는 '기와집에서 이밥과 고깃국을 먹도록 해주겠다'는 선전으로 인민들을 홀렸다면, 남한에서는 20년 후에는 모든 사람이 '이층집 혹은 아파트에서 자가용을 굴리며' 살 수 있도록 해주겠다고 약속했다. 이는 단순한 정권의 프로퍼갠더(propaganda)를 넘어서서 개인들의 삶의 비전이자 인생 계획으로 내면화되었다.

그 당시 '좋은 삶'의 이미지는 별것 아니었다. 내 집 장만하고 자식들 대학 보내 좋은 직장 잡게 한 후 여행 다니고 윤택한 의료 혜택 받으며 평온한 노후를 보내는 것이 대부분의 사람이 생각하는 행복한 인생이었다. 즉 모두가 중산층이 된다는 이야기다. 일본에서도 비슷한 시기에 '1억 총 중산층'이라는 이름으로 비슷하게 전개된 스토리이며, 1990년대 이후에는 중국에서, 2000년대 이후에는 베트남과 타이 등에서 똑같이 반복되고 있는 스토리다. 지난 반세기 동안 한국뿐만 아니라 동아시아 전체가 세계 경제성장의 '엔진'이었고, 그 대가로 이 지역 거의 모든 나라의 사람들이 지극히 물질주의적인 가치관과 인생관을 익숙하게 받아들이게 되었다.

하지만 21세기가 20년 가까이 경과한 지금, 이러한 20세기의 물질주의적인 성장 개념은 급속하게 낡은 것이 되어가고 있다. 이는 누구도 부인할 수 없는 두 가지 차원에서의 도전 때문이다.

첫 번째 도전은 객관적인 자연에서부터 온다. 허먼 데일리(Herman Daly)가 이 중요한 저서 《성장을 넘어서》에서 강력하게 지적하고 있듯이, '경제'란 '자연'이라는 닫힌 시스템 안에서 작동하는 열린 시스템이다. 그리고 이 열린 시스템이 지난 몇백 년간 열역학 제1법칙(에너지 보존 법칙)을 앞세워 가열차게 산업화와 물질적 경제성장의 수레바퀴를 돌린 결과, 원래 '텅 빈 세계'였던 '자연'이라는 닫힌 시스템은 이제 '꽉 찬 세계'가 되어버렸다. 그 결과 이제는 비가역적인 열역학 제2법칙이 경제를 포함한 모든 것을 지배하는 제약으로 작동하게 되었다. 각종 자원의 고갈과 기후 온난화 그리고 생태계 시스템 교란 등 이미 그러한 현실의 증후는 차고 넘치며, 물질주의적인 성장 개념이 더는 지속 가능하지 않다는 것은 너무나 명백한 사실이다.

두 번째 도전은 인간의 주관적 행복과 '좋은 삶'에 대한 이미지에서 온다. 소득이 일정 수준에 도달한 다음부터는 소득 증가에 따라 행복이 증대되는 것이 아니라는 '이스털린의 역설(Easterlin's Paradox)'이 잘 말해주고 있듯이, '도대체 무엇을 위한 누구의 성장인가'라는 회의적인 의문이 기존의 물질주의적 성장 개념 앞에 던져지고 있다. 값싼 전기를 쓰기 위해 화력발전소를 늘리고, 엄청난 도시화로 인해 고속도로를 닦고, 차량 이용 시간이 늘어나는 것은 기존의 경제성장에서는 필연적인 일이다. 하지만 이로 인해 나타난 미세먼지 때문에 주말마다 집에 간혀

지내야만 한다면 그러한 경제성장은 무엇을 위한 성장인가? 또 여기에서 성장한 것은 우리 인간들의 삶인가, 아니면 자본 축적이니 GDP니 하는 몰인격적인 추상적 수치들인가?

진정한 부란 나와 내 이웃의 '좋은 삶'이라고 한다면, '성장'이란 응당 나 또는 우리가 삶을 향유하고 공유하고 발전시키는 주체적 역량의 증대가 아닌가? 그렇다면 경제성장이 이루어질수록 나와 우리의 삶은 더 행복할 뿐만 아니라 하루하루 더 성장하는 느낌으로 충만해야 하거늘, 어째서 정확히 반대의 일이 벌어지는 것일까? 경제성장을 재촉할수록 왜 자살률은 올라가고, 학교 교육은 엉망이 되며, 주택 상황은 경쟁의 아수라장이 되는 등의 일이 벌어지는 것일까?

인간과 자연이 삶을 회복하는 '성장'이 필요하다

기존의 물질주의적 경제성장 개념에 대한 이 두 가지 도전, 즉 객관적 자연에서 그리고 주관적 인간의 삶에서 오는 도전은 기실 동전의 양면과 같은 것이며, 그 해법도 동일하다. 그것은 '성장'의 개념을 전면적으로 재검토하는 것이다. 호모사피엔스가 존속한 30만 년 이상의 기간 동안 인류의 오매불망 소원은 물질적 희소성을 극복하는 것이었지만, 이는 지난 200년 남짓의 산업혁명을 통해 (최소한 총량적으로는) 이미 달성되었다.

하지만 천 년이 넘도록 우리는 우리의 뇌리를 지배해온 화폐로 계측되는 생산 및 소득의 총량을 무한히 확장하는 것이 절대선(絶對善)이

《성장을 넘어서: 지속 가능한 발전의 경제학》, 허먼 데일리, 박형준 옮김, 열린책들, 2016.

인간과 자연이 다시 삶을 회복하는
새로운 경제모델은 무엇인가?
이제 '성장'의 성장, '발전'의 발전을 생각할 때다.

라는 물질주의적 경제성장의 개념을 붙들고 있으며, 이를 아주 근본적인 의미에서 수확체감이 벌어지는 지점까지 극단으로 밀어붙여 온 것이다. 그 결과 사회를 구성하는 두 가지 핵심적인 요소, 즉 인간과 자연 모두에 과부하가 걸리는 것은 능히 예견할 수 있는 일이다.

따라서 21세기 미래 사회의 비전을 구축하는 방향은 이미 명확하다. 인간과 자연이 다시 삶을 회복할 수 있는 방법으로 '성장'의 개념을 성장시키는 것이다. 인간의 정신과 육체, 공동체와 사회, 자연의 지속 가능성에 이 이상의 부하를 주어서는 안 된다. 이는 부를 늘리는 일이 아니라 오히려 진정한 의미의 부를 파괴하는 일이다. 따라서 우리에게 익숙한 GDP나 인구 증가율과 같은 수치들은 성장이 아니라 안정된 상태(steady-state)로 붙들어두거나 필요할 경우에는 오히려 축소하는 것(de-growth)도 적극적으로 생각해보아야 한다.

이는 결코 사람들의 삶과 사회를 정체 상태로 몰아넣자는 뜻이 아니다. 오히려 정반대다. 그동안 물질적 성장의 명분 아래에 계속 희생을 강요당해온 진정한 인간적 활동들—인간의 지덕체의 피어남 자체를 목표로 하는 교육, 모든 이의 예술과 체육 활동, 저렴한 공공서비스의 공급 등—이 활짝 피어나게 만들자는 것이다. 그리고 이를 통해 인간과 자연이 공존하고 함께 피어날 수 있는 새로운 질적 관계를 형성하여 생태적인 산업사회를 건설하는 작업에 매진하자.

어떤 이들은 이것이 유럽이나 북미의 '선진국'에서나 벌어지는 논의라고 생각할지 모르겠다. 하지만 나는 지난 반세기 동안 고도성장을 위해 인간과 사회와 자연을 마구 희생시켜온 대한민국 사회야말로 이러한 새로운 성장의 개념이 가장 절실하게 필요한 곳이라고 생각한다. 이는 글의 첫머리에서 지적했듯이 반세기 동안 쌓여온 '적폐 청산'과도 밀접하게 관련이 있다. '적폐'를 양산해온 기득권 세력이 지난 세월 안전하게 똬리를 틀고서 자신들을 지켜온 참호는 바로 이 '물질적 경제성장 우선주의'라는 이데올로기가 아니었던가.

　정치는 현실이기에 우선 앞에 닥친 일부터 헤쳐가야 할 것이다. 하지만 좀 더 눈을 들어 21세기라는 시간 지평에서 '적폐' 없는 진정한 부유한 나라로서의 대한민국의 비전을 생각한다면, '성장'의 성장이 그리고 '발전'의 발전이 필요하다. 이것이 《성장을 넘어서》를 권하는 이유이다.

함께 추천하는 책

《나중에 온 이 사람에게도》, 존 러스킨, 곽계일 옮김, 아인북스, 2014.

사회사상가이자 예술사가로 유명한 존 러스킨의 정치경제학 비판서. 진정한 부란 인간의 좋은 삶이며 경제란 바로 그것을 달성하기 위한 활동임을 강조하면서 경제학이 이를 망각하고 물적인 생산을 맹종하고 있다고 비판한다. 1860년대에 나온 이 놀라운 선구적 혜안은 이후 수많은 경제사상가에게 영감의 원천이 되었을 뿐만 아니라, 물질적 경제성장의 자연적·사회적·도덕적 한계가 뚜렷이 나타난 오늘날에도 마음과 정신을 깨우는 힘을 가지고 있다.

《GDP는 틀렸다》, 조지프 스티글리츠·아마르티아 센·장 폴 피투시, 박형준 옮김, 동녘, 2011.

노벨 경제학상을 받은 저명한 경제학자들이 새로운 산업 시대의 현실에서 인간의 행복과 삶의 질을 좀 더 진실하게 반영할 수 있는 경제성장의 새로운 지표를 찾아내기 위한 구체적 논의를 담았다. 이를 통해서 새로운 '성장'의 개념에는 어떤 것들이 포함되어야 하며, 어떤 것들을 고려해야 하는지에 대한 시각을 얻을 수 있다.

인공지능 시대,
새로운 사회적 합의가 필요하다

이진경

서울과학기술대
기초교육학부 교수

로봇이나 인공지능의 문제는 더 이상 영화 같은 공상의 영역에 속하지 않는다. 1997년 IBM의 딥블루가 체스 챔피언을 이겼고, 2011년 IBM의 왓슨이 〈제퍼디!(Jeopardy!)〉 퀴즈왕을 제압했다. 그리고 2016년 구글의 알파고가 드디어 바둑에서마저 인간 가운데 최고의 실력자에게 승리하면서 '그래도 아직은'이란 판단은 이제 사라져버린 것 같다.

인공지능은 우리 생활 속으로 아주 가까이 다가오고 있다. 알다시피 구글의 무인 자동차 프로젝트는 아주 충분한 시험 주행을 거쳐 머지않아 현실화될 단계에 이르렀고, 증권시장에서는 이제 인간과 인공지능이 아니라 인공지능끼리 초를 다투며 경쟁하고 있으며, 미국의 세무사들은 터보택스(Turbotax)라는 프로그램으로 인해 대대적인 실직의 절벽으로 밀려가고 있다.

경제 기사나 회계 보고서를 쓰는 업무에는 이미 인공지능이 실실적으로 활동하고 있고, 퀴즈에서 의학으로 방향을 돌린 왓슨은 한국의 한 대학병원에까지 진출해 의사들보다 나은 진단과 처방을 하고 있다. 데이터만 있다면 굳이 인간이 답을 주지 않아도 처리 방법을 배우는 인공지능 시스템과 빅데이터의 결합은, '딥 러닝'을 통해 '고급 노동'이나 정신노동에서조차 본격적인 가속페달을 밟고 있다.

인공지능 시대, 우리에겐 왜 전문가가 없는가?

정보통신 관련 국책연구소에 다니는 한 친구의 말에 의하면, 이세돌과 알파고의 대국 직후 관련 부처 장관은 물론 대통령에게까지 인공지능 관련 브리핑이나 보고서를 제공하느라 정말 정신없이 분주했다고 한다. 그런데 이런저런 요구에 따라 인공지능 관련 한국인 연구 인력을 조사해보니 그 수가 최대한으로 합쳐 계산해도 500여 명 정도였다고 한다. 이 숫자가 뜻하는 바를 알려면, '중국의 구글'이라는 바이두의 인공지능 관련 연구 인력이 1,300명이란 사실을 환기하면 될 것이다. 한국에서는 이제까지 '돈 안 된다'고 외면당하여 연구하려는 이들도 별로 없고, 그나마 있는 연구자들도 일자리를 구하기가 쉽지 않아 대부분 외국에서 활동하고 있다는 것이다. 덕분에 인공지능과 어떤 식으로든 관련된 연구를 하던 교수들은 앉아 있을 새도 없이 이런저런 강좌나 특강에 불려다녔다.

그러나 최근 컴퓨터공학을 전공한 한 후배의 전언에 따르면, 정작 알파고 승리의 핵심 비결인 '딥 러닝'을 가르치는 대학은 거의 없다고 한다. 하여 그걸 배우려는 이들은 최근 급속히 번역되어 쏟아져 나온 책들(대부분 일본 책들)을 붙들고 각자 알아서 배우고 있다고 한다. 새로운 대통령이라면 이런 사태를 어떻게 생각할까?

지난 10년간 인공지능 관련 정상급 논문 중 한국인이 쓴 것은 일본인 저자에 공저자로 한국인 세 명이 참여한 단 한 편의 논문뿐이었다. 상대적으로 미국인이 쓴 건 28편, 중국인이 쓴 건 24편이나 되었다. 같은 기간 딥 러닝 관련 한국인의 정상급 논문은 단 한 편도 없지만 미국인은 10편, 중국인은 16편이 있었다.

일찍이 로봇과 인공지능 연구에서 선두 다툼을 하던 일본이야 어차피 잘 알려진 강국이지만, 중국이 기술이나 산업에 관한 한 아직도 한국보다 한 수 아래라고 착각하고들 있는 걸 생각하면, 우리는 정말 얼마나 깊은 우물 속에 빠져 있는 개구리인가 싶다. 전임 대통령의 콘셉트대로 '창조적인' 경제는커녕 남들이 잘하는 것도 아직 제대로 배울 수 없는 나라, 첨단의 기술에서 매우 뒤처진 나라, 그게 바로 지금의 한국이다. 그러나 여전히 국민은 물론 관련 장관도, 대통령도 이를 모르고 있는 것 같다.

한국도 한때 '잘나가던' 시절이 있었다. 반도체와 액정, 스마트폰 등으로 미국의 첨단 기업과 시장 다툼을 하던 것도 그리 먼 기억이 아니다. 그러나 알파고의 승리와 딥 러닝의 확산은 그런 종류의 '첨단산업'이 과거의 시간 속으로 떠밀려 들어갔음을 단적으로 보여준다.

건축회사 사장 출신 대통령이 땅을 파헤쳐 경제를 부흥하겠다고 거대한 예산을 삽질하는 데 쏟아붓고, 그다음 대통령이 창조경제란 이름으로 부동산 시장에서 거품 빠지는 걸 막으려고 대대석인 예산을 쩌붓고 있는 사이, 세상은 이미 첨단을 끌어가는 기술과 산업을 바꾸어버린 것이다. 하긴 10년이면 강산이 두세 번 변하는 게 요즘 세상임을 안다면, 저렇게 헛되이 쏟아버린 10년은 모든 것을 '왕년엔'이란 추억 속에 담아버리기에 충분하다 하겠다.

한마디로 기술의 흐름, 경제의 흐름이 크게 변해버렸다. 인공지능은 이 달라진 기술적, 경제적 환경을 끌어가는 새로운 견인차이다. 우리는 이제 '인공지능의 시대'로 접어들고 있는 것이다. 이것이 뜻하는 바를 제대로 알지 못하면, 새로운 대통령은 전임자 두 사람 때문에 잃어버린 시간 속에 새로운 5년을 더하게 될 것이다. 아니, 지금 시기의 중요성을 생각하면 20년을 더하게 될지도 모른다. 마틴 포드(Martin Ford)의 《로봇의 부상》이란 책을 대통령이 읽어주었으면 하는 책에 넣고 이처럼 길게 추천 이유를 쓰는 것은 이 때문이다.

대통령이 이런 사태를 안다고 크게 달라질 게 있을까? 경제의 견인차라는 인공지능이나 로봇을 개발하는 건 물론, 기존의 기술들조차 제대로 가르치고 배울 곳이 한국에는 거의 없다고 하니 말이다. 그렇다고 전자 산업이나 자동차 산업을 주도하는 기업에서 새로운 기술을 적극 도입하고 첨단을 향해 발빠르게 나아가고 있는 것 같지도 않다. 과학기술부가 이러한 변화를 전면적으로 포착하여 정치적으로 선도적인 정책을 펼쳐가리라고 생각하는 이들은 없을 것이다. 그들은 그저 대통령의 눈치나 보면서 책임을 모면할 뒤늦은 보고서를 쓰고 있을 뿐이다.

이런 점에서 기술적, 경제적으로 한국의 미래는 보이는 것보다 훨씬 어둡다. 이를 대통령 책임이라 하면 과한 것일까? 그러나 과학자나 공학자가 잘하고 못하는 건 그들의 책임이지만, 인공지능을 연구하는 과학자나 공학자가 제대로 없는 것은 정치가 책임이고 대통령 책임이다. 토건업에 쏟아붓는 돈보다 더 치명적인 것은 토건업에 미래를 걸도록 만든 눈먼 대통령이고, 집값 떨어지는 것을 걱정해 수십 조를 쏟아부으면서 알파고의 승리를 보고서도 '4차 산업혁명'이 무언지, 그걸 위해 무얼 준비해야 하는지에 대해 아무것도 생각해보지 않은 대통령이다.

일자리에 관한 한, 인간에게 미래는 없다

또 하나, 인공지능이나 로봇의 사용이 일반화되리라는 예측 속에서 빼놓지 않고 등장하는 것이 일자리의 현저한 감소 문제다. 몇 년 전 영국 옥스퍼드 대학의 칼 베네딕트 프레이(Carl Benedikt Frey)와 마이클 오스본(Michael Osborne)은 자신들이 분석한 702개의 일자리 가운데 47퍼센트의 일자리가 20년 내에 사라질 것이라고 주장했다. 2016년 세계경제포럼(WEF)에서는 4차 산업혁명에 따른 변화를 전망하면서 2020년까지 710만 개의 일자리가 사라지는 대신에 새로운 일자리 200만 개가 생겨서 결국은 510만 개의 일자리가 감소할 것이라고 예측하는 보고서를 냈다. 이런 식의 예측은 이런저런 논문과 책, 기사 들에 넘쳐난다.

물론 기술혁명은 언제나 기존의 일자리를 대량으로 없애지만 새로운 일자리를 그 이상으로 창출한다면서, 일자리 감소에 대한 우려가 과장되거나 잘못되었음을 주장하는 글들도 있다. 증기기관으로 표상되는 산업혁명 시기에도, 반도체와 컴퓨터로 표상되는 디지털혁명의 시기에도 전통적인 많은 일자리가 사라지는 대신 새로운 일자리가 대거 출현하지 않았느냐는 것이다. 이러한 사태가 '인공지능'으로 표상되는 소위 '4차 산업혁명' 이후에도 마찬가지로 반복되리라고 기대해도 좋을까?

확실히 인공지능이나 로봇은 새로운 직업을 만들어낼 것이 분명하다. 그러나 인공지능이 인간의 지적 활동을 대체하여 기계화할 수 있고 로봇이 육체노동을 대체하여 기계화할 수 있다면, 새로 생겨나는 일자리 대부분은 인공지능이나 로봇이 수행할 수 있는 일이라고 해야 하지 않을까? 물론 로봇의 동작이 아직은 섬세한 활동이나 정교한 움직임을 모방하는 능력이 떨어진다는 점에서 청소나 간호, 감정노동 등에서 로봇이 인간을 대체하는 데는 시간이 좀 더 걸리겠지만, 그 또한 시간문제가 아닐까?

MIT 대학의 혁신적 로봇 공학자이자 아이로봇이란 기업체를 설립한, 박스터 같은 로봇을 만들어 판매하는 사업가이기도 한 로드니 브룩스(Rodney Brooks)는 로봇이 인간의 일자리를 사라지게 할 것이라는 전망을 반박한다. 로봇이 현재 인간이 하고 있는 일을 대신하겠지만 한편으로 로봇을 관리하는 일이 새로 필요해질 거라고 말한다. 그런데 가령 1,000명이 일하는 공장에서 100대의 로봇으로 인간을 대체한다면, 거기 필요한 로봇 관리자는 몇 명이나 될까? 아마도 10명이면 충분하지 않을까?

2016년 12월, 아마존닷컴은 인간이 거의 사라진 '마트'를 실험적으로 운영하기 시작했다. 2017년 4월, 한국씨티은행은 오프라인 지점의 80퍼센트(!)를 폐쇄할 대규모 구조 조정에 착수하겠다고 발표했다. 이 작업은 다른 은행 모두에서 유사하게 진행될 것이다. 볼보에서 시험하고 있는 무인 화물차는 머지않아 실용화될 터인데, 그 경우 트럭 운전사뿐 아니라 그들이 운전하며 먹고 자던 시설 모두가 문을 닫게 될 것이다(미국이나 중국처럼 원거리 운송의 경우 이는 매우 거대한 변화이다). 구글의 무인 자동차는 이런 변화를 자동차와 관련된 모든 영역으로 확대하게 될 것이다. 이로 인해 필요한 일자리가 있겠지만 그 수는 매우 적을 것이며, 그나마도 많은 것이 시간이 좀 지나면 인공지능과 로봇이 대체하게 될 터이다. 결국 기계의 노동이 인간의 노동을 대체하는 것은 많이 남지 않은 '시간문제'일 뿐이다. 자본주의라는 조건에서 일자리에 관한 한, 인간에게 미래는 없다.

이는 사실 현재진행형의 사태이기도 하다. 알다시피 컴퓨터와 네트워크를 이용한 생산의 유연화는 고용의 유연화를 동반해야 했고, 이로 인해 한국은 물론 평생 고용을 자랑하던 일본에서조차 비정규직 노동자가 전체 노동자의 30퍼센트를 넘는다. 비정규직은 이미 현실화된 일자리 축소의 한 양상인 것이다. 여기에 인공지능과 로봇으로 인한 노동 자체의 소멸 경향이 더해지면 일하고 싶어도 일할 수 없는 이들의 비율이 전체 노동자의 80퍼센트에 이를 것이라는 식의 예측은 아주 먼 미래의 이야기가 아닐 것이다.

일자리 축소가 피할 수 없는 현실이 될 거라고 인정하면서도, 인공지능이나 기계 관련 교육을 확대하거나 산업이나 기업을 일으키고 창업으로 직업의 개수를 늘리는 것이 대책이라는, 미래창조과학부 미래준비위원회 식의 공상(http://www.msip.go.kr/webzine/posts.do?postIdx=252)을 이후의 대통령이 반복하게 된다면, 이 나라의 미래는 정말 암담하다 할 것이다

'인공지능 시대'의 산업이란 인간 아닌 기계가 일을 하는 시대인네,

아무리 기업을 일으키고 창업을 지원해도 새로운 일자리가 생겨날 리 없고, 인공지능 교육을 아무리 받아봐야 인공지능이 대체한 일을 시켜줄 리 없는데, 이 뻔한 이야기를 대책이라고 선전하고 있었으니……. 대통령이 가장 먼저 해야 할 일은 아마도 이런 걸 '미래 준비 대책'이라고 보고하는 눈면 관료들의 일자리를 없애주는 것이 아닐까?

일자리 없이도 먹고사는 방법을 고민하라

일자리의 현저한 감소가 야기할 가장 일차적인 문제는 일자리 없는 사람들의 생계와 생존이다. 일하고 싶어도 일자리를 얻을 수 없는 사람들에게 없는 일자리를 찾으라고 권하거나, '일자리를 만들겠다'며 되지도 않는 데 돈을 퍼붓는 바보짓을 새로운 대통령이 또 반복하지 않기를 바란다. 새로운 일을 위해 재교육을 받으라고 권한다면 그건 아직 문제가 무언지 전혀 알지 못했음을 뜻한다. 문제는 재교육을 받든 새 교육을 받든 일자리가 없다는 것이다!

나라가 나서서 돈을 투입하고 만들려 하면 일자리를 만들 수 있다고 한다면, 그게 무슨 심각한 문제일까? 지금 핵심적인 것은 돈을 쏟아부어도 그런 일이 불가능하다는 점이다. 청년 일자리를 만들겠다고 박근혜 정부가 쏟아부은 돈이 어떤 일자리를 얼마나 만들었는지 냉정하게 조사해볼 일이다. 과거에 공공사업 벌이듯 일자리를 만드는 데 돈을 쓰느니, 그냥 퍼주며 하고 싶은 거 하라고 하는 게 나을 것이다.

4차 산업혁명으로 일자리가 소멸할 것이라는 전망은 어떻게 해도 일

《로봇의 부상: 인공지능의 진화와 미래의 실직 위험》, 마틴 포드, 이창희 옮김, 세종서적, 2016.

인공지능 시대 일자리 문제, 이제 질문을 바꿔야 한다.
일자리 없이 사람들이 살아가게 하려면 어떻게 해야 할까?

자리를 만드는 게 거의 불가능하게 된다는 말이다. 그렇다면 일자리를 억지로 만들려 할 게 아니라 '일자리 없이도 사람들이 살아가게 하려면 어떻게 해야 할까'로 질문을 바꾸어야 한다. 일자리 없이도 사람들이 먹고살 방법을 찾아야 한다.《로봇의 부상》도 그렇지만, 인공지능과 일자리를 다루는 책들 대부분이 '기본 소득(basic income)'을 제안하는 것은 이런 맥락에서이다.

기본 소득이란 노동 여부와 무관하게 생계에 필요한 최소 비용을 국가가 지급하는 제도이다. 1968년 리처드 닉슨이 선거운동을 할 때도 제안하고 검토한 이 제도에 요즘 많은 사람이 새삼 진지한 관심을 갖는 것은 바로 인공지능 시대에 일자리의 절대적 감소라는 예측 때문이다. 국민의 생존이라는 가장 일차적인 문제를 해결해야 할 대통령이라면, 다른 누구보다 진지하게 관심을 갖고 생각해보아야 할 문제일 것이다. 이는 대통령이 이 책을 읽어야 할 또 하나의 이유이기도 하다.

그러나 일자리 소멸이 야기할 문제는 사람들의 생계 문제에 그치지 않는다. 한국씨티은행처럼 다른 은행, 다른 기업이 일자리의 80퍼센트 정도를 가까운 시일 내에 줄인다고 가정해보자. 그 경우 지금 자본주의를 떠받치고 있는 내수 시장은 어떻게 될까? 상품 구매력 또한 80퍼센트 정도 감소될 것이라고 해야 하지 않을까? 물론 기업 사이의 거래가 있긴 하지만, 개인 소비가 80퍼센트 정도 감소한다면 내수 시장은 붕괴하고 말 것이다. 그렇게 되면 기업은 대체 어떻게 생산을 지속할 수 있을까? 기업 간 거래만으로 유지될 가능성은 없다. 이는 경제의 붕괴라는 사태로 이어질 수 있다.

또 하나, 인공지능을 이용해서 생산한 많은 상품이 구매자를 찾지 못하게 된다면 광고는 이제 누구를 대상으로 할 것인가? 그런 광고가 사라진다면 광고에 기댄 인터넷 관련 기업은 어떻게 수익을 찾아 유지될 수 있을까? 일자리의 절대적 감소는, 일하지 않고는 먹고살 수 없는 자본주의 사회에서 대중의 생계에 치명적인 문제일 뿐 아니라, 거대한 상품들을 팔아치우지 않고서는 존속할 수 없는 자본주의 기업들의 생존에 치명적인 문제인 것이다. 이는 대중의 최소 생계를 유지하는 기본 소득이 시장의 붕괴나 기업의 생존과도 밀접한 문제임을 뜻한다.

인공지능 시대, 세금은 어디서?

그런데 여기에 또 하나의 근본적인 난점이 이어져 있다. 기본 소득 이야기를 할 때면 언제나 문제 되는 게 그를 위한 재원을 어떻게 마련할 것인가 하는 점이다. 핀란드나 캐나다 등에서는 기존의 복지 예산을 돌려서 운영하는 실험을 하고 있지만, 그런 예산이 많지 않은 한국이라면 이 또한 쉽지 않다. 더욱 난감하게도 일자리가 절대적으로 감소하는 인공지능 시대라면, 정부의 기존 조세 재원 자체도 현저하게 줄어들게 되지 않을까?

일자리의 절대적 감소는 국민 개개인의 근로소득이 절대적으로 감소하게 됨을 뜻한다. 이렇게 대중의 소득이 감소할 때 "소득이 있는 곳에 세금이 있다"는 걸 조세의 원칙이라고 믿고 있는 정부는 가장 중요한 조세 재원의 절대적 감소라는 난감한 사태에 직면하게 될 것이다. 소득이 줄어드니 대중의 소비도 절대적으로 감소할 수밖에 없나. 또 다른 중요 조세 원천인 소비세(부가가치세)의 절대적 감소 또한 피할 수 없다는 말이다. 그렇다면 이제 정부는 어디서 세금을 걷을 수 있을까?

한국에서는 오랫동안 건설업과 부동산이 경제를 주도해왔기에, 돈 있는 사람은 모두 부동산을 갖고 있으며 임대료를 받고 있다. 그래서 임대료에 대해서는 자유주의의 나라 미국보다도 너그럽고, 부동산 수익에 대해서는 '재산권'을 거의 절대시하는 '지주'들의 나라이다. 덕분에 임대료나 부동산 수익에 대한 과세는 더할 수 없이 미미하다. 일자리 없는 시대에는 일하지 않아도 돈을 버는 임대업을 해보라고 할지도 모르겠다.

또한 기업이 잘돼야 나라가 산다는 입장도 확고하여 예산이 모자라는 한이 있어도 법인세는 올리지 않는 나라이다. 일자리 없는 시대에 그나마 일자리를 제공하는 기업을 보호해야 한다며 법인세를 '보호'해주려 할지도 모르겠다. 그러면 축소된 조세 원천을 메우는 길은 가령 소득 대신 '사람이 있는 곳에 세금이 있다'면서 그 악명 높은 인두세라도 걷겠다고 하는 건 아닐까 걱정이다.

그 뒤에 오는 것은 필경 폭동 같은 것일 게다. 뭐, 그것도 괜찮겠다. 폭동이나 혁명으로 권력을 장악하면, 그동안 국가 예산에 의해 도로나 지하철, 공원 등을 개발함으로써 얻은 임대료를 모두 세금으로 걷고, 지나치게 과대평가된 부동산들에 대해 강력한 세금을 매겨 조세 수입을 늘리고 그 여파로 부동산 가격도 확실하게 내려가게 할 수 있을 테니까. 그동안 친기업의 나라에서 손쉽게 돈 벌어온 기업들에게도 높은 법인세를 부과할 수 있을 테니까.

그러나 현명한 대통령이라면 폭동이나 혁명 없이 발상을 바꿈으로써 기존의 조세 원천은 물론 기본 소득 같은 제도에 필요한 조세 자원을 확보할 방법을 찾아야 하지 않을까? 이건 이 책은 물론 아직은 인공지능을 다룬 다른 책에서도 거의 찾아보기 어려운 주제니, 대통령 스스로 생각하고 고심해야 할 문제일 것이다.

함께 추천하는 책

《여덟 번의 위기》, 원톄쥔, 김진공 옮김, 돌베개, 2016.

미국의 약화와 중국의 부상은 누구도 부정할 수 없는 현실이다. 중심이 바뀌는 거대한 변화 속에서 사태를 정확히 읽는 것은 매우 중요하지만 사실은 쉽지 않다. 미국의 변화는 너무 익숙해져 있어서 읽기 어렵다. 반면 중국의 변화는 상투적인 관념에 가려 읽기 어렵다. 중국의 경제적 성장 과정이 특히 그러하다. 원톄쥔의 이 책은 보기 드문 통찰력으로 여덟 번의 위기와 극복 과정을 통해 중국 성장의 비밀을 밝히며, 이후 중국이 갈 길도 예측하게 해준다. 중국, 미국과의 관계에서 대통령이 치명적 오류를 피하고자 한다면 반드시 읽어야 하는 책이다.

《포스트 민주주의》, 콜린 크라우치, 이한 옮김, 미지북스, 2008.

이 책은 한국뿐 아니라 전 세계에서 거대 독점기업의 영향력이 민주주의를 잠식하는 상황이 도래했음을 설득력 있게 보여준다. 이를 안다는 것은 피할 수 없는 현실로 인정하고 마는 게 아니라, 그것을 정치에 대한 치명적인 위험으로 인식하고 출구를 찾는 것일 터이다. 적어도 민주주의를 지키겠다고 자임하는 대통령이라면, 국가권력을 잠식하고 민주주의를 위협하는 이들 거대 기업의 힘을 어떻게 제어하고 민주주의를 그들의 손에서 어떻게 지켜낼 것인가 심각하게 고민해야 하지 않을까? 대통령이 이 책을 읽어주면 좋겠다고 생각하는 이유이다.

이미지에 숨은 권력, 시선에 깃든 정치를 통찰하라

12

우정아

포스텍
인문사회학부 교수

20 14년 초, 버락 오바마 당시 미국 대통령은 미술사 때문에 큰 곤란을 겪었다. 한 기술전문학교의 졸업식 연설에서 기술을 익히는 게 "미술사 학위를 받는 것보다 훨씬 더 나은 삶과 직업을 가져다줄 수도 있다"고 했기 때문이다. 오바마도 그 순간에 실언을 깨달았는지, 미술사 학위가 잘못이 아니라고 덧붙이고 "이 일로 이메일을 무더기로 받지 않길 바란다"고 했지만, 때는 이미 늦었다. 그는 미술사, 나아가 인문학을 조롱했다며 호된 비난을 받았고, 마침내 백악관 게시판에 항의글을 올린 한 대학 미술사 교수에게 친필로 사과 편지를 보내기에 이르렀다. 그는 편지에 "고교 시절에 제일 좋아한 과목이 바로 미술사였고, 그 덕분에 미술사를 배우지 않았더라면 놓쳤을 커다란 삶의 기쁨을 누릴 수 있었다"고 적었다. 기술학교에 대한 편견에 기가 죽어 있었을 젊은이들에게 용기를 주고자 한 오바마의 진심은 충분히 이해가 되지만, 여전히 미술사를 '삶의 기쁨을 주는' 고상한 여가 활동 정도로

여기는 그의 태도에 조금은 실망했다.

나는 한국에서 미술사 석사 학위를 받고, 미국 대학에서 박사 학위를 받았다. 한국에서 대학원에 다니던 시절에는 '재벌가에서 선호하는 며느릿감이 바로 미술사 대학원생'이라는 뜬소문도 들었다. 미국에서 함께 박사 과정에 재학하던 친구들과는 복사기에 낀 용지를 빼는 일만큼은 자신 있으니 복사집에는 취직할 수 있겠다는 등의 실없는 농담을 주고받곤 했다. 재벌가 며느리가 되거나 박사 학위가 무색한 단순노동에 종사하거나, 이 극단적인 양자가 미술사로 한데 묶인 근거는 바로 미술사가 '돈을 못 버는 학문'이라는 점일 것이다. 말하자면 미술사 전공자란 돈을 안 벌어도 되는 삶을 살거나 큰돈을 벌기는 어렵다는 게 우리 사회뿐 아니라 미국을 비롯한 전 세계의 인문학도들이 "문송(문과라서 죄송)"할 수밖에 없는 통념이자 현실임에 틀림없다.

보는 것은 정치적인 행위다

대통령에게 권하는 책 목록에 존 버거(John Berger)의 《다른 방식으로 보기》를 넣은 이유는 이 책이 미술사와 인문학에 대한 기존 관념을 바꿔 줄 수 있으리라는 기대 때문이다. 영국의 평론가이자 소설가인 존 버거가 1972년에 출판한 이 책은 자본주의와 가부장적 사회가 어떻게 미술, 나아가 이미지와 결탁하여 미의 기준을 세우고, 인간이 추구할 가치를 물질로 제한하여 끝없이 소비와 소유를 탐하도록 조종했는가를 신랄하게 고발한 문제작이다. 버거는 '미술'이라는 매체가 흔히 생각하는 것처럼 보편적이고 가치중립적인 인류의 성취가 아니라고 강변한다. 미술은 과거를 신비화함으로써 현재의 가치 질서를 수호하는 권력의 도구였다. 그리고 미술을 '감상'한다는 행위는 이미지의 시대인 지금 우리 삶에서 변형 및 확대되어 여전히 우리의 의식에 막대한 영향을 미치고 있다.

물론 여전히 이 책을 읽는다고 해서, 갑자기 미술사가 창직(創職)의 핫 아이템이 되거나 경제를 되살릴 기발한 아이디어가 떠오르지는 않을 것이다. 그러나 과연 교육의 목적이 단지 '좋은 직업'이어야 하는가, '더 나은 삶'을 가져다줄 절대적인 가치 기준이 '돈'일 수밖에 없는가, 무엇이 우리 사회를 이토록 눈에 보이고 손에 잡히는 물질에 집착하게 하는가에 대해서는 그야말로 다른 방식으로 볼 수 있게 될 것이다. 한 사회가 어떤 가치를 추구하고 무엇을 욕망할 것인가를 숙고해야 할 최상위의 결정권자가 대통령이라면, 대통령에게 미술사는 '삶의 기쁨을 주는 학문'이 아니라 '삶의 기쁨' 뒤에 도사리고 있는 권력과 자본의 음모를 드러내는 학문이라는 것을 알리고 싶다.

원래 이 책은 1972년 영국의 BBC 방송국에서 제작, 방영한 각 30분짜리 총 네 편의 교양 프로그램의 내용을 정리한 것이다. 프로그램 도입부에서 존 버거는 벽에 걸려 있는 보티첼리의 그림 〈비너스와 마르스〉에 다가가 커터 칼로 비너스의 얼굴을 도려낸다. 다소 충격적인 이 장면은 물론 작품이 그럴듯한 액자에 담겨 있었어도 복사본이니 가능한 일이었다. 잠들어버린 전쟁의 신 마르스 앞에서 당당하게 깨어 있는 비너스는 전쟁을 이기는 사랑의 힘을 상징하는 알레고리적 존재지만, 비너스의 얼굴만 떼어내면 그저 예쁜 아가씨의 초상화로 변모한다.

다른 방식으로 보기

이처럼 존 버거는 이미지의 무한 복제가 가능해진 시대에 유일무이한 원작 미술품이 갖는 의미가 어떻게 변화했는가를 설명하면서 시작한다. 자유자재로 편집할 수 있는 복제 이미지들 가운데 미술관에 걸려 있는 원작이 감동적이고 신비스러운 이유는 오직 '시장 가격 때문'이며, 원작이 품고 있는 '가짜 종교성'은 소수의 권력자들이 지배한 과거의 비민주적 문화의 가치를 공허하게 부르짖고 있다는 것이다. 물론 저자가 책에서도 밝혔듯이, 이는 이미 발터 베냐민(Walter Benjamin)이 《기술적 복제시대의 예술작품》에서 논의한 내용이다. 그러나 버거는 1930년대에 베냐민이 주장한 것을 그가 상상조차 하지 못할 엄청난 이미지의 시대에 적용하여 현실적이고 직설적인 언어로 풀어낸다.

버거의 시대 또한 지금으로부터 이미 40여 년 전이지만, 그가 말하는 현실의 문제들은 지금 우리의 현재에 더욱 증폭되어 있다. 그가 '다른 방식으로 보기'를 주장하는 이유는 기술 복제의 시대에 예술이 비록 과거의 권위를 잃었다고 하더라도, 그 자리는 이미지라는 언어가 차지하고 있으며, 이 언어는 과거의 예술과 마찬가지로 항상 누군가가 뚜렷한 목적을 갖고 사용하고 있기 때문이다. 이미지의 언어는 보는 이의 마음을 움직이고, 의견을 조종하며, 선택을 좌우하고, 행동을 지시한다. 물론 대부분의 경우 보는 이가 미처 의식하지도 못하는 사이에 말이다. 이미지는 이토록 정치적이고, 언어보다 강력하다. 그렇기 때문에 자본주의 사회에서 이미지의 의도성을 간파하게 하는 《다른 방식으로 보기》는 예술이 아닌 정치에 대한 책인 것이다.

아무도 묻지 않았던 것을 질문하는 힘

《다른 방식으로 보기》 이전, 미술사 프로그램의 획기적인 효시는 1969년에 역시 BBC에서 제작한 다큐멘터리 〈문명(Civilisation)〉이었다. 런던 내셔널 갤러리의 큐레이터를 지내고 옥스퍼드 대학의 교수로 재직하며 이후 귀족 작위를 받은 권위 있는 미술사학자 케네스 클라크(Kenneth Clark)가 검은 양복을 점잖게 차려입고 해설자로 등장한 〈문명〉은 중세 이후 서양 미술의 영광을 찬미하는 방대한 프로그램이었다. 오바마에게 '삶의 기쁨'을 준 미술사가 어떤 종류였는지 궁금하다면 〈문명〉이 그 해답이 될 것이다. 그러나 오바마도 인류의 위대하고 고귀한 성취에 감탄한 다음에, 그런데 왜 이 많은 창조자가 모두 유럽의 백인 남성이어야 했는지에 대한 궁금증을 가지진 않았을까.

존 버거는 그의 책에서 클라크를 두 번 언급하는데, 그중 하나가 바로 '누드(nude)'와 '나체(naked)'의 차이에 대한 것이다. 클라크는 나체가 단순히 옷을 입지 않은 상태로서 누구나 부끄러움을 느낄 만한 상황이라고 규정했고, 반면 누드란 '균형 잡힌 자신감 있는 인체'로서 현실에서 추출된 이상적이고 완벽한 '예술의 한 형식'이라고 정의했다. 위대한 예술의 시대에 가장 위대한 재능이 빛을 발한 형식이 바로 누드라는 것이다. 그러나 클라크는 역시 왜 이 완벽한 인체가 위대한 예술의 시대였던 르네상스 이래로 늘 여성이어야 했는지는 질문하지 않았다. 《다른 방식으로 보기》는 클라크식의 전통적 미술사에 대한, 페미니즘과 마르크시즘의 세례를 받은 진보적인 평론가의 대응이었던 것이다.

버거는 나체가 옷이 없는, 그야말로 자연스러운 상태라면, '누드가 되기 위해서는 '타인이 나체를 보고 있지만 자신은 알아채지 못하는 상태', 즉 시선의 '대상'이 되어야 한다고 주장한다. 문제는 서양 미술사에서 우리가 아는 누드의 대상은 늘 여성이었고, 그림 밖에서 그녀들을 감상하는 주체는 늘 남성으로 상정되었다는 점이다. '남자는 여자를 본다. 여자는 남자가 보는 그녀 자신을 관찰한다'는 것. 버거는 서양 미술사에서 극명하게 드러나는 이와 같은 성차의 불평등한 권력관계가 광고와 텔레비전, 저널리즘 등의 다양한 미디어를 타고 현대 문화에 깊이 뿌리내린 나머지 현재까지도 많은 여성의 의식을 지배한다고 지적한다.

> 그녀는 자기 존재의 모든 면과 자기가 하는 모든 행동을 늘 감시해야 한다. 왜냐하면 그녀가 타인에게 어떻게 보이느냐 하는 것이, 그리고 궁극적으로는 남자들에게 어떻게 보이느냐 하는 것이, 그녀 인생의 성공 여부가 걸려 있는 가장 중요한 사항이라고 일반적으로 생각되기 때문이다. 한 여자가 자기 스스로의 존재에 대해 갖는 생각은 이렇게 타인에게 평가받는 자기라는 감정으로 대체된다.

> 화가가 벌거벗은 여성을 그린 이유는 벌거벗은 그녀를 바라보는 것이 즐거웠기 때문이다. 그러나 여자의 손에 거울을 쥐어주고 그림 제목을 허영이라고 붙임으로써, 사실상 자신의 즐거움 때문에 벌거벗은 여자를 그려놓고는 이를 도덕적으로 비난하는 시늉을 하는 것이다.

버거가 제기한 가장 중요한 문제는 남자들이 여자들에게 요구하는 것을 여자들 스스로도 자신들에게 요구하고 있는 점이다. 따라서 여성

《다른 방식으로 보기》, 존 버거, 최민 옮김, 열화당, 2012.

이미지에 깃든 젠더 문제와
권력 관계의 은밀한 작동, 소비와 소유에 대한 탐욕을
날카롭게 통찰하고 신랄하게 고발한다.

의 내면은 '감시하는' 자기와 '감시받는' 자기로 분열된다. 물론 감시의 기준은 남성이다. 여성은 자신의 모습이 남성들이 욕망하는 '이상적이고 완벽한 인체'에 걸맞을지 아닐지를 끝없이 감시하도록 교육받았다. 버거는 이러한 '시선'을 내면화한 결과, 여성들은 "방을 가로질러 갈 때, 또는 아버지가 사망하여 울 때도 그녀는 걸어가거나 울고 있는 자신의 모습을 머릿속에 떠올리지 않을 수 없다"고 한다.

《다른 방식으로 보기》의 두 번째 장에는 버거가 언급한 수많은 누드화와 그와 놀랍도록 유사한 광고 사진들이 아무런 텍스트 없이 병치되어 있다. 이 모든 이미지는 보는 이의 욕망의 대상이 되기 위해 검열과 재단을 거쳐 전시되는 여성들의 육체를 담고 있다. 그러나 오늘날 버거의 지적은 결코 여성에게만 해당되지 않는다. '이상적 인체'는 전통적인 미술에서 시작하여 텔레비전과 영화, 광고 등을 타고 보는 이들의 인식을 무차별로 파고들어 무엇이 바람직하고 무엇이 그렇지 못한지를 규정하고 있다. 비록 한 사회가 일반적으로 동의한 '바람직한 인체'의 기준이 지극히 비현실적이더라도 말이다.

그 결과, 오늘날 역사상 유례없이 강력하게 평범한 이들의 일상을 장악한 소셜 미디어에는 타인에게 보이기 위해 온갖 기계의 힘을 빌려 스스로의 외모를 바람직하도록 재단하고 왜곡하고 증강시킨 수많은 '자화상'이 '셀카'라는 이름으로 넘쳐난다. 우리는 스스로 즐기기 위해서가 아니라 사진을 찍어 인터넷에 올리려고 맛집을 찾아가고, 친구와 대화를 나누기 위해서가 아니라 가상의 친구들에게 과시하기 위해 전망 좋은 카페에 가며, 남에게 보이기 위해 이국적 풍경을 찾아 여행을 한다. 이제는 아버지가 사망하여 울 때도 울고 있는 자신의 모습을 셀카로 찍어 인터넷에 올릴 태세다. '좋아요'를 받기 위해, 혹은 '팔로워'를 하나 라도 더 얻기 위해서 말이다.

정치의 자유가 소비의 자유로 대체되지 않는 사회

《다른 방식으로 보기》의 마지막 장에서 버거는 현대 사회의 상품 광고에 대해 이야기한다. 그는 광고란 '매력(glamour)'을 제조해내는 과정이라고 말한다. 광고는 우리가 무언가를 구입하면 전과 다른 사람으로 완전히 변모하게 되고 그 결과 남들의 선망을 받게 될 것이라고 설득한다. '매력'이란 타인의 선망의 대상이 되는 것. 따라서 광고가 결정적으로 판매하는 것은 어떤 물건이 아니라 사람들 사이의 관계, 더 구체적으로는 남들의 부러움을 받는 경험인 셈이다. 광고는 우리에게 반드시 돈을 벌어야 하고, 그 돈으로 물건을 사는 것만이 진정한 '능력'이며, 이 능력을 가져야만 우리는 사랑을 받을 수 있다고 끝없이 주입한다. 이러한 광고가 성공하기 위해서는 보는 이들이 '불안감'을 가져야만 한다. 스스로의 현재가 만족스럽지 못해야 하며, 그 빈자리를 채워줄 무언가를 소유하지 못하면 아무것도 될 수 없다는 '불안감'이 구성원들 사이에서 팽배한 사회가 바로 광고를 번영케 한다. 버거는 광고가 궁극적으로 팔아넘기는 '매력'의 정치적 성격을 다음과 같이 설명한다.

글래머라는 것은, 한 개인이 사회에 대해 갖게 되는 선망이 사회 전반에 널리 퍼진 공통의 정서가 됨으로써 존재할 수 있는 것이다. 민주주의로

175

향하다 중도에 멈춘 산업사회는 그러한 정서를 만들어내기에 안성맞춤의 사회다. 개인적인 행복의 추구는 만인의 권리로 인정되었다. 그러나 실제의 사회적 환경은 개인으로 하여금 무력하게 느끼도록 만들고 있다. 그는 그가 되었으면 하고 바라는 상태와 현재 그 자신의 상태와의 모순 속에 살고 있다. 그리하여 그 모순과 원인을 충분히 깨닫고 진정한 민주주의를 향한 정치적인 투쟁에 참가하거나, 아니면 자기 자신의 무력감과 함께 뒤섞여서 백일몽으로 융해되어버린 선망에 사로잡힌 채 살아가야 한다.

버거는 이러한 광고가 위험한 이유는 '소비를 민주주의의 대체물로' 만들었기 때문이라고 한다. 소비자들은 그들의 삶에 있어 더 중요한 정치적 선택을 하는 대신에 "무엇을 먹을까, 무슨 옷을 입을까, 무슨 차를 탈까?" 하는 선택을 하고서 마치 자유를 누리는 듯한 착각을 하게 되기 때문이다. 그러나 자본주의 사회에서 광고가 인정하는 것은 다만 무엇인가를 구입할 수 있는 능력뿐, 그 외 다른 모든 인간의 능력과 가치는 부차적인 것으로 축소된다. 이미지는 이처럼 가부장적이며 권력층의 이익에 충실히 봉사하는 이데올로기적 도구로서 광고를 비롯한 현대의 시각 문화를 여전히 지배하고 있다. 이에 대해 버거는 "자본주의는 다수의 관심을 가능한 한 좁은 범위 안에 가두어놓음으로써 그 생명을 이어나간다"는 말로 정치적 현상으로서의 이미지를 정의한다.

혹자는 《다른 방식으로 보기》를 역사상 가장 많이 인쇄된 책 중 하나인 《마오 주석 어록》(서양에서는 흔히 '작은 빨간 책(The Little Red Book)'이라고 불린다)에 비교하곤 한다. 초판 발행 이후 지금까지 단 한 번도 절판된 적이 없는 데다 작은 판형에 그리 두껍지도 않은 이 책이 미술 및 문화계에 미친 영향이 강렬하기 때문이다. 버거의 작품 해석, 경제 구조와 미디어에 대한 분석은 사실 체계적이라기보다는 직관적이다. 그러나 그의 시각은 시대를 앞서갔고, 무엇보다도 그는 자기의 직관과 믿음을 삶에서 실천한 흔치 않은 지식인이었다.

  존 버거는 2017년 1월 2일, 90세를 일기로 타계했다. 그는《다른 방식으로 보기》로 인해 스타 지식인으로 등극한 직후인 1974년, 런던을 떠나 프랑스 알프스 지역의 시골 마을 캥시로 이주해 마지막까지 그곳에서 작가이자 농부로 살았다. 그는 자연의 변화에 따라 노동하고 수확하며 쉬지 않고 사색하고 글을 썼다. 물론 '헬조선'에서 n개의 선택을 포기한 채 불확실한 미래를 마주하고 저축 대신 소비를 한다는 지금의 젊은이들에게 자연을 벗 삼아 농사를 지으며 명상을 하라고 권유할 수는 없는 노릇이다. 대통령이 할 수 있는 일은 아마도 타인을 위한 이미지에 무기력하게 압도되지 않는 삶, 평범한 다수의 가치를 소수의 권력층이 결정하지 않는 제도, 자본주의의 유혹을 민주주의가 약속하는 자유와 맞바꾸지 않는 사회를 위해 세상을 '다른 방식으로 보기' 시작하는 일일 것이다.

함께 추천하는 책

《권력이 묻고 이미지가 답하다》, 이은기, 아트북스, 2016.

이 책은 다른 어떤 매체보다 강력하고 정치적이었던 이미지, 서양 미술의 역사를 파헤쳤다. 《다른 방식으로 보기》가 이미지의 정치성에 대한 큰 틀의 이론을 제시한다면, 이 책은 역사 속의 구체적인 사례를 보여준다. 책 속의 수많은 권력자는 대중의 마음을 움직이고 정권을 정당화하기 위해 미술을 이용했다. '영웅'으로 인정받으려면 오랜 시간이 필요하지만, '영웅의 이미지'를 만드는 건 순식간이다. 물론 이 책은 이미지로 탄생한 영웅은 몰락 또한 순식간이라는 걸 보여준다.

《테마 현대미술 노트》, 진 로버트슨·크레이그 맥다니엘, 문혜진 옮김, 두성북스, 2011.

1980년대 이후, 현대 미술의 주된 주제를 일곱 가지의 키워드로 요약하고 각각에 대한 역사적, 이론적 성찰을 제공한 책이다. 정체성·몸·시간·장소·언어·과학·영성(靈性) 등의 주제는 미술에 국한된 것이 아니라 현대 사회와 역사, 문화를 이해하기 위한 핵심 개념이라고 할 수 있다. 세계 각국의 미술가들이 각자 서로 다른 정체성, 시간 개념과 장소성, 과학의 발전과 기술의 진보, 종교적 배경 등에 따른 문제의식을 다양한 매체를 통해 시각화하고 관객과 소통하는 양상을 살피는 것으로도 미술의 현재를 파악할 수 있게 된다.

《맹자강설》

지극한 현실주의가
지극한 이상을 품을 수 있다

13

박태균
서울대 국제대학원
한국현대사 전공 교수

동 양에는 수많은 고전이 있다. 고전들은 저마다 시대를 헤쳐나가기 위한 지혜를 그 내용 속에 담고 있다. 특히 많은 국가가 무한 경쟁을 했던 중국 춘추전국시대에는 많은 현자가 등장했다. 이들은 분열되어 있는 대륙을 통일하고 자신의 군주를 최고의 지위에 올려놓기 위해 다양한 해결책을 제시했다. 훗날 이들을 제자백가라고 일컬었다. 이들이 지은 책이나 어록의 수가 4,324편에 달했다고 하니, 춘추전국시대는 중앙집권적 권력이 존재하지 않은 난세였음에도 수많은 전략가를 탄생시킨 것이다.

이들은 다양한 철학과 방법을 통해 자신이 속한 국가가 패권을 잡도록 방안을 제시했다. 그중에서도 공자와 맹자는 철저하게 인간을 중심으로 하여 국가의 기틀을 세울 수 있는 방안을 제시했다. 그들의 어록을 통해 사상을 정리한 《논어》와 《맹자》는 중국뿐만 아니라 동아시아 사회의 기본적인 틀을 마련하는 데 크게 기여했다.

그중에서도《맹자》는 "힘차고, 유려하고, 논리 정연하고, 심오한 뜻을 지니고, 현재에도 그 내용이 여전히 타당하며, 이처럼 사람의 정신을 분발시키는 문장들로 가득한 것은 찾아보기 어렵다"는 극찬을 받고 있다. 내가 대학생 시절에 사서(四書)의 원문을 읽으면서 유독《맹자》에 주목할 수밖에 없었던 이유도 바로 이것이다. 한문에 대한 전문가적 자질을 갖추고 있지 않아도 읽을 수 있으며, 현재에도 많이 쓰이고 있는 한자 성어들, 예컨대 연목구어(緣木求魚), 오십보백보(五十步百步), 호연지기(浩然之氣), 인자무적(仁者無敵), 항산항심(恒産恒心) 등이 모두《맹자》에서 나왔으니 호기심을 충족하기에도 부족함이 없었다. 자전을 찾아도 그 뜻을 헤아리기 어려운《논어》와는 달랐다. 물론《맹자》에 더 주목한 이유가 단지 읽기 쉽다는 점에만 있지는 않았다. 맹자가 제시해주는 통치 방안의 혁신성은 당시 현실 문제를 고민하던 내게 깊은 감명을 주기에 충분했다.

왕께서는 하필 이익을 말하는가

가장 먼저 눈에 들어온 대목은 "(왕께서는) 하필 이익을 말하는가(何必曰利)"였다. 혜왕이 위나라로 찾아온 맹자에게 장차 자기 나라에 이익이 될 방도를 알려달라고 했을 때 맹자가 한 대답이다. 근대 이래로 수백 년 동안 사회진화론에 근거한 약육강식이 국가 운영의 기본 방침이 되는 시대를 사는 사람들에게 이 말은 과연 어떤 의미를 갖는 것일까?

맹자는 물적인 이익 대신에 '인(仁)'과 '의(義)'를 추구해야 한다고 제시했다. "어진 자로서 자기의 부모를 저버린 자가 없고, 의로운 자로서 그 임금을 무시한 자가 없다"는 말로 자신의 통치 철학을 밝혔다. 왕이 이로움만 따진다면 사회적 통합을 이룩할 수 없으며, 남의 것을 모두 빼앗지 않고서는 만족할 수 없을 것이라고 경고했다. 군사적, 경제적 힘만이 세계 질서의 주도권을 보장해주는 현실에서 어짊과 의로움을 강조한다면 이것만큼 허망한 말이 어디 있겠는가?

그러나 맹자는 이상주의자가 아니었다. 이 점은 항산(恒産)이 있어야 항심(恒心)이 있다는 대목에서 잘 드러난다. 항상적인 소득이 있을 때 정상적인 마음이 생길 수 있다는 것이다. 경제적으로 생존할 수 있는 상황을 만들어주지 못한다면 인간은 비정상적인 생각을 할 수밖에 없고, 이는 비정상적 사회질서를 만들어낸다는 것이다. 우리는 이 점을 북한을 통해 보고 있고, 사회적 안전망이 무너져가고 있는 한국 사회에서 나타나는 극악한 범죄에서 다시 한 번 확인하고 있다. 맹자는 말한다. "노인들이 따뜻한 비단옷을 입고 고기를 먹으며, 일반 백성이 굶주리지 않고 추위에 떨지 않게 하고서도 천하의 왕이 될 수 없었던 자는 지금까지 없었습니다."

맹자는 이렇게 물질적 풍요의 중요성을 알면서도 왜 부국강병이 아니라 '인'과 '의'를 강조했을까? 이는 국내적으로는 사회의 안정적 운영을 위해 지도자뿐만 아니라 그 사회 구성원이 지녀야 할 덕목을 이야기한 것이며, 국제적으로는 소프트 파워(soft power)의 중요성을 이야기한 것이다. 20세기 전반기까지 국가 간 힘의 차이는 제국주의와 식민지라는 국제 질서를 만들어냈지만, 제2차 세계대전 이후에는 힘의 질서를 유지하기 위한 소프트 파워의 중요성이 점점 더 커졌다. 미국을 정점으로 하는 세계 질서가 '민주주의'라는 소프트 파워에 의해 지탱되고 있다는 점은 이를 잘 보여준다. 이라크에서 대량 살상 무기를 찾지 못한 미국은 전 세계를 향해 이라크전쟁에 대해 사과해야 마땅하지만, '민주주의'라는 이념이 전쟁 개시의 명분을 만들어주었기에 피해갈 수 있었다.

소프트 파워는 비단 미국과 같은 강대국에게만 중요한 것이 아니다. 모든 국가에 중요하며, 한국처럼 지정학적으로 중요한 위치에 있으면서 해외무역 의존도가 높은 국가에는 더더욱 중요하다. 국가의 이미지에 따라 정치적, 경제적 국제 관계가 좌우될 수 있기 때문이다. 한국은 1960년대 이후 유례없는 경제성장을 통해 한강의 기적을 만들어냈지만, 미국의 요청에 따라 직접적 이해관계가 없는 베트남에 파병을 함으로써 국제적인 위상과 신뢰가 추락한 경험이 있다. 돈은 벌었지만 의로움을 잃었던 한국은 당시 비동맹 국가와의 외교에서 번번이 쓴잔을 마셔야만 했다. '하필왈리(何必曰利)'는 결코 이상주의적인 것이 아니라 외교의 현실임을 보여주었던 것이다.

이것은 일본과의 과거사 문제와도 관련이 있다. 한국은 베트남전쟁의 과거사를 직시하지 못하면서 일본에 과거사 문제의 해결을 요구하고 있다. 맹자는 말한다. "사람은 모름지기 스스로를 모욕한 연후에 남이 자기를 모욕하는 법이며, 한 집안의 경우도 반드시 스스로를 파멸한 연후에 남들이 파멸시키는 법이며, 한 나라도 반드시 스스로를 짓밟은 연후에 다른 나라가 짓밟는 것이다." 또한 "하늘이 내린 재앙은 피할 수 있지만, 스스로 불러들인 재앙은 피할 길이 없다" 했다. 나의 문제를 외부에 돌리기보다는 내 안에서 그 문제의 원인을 찾아야 한다. 이익을 찾고자 하면서 피해의식에만 젖어 있는다면, 이는 결코 근본적인 해결책이 될 수 없다.

'차마 하지 못하는 마음'으로 맺는 관계

존재론에 기반하고 있는 서양 철학과 달리 맹자는 관계론에 그 화두가 있다는 점을 감안한다면, 의로움을 원칙으로 내세운 맹자의 주장은 인간과 인간, 인간과 사회 그리고 국가와 국가 간의 관계를 인문주의적으로 해결해야 한다는 점을 보여주고 있다. 이러한 의미에서 볼 때 '즐거움(樂)'에 대한 맹자의 해석은 관계의 중요성을 더욱 잘 보여준다. '현명한 사람들도 일반 사람들과 동일하게 즐거움을 느끼는가'에 대한 질문에서, 맹자는 현명한 사람만이 즐거움을 느낄 수 있다면서 즐거움의 요체는 남과 함께 즐기는 것이며, 지도자라면 백성과 함께 즐기는 것이 진정한 즐거움이라고 주장한다.

함께해야 하는 즐거움은 맹자가 주장하는 인간의 본성에서 나오는 것이기도 하다. "사람은 모두 다른 사람에게 차마 하지 못하는 마음을 갖고 있다." 맹자는 참지 못하는 마음을 물에 빠진 아이를 볼 때의 측은한 마음으로 비유한다. 그러고 나서 "차마 남에게 모질게 하지 못하는 정치를 한다면 천하를 다스리는 일은 마치 손바닥 위의 물건을 움직이는 것처럼 쉬울 것"이라고 규정하고 있다. 많은 서양 학자가 한국의 민주화에 주목하면서 '의로움'에서 그 근원을 찾았다면, 맹자는 4·19 혁명과 6월 민주항쟁에 이어 2016년과 2017년 촛불혁명을 통해 나라를 바꾼 한국 사람들의 힘도 '차마 불의를 참지 못하는' 한국인들의 마음 속에서 나왔다고 해석했을지도 모른다.

차마 하지 못하는 마음은 다른 나라와의 관계에서도 중요한 원칙이 된다. 다른 나라를 식민지로 삼아 모질게 통치한 국가들 그리고 자기 나라보다 못사는 나라에서 온 사람들이라고 모질게 대하는 사람들이 사는 국가들은 결코 다른 나라로부터 존경을 받을 수 없다. 차마 하지 못하는 마음을 갖고 있지 않은 국가들은 경제적, 군사적으로 열강이라 고 할지라도 국제사회에서 결코 지도력을 발휘할 수 없을 것이다. 앞에 서 언급했듯이 진정한 즐거움이 함께 누리는 것이라고 한다면, 불평등 한 국제관계 속에서 혼자만 즐기고 있는 강대국은 결코 지도 국가가 될 수 없으며, 강하면서도 다른 나라와 함께하는 나라는 그 진가를 인정 받을 수 있을 것이다. 나의 즐거움이 남에게는 고통이 되는 것을 차마 볼 수 없는 외교가 되기 때문이다. 식민지 시기를 미화하는 일본의 극 우 세력들이 결코 존경받지 못하는 것은 바로 그 때문이다. 지금 한국 이 개발도상국에 대한 원조를 확대하면서 어떤 마음에서 원조의 원칙 이 나와야 하는가를 짚어볼 수 있도록 해준다.

웅덩이를 다 채운 이후에야 나아갈 수 있다

국가의 정책과 관련하여 맹자가 제시하고 있는 또 하나의 중요한 원칙 은 자연현상에서 나온다. 그 대표적 사례가 물이 흐르다 웅덩이를 만나 면 "그 웅덩이를 다 채운 이후에야 나아갈 수 있다"라고 말한 부분이다.

《맹자강설》, 맹자, 이기동 역해, 성균관대학교출판부, 2005.

혁명적 변화보다는 온건하게
살고 싶은 사회를 만들고자 할 때
지도자도, 관리도, 시민도 모두 가슴에 새겨야 할
원칙이 고스란히 담겼다.

모든 일에는 그 순서와 과정이 있으며 순리에 따라 나아가야 한다는 것을 의미한다. '잔머리'라는 말은 정도를 따라서 하는 것이 아니라 조금이라도 편하기 위해 꾀를 낸다는 뜻이다. 잔머리를 쓰거나 꾀를 부린 후 후회하는 사람을 자주 보곤 한다. 어떤 문제가 발생했을 때 그 문제를 정면으로 돌파하지 않고 거짓말을 하거나 미봉하고 덮어두면 나중에 해결하기 어려운 지경에 이르고야 만다.

이러한 중요한 원칙들 외에도《맹자》는 인간과 인간, 국가와 국가, 국가와 구성원 간의 관계에 대해 다양하면서도 중요한 원칙을 제시하고 있다. 몇 가지 중요한 내용들을 소개하면 다음과 같다.

"왕무죄세(王無罪歲)하시면 사천하지민(斯天下之民)이 지언(至焉)하리이다."
(흉년이 들어 굶어 죽은 사람이 있어도) 왕이 세상에 죄를 묻지 않는다면 천하의 백성이 모여들 것이다.
"이도여정(以刃與政)이 유이이호(有以異乎)이까."
칼로 죽이는 것과 정치로 죽이는 것과 다름이 있습니까.
"불위야(不爲也)언정 비불능야(非不能也)니이다."
안 하는 것이지 못하는 것이 아니다.
"증자왈(曾子曰) 계지계지(戒之戒之)하라. 출호이자(出乎爾者)는 반호이자(反乎爾者)라."
증자가 말하길 경계하고 경계하라. 너에게서 나온 것은 다시 너에게로 돌아간다.
"유관수자(有官守者)는 부득기직즉거(不得其職則去)하고 유언책자(有言責者)는 부득기언즉거(不得其言則去)라."

관직에 있는 자는 그 일을 하지 못하면 물러나고, 간할 책임이 있는 자는
그 말이 받아들여지지 않으면 떠난다.

"애인불친(愛人不親)하면 반기인(反其仁)하고 치인불치(治人不治)이면 반기
지(反其智)하고 예인부답(禮人不答)이면 반기경(反其敬)이라."

남을 사랑하는데 친해지지 않으면 자신의 인자함을 돌이켜 생각해보고, 남
을 다스리는데 다스려지지 않을 때는 자기의 지혜를 돌이켜 생각해보고,
남을 예우하는데 답이 없으면 자기의 공경함을 돌이켜 생각해볼 것이다.

"무왕(武王)은 불설이(不泄邇)하며 불망원(不忘遠)이라."

무왕은 가까운 사람이라 하여 더 친근히 여기지 않았고 멀리 있는 사람도
잊지 않았다.

맹자는 혁명가인가?

처음《맹자》를 읽으면 맹자는 동양의 혁명가로 보인다. 그는 임금과 정
부와 국민 중에서 국민이 가장 중요하고, 그다음 정부, 그다음 임금이 가
장 가벼운 존재라고 했으며, 심지어 '신하가 군주를 시해해도 되는가' 하
는 질문에 가능하다고 답했다. 어짊을 해치는 사람은 적(賊)이고 의를
해치는 사람은 잔(殘)인데, 이런 군주는 일개 평민에 불과하므로 군주
를 시해하는 것이 아니라 일개 평민을 죽이는 것이라고 답했다. 또한
왕에게 허물이 있으면 그것에 대해 간언해야 하는데, 간언해도 듣지 않
으면 왕위를 바꾸어도 된다고 했다. 젊은 시절 10·26 사태와 5·18 민주
화운동 그리고 6월 민주항쟁을 경험한 내게 이러한 맹자의 사상은 혁

명가의 그것과 다름이 없었다.

그러나 실상 맹자는 혁명가가 아니었다. 앞에서 인용한 구절들을 보면, 오히려 혁명과 같은 급격한 변화보다는 세상을 어떻게 하면 편안하게 할 것인가를 고민한 사람이다. 혁명으로 세상을 바꾸기는 쉽지만 그 후유증이 너무나 크다. 중국의 경우에 혁명 이후 대약진 운동이나 문화대혁명 그리고 톈안먼 사건과 같은 비용을 치렀고, 소련과 유럽 동구권 국가들은 결국 그 비용을 극복하지 못하고 정권이 몰락하고 지금도 어려움을 겪고 있다. 이런 점을 고려한다면 혁명은 결코 현명한 변화의 방안이 되지 못할 것이다. 맹자는 혁명을 하지 않고서도 현명하게 세상을 바꿀 방법을 제시했고, 따라서 인문학적 관점에서 볼 때 맹자는 지극히 현실주의자였다.

지금 우리 사회가 바라는 방향도 혁명이 아니다. 우리 사회는 이미 혁명이 아니고서도 세상을 바꾸는 방법을 인(忍)의 마음에서 경험했다. 문제는 이후 지도자들이 세상을 바꾸는 지도력을 발휘하지 못하고 있다는 점이다. 그래서 더더욱 세상을 바꾸기 위한 인문학적 방법을 제시한 맹자의 이야기에 귀 기울이게 된다. 즉, 인과 의로서 세상과의 관계를 유지하고 문제를 남이 아닌 나로부터 찾는다면, 그 사회는 온건한 방향으로의 변화를 추구할 수 있을 것이다. 지도자들은 세상을 바꾸는 원칙과 즐거움을 국민과 함께 나누어야 한다. 이렇듯 지도자도, 관리도, 시민도 모두 가슴에 새겨야 할 원칙이《맹자》에 고스란히 담겨 있다.

특히 맹자가 한 말 중에 가장 눈에 들어오는 대목은 "항산이 있어야 항심이 있다"는 말이다. 선거 때마다 시민사회에서 많은 요구가 빗발치지만, 결과적으로 가장 중요한 요구는 경제적인 문제였다. 2017년 대선에서도 시민들은 지속적인 경제성장과 일자리 창출을 가장 중요한 과제로 뽑았다. 혁명적인 변화보다는 사회의 정상화를 통해 살고 싶은 사회, 지키고 싶은 나라를 만들고자 했다. 나라를 어떻게 지켜야 하는가에 대한 전국시대 왕들의 질문에 대해 맹자는 사회와 나라를 만들고 지킬 수 있는 인문학적 방법을 제시한 것이다.

물론 고전은 써 있는 그대로를 읽는 것이 아니다. 신영복은 "고전은 역사와 마찬가지로 과거와 현재의 대화이면서 미래로 가는 길을 제시해준다"고 말했다. 그런 측면에서 맹자는 이미《서경》의 내용을 그대로 믿는다면《서경》이 없느니만 못하다"라는 명언을 남겼다.《맹자》를 통해 현실 사회를 극복하기 위한 많은 원칙을 얻을 수 있지만, 그 원칙을 현실의 상황 속에서 이해하고 그 전제 위에서 미래를 향한 해법을 마련해내지 못한다면 '《맹자》를 읽지 않느니만 못하다'라고 맹자가 말하지 않을까?《맹자》를 비롯한 유가를 당대의 언어로 이해하지 못하고 나라를 말아먹은 조선을 보면서《맹자》를 어떻게 읽어야 할까를 다시 한 번 고민한다면, 나라다운 나라를 만드는 혜안이 그 속에서 보일 것이다.

함께 추천하는 책

《대화》, 리영희, 임헌영 대담, 한길사, 2005.

리영희는 일제강점기부터 해방과 분단, 전쟁과 독재 체제 그리고 민주화 이후의 시기를 온몸으로 부딪히며 살아온 이 시대 대표적 지식인이다. 이 책은 시대가 요구하는 진정한 지식인의 모습을 보여준다는 평가를 받는데, 이것은 시대가 요구하는 정치인의 모습과 크게 다르지 않다. 자유와 권리만 강조하고 책임이 없었던 그리고 시대의 상황과 문제를 정면으로 바라보지 않고 해결하려고도 하지 않았던 한국 현대사의 지도자들이 반드시 읽어야 하는 책이다.

《쟁점 한국사》 전근대편·근대편·현대편, 한명기 외, 창비, 2017.

지도자라면 올바른 역사의식이 반드시 필요하다는 것을 최근의 한국 정치사가 잘 보여준다. 시대착오적 역사 인식을 가진 지도자들은 역사 연구의 자유를 제한했고, 급기야 기존 역사 교과서에 대해 '혼이 비정상'이라고 규정하며 유신체제의 유산인 국정교과서 카드를 내밀었다. 지도자의 역사 인식이 비정상적일 때 한국의 자유민주주의는 급전직하로 떨어졌던 것이다. 통사는 아니지만 한국 역사의 주요한 이슈에 대한 최신 연구 성과를 정리한 이 책은 역사가 과거만의 문제가 아니라 현재와 미래에 중요한 의미를 가지고 있다는 점을 잘 보여주고 있다.

《사피엔스》

과학적 사실과 상상의 가치를
조화롭게 고려하라

김상욱

부산대
물리교육과 교수

대통령이 해야 할 가장 중요한 일은 '선택'이다. 선택은 그 선택의 결과로 나타날 미래에 대해 조금이라도 예측할 수 있다는 것을 전제로 한다. 예언자는 무료로 예측하고, 점쟁이는 돈을 받고 예측하며, 미래학자는 월급을 받고 예측한다는 우스개가 있다. 아이러니하지만 미래를 완벽하게 예측할 수 있다면 선택은 필요 없다. 정해진 대로 하면 될 테니까.

선택에는 필연적으로 불확실성이 있게 마련이다. 따라서 대통령은 미래에 대해 확신하는 자들을 우선 멀리해야 한다. 예측은 확신이 아니라 불확실성에서 시작한다. 불확실성을 내포한 미래를 어떻게 예측하고 현명한 선택을 할 것인가? 이것이야말로 끊임없이 선택해야 하는 대통령에게 가장 중요한 문제가 아닐 수 없다.

미래를 예측하는 데 필요한 모든 방법과 자료는 과거에 있다. 우리가 역사를 배우는 이유이다. 하지만 과거에 일어난 모든 사건의 집힙이 역사라면 우리는 역사에서 배울 것이 없다. 호르헤 보르헤스(Jorge Borges)의 단편 〈바벨의 도서관〉에는 세상에 존재하는, 아니 존재할 수 있는 모든 책을 소장한 도서관이 등장한다. 물론 이런 도서관은 전혀 쓸모없다. 원하는 책 한 권을 찾으려면 수십만 년이 걸릴지도 모르기 때문이다. 역사에서 중요한 것도 개별 사건 그 자체가 아니다. 사건과 사건 사이에 존재하는 흐름, 사건들을 하나로 엮어주는 관점, 사건들 가운데 우연과 필연을 구분해주는 통찰 같은 것이 진정 필요한 것이다.

이쯤해서 추천할 책을 소개해야 할 듯하다. 문재인 대통령이라면 이미 읽었을지도 모를 유발 하라리(Yuval Harari)의 《사피엔스》이다. 이 책은 독특한 관점으로 역사의 흐름을 재구성하고 이로부터 인간에 대한 통찰을 준다.

존재하지도 않는 상상을 믿는 호모사피엔스의 능력

대개의 역사책은 기록이 남아 있는 역사시대 이후에 집중한다. 인간 또는 집단, 특히 국가 사이에 일어난 사건들에 주로 관심을 가진다는 말이다. 인간이 만든 문명, 인간 사이의 갈등과 전쟁, 인간 사이에 맺어진 계약과 조약 등이 그것이다. 《사피엔스》는 좀 다른 관점으로 역사를 본다. 우선 이 책은 인간 역사 전체를 다룬다. 여기서 '인간'은 문자를 발명한 이후의 문명화된 인간이 아니라 호모사피엔스라는 생물학적 인간 종(種)을 가리킨다.

호모사피엔스가 등장한 것이 지금으로부터 20만 년 전이고, 역사시대가 시작된 것이 5,000년 전이니 역사시대는 호모사피엔스 역사의 2.5 퍼센트에 불과하다. 즉, 인간이 갖는 특징은 대부분 역사시대 이전에 만들어졌을 거라는 이야기다. 그렇다면 인간이 가진 특징은 무엇일까? 불의 발견? 양손 사용? 문명의 건설? 흥미롭게도 저자는 인간의 가장 중요한 특징을 '존재하지도 않는 상상을 믿는 능력'이라고 주장한다. 간단한 예를 들어보자. 내가 1,000원짜리 지폐를 원숭이에게 주면서 바나나를 빼앗으면, 원숭이는 극렬하게 저항할 것이다. 1,000원짜리 지폐의 가치는 5,000만 한국인이 합의한 상상의 산물이다. 우리나라가 사라지면 그 가치도 함께 사라진다. 상상의 산물은 이런 것들에 국한되지 않는다. 당연하다고 믿어지는 모든 가치가 그 대상이 된다.

오늘날 많은 사람이 해외여행을 꿈꾼다. 그래서 경비를 마련하기 위해 적금을 들기도 한다. 휴가철이면 항공권이 바닥나고, 여름철 파리에는 프랑스인보다 외국인이 더 많다. 결혼식을 치르는 방법은 여러 가지지만 식이 끝나면 하나같이 해외여행을 떠난다. 불과 수백 년 전만 해도 해외여행은 좋은 것과는 거리가 멀었다. 길에는 산짐승이나 도적이 득실거렸고, 안전하게 하룻밤 자는 것도 보통 일이 아니었다. 더구나 외지인은 언제나 경계의 대상이었다. 해외여행에 대한 신화는 근대 유럽의 낭만주의가 낳은 산물이다. 낭만주의는 다양한 경험을 하는 것이 좋은 거라고 속삭인다. 19세기 탐험가들의 이야기는 해외 식민지를 개척하던 서양 사회에서 인기를 끌었고, 일반인들에게까지 해외여행의 환상을 불러일으켰다. 하지만 곰곰이 생각해보라. 해외여행이 좋다는 것에는 아무런 근거가 없다. 우리가 좋은 거라고 상상하기 시작한 것이다. 고대 이집트의 부호라면 아내를 위해 바빌론 여행이 아니라 호화스

193

런 무덤을 건설했을 것이다.

인간이 중요하게 여기는 모든 가치가 상상의 산물에 불과하다는 것은 오해를 불러일으킬 여지가 있다. 가치란 객관적 근거가 없는 것이므로 조작하거나 원하는 방향으로 바꾸는 것이 가능하다고 이해할 수도 있기 때문이다. 여론 조작의 과학적 근거랄까. 하지만 가치가 상상의 산물에 불과하다고 해서 마음대로 할 수 있다거나 아무 의미조차 없다는 말은 아니다. 모순적으로 들리겠지만, 그래서 마음대로 할 수 없고 중요하다. 누군가 상상을 믿는 것은 쉽지만 여러 사람이 그 믿음을 합의하여 공유하는 것은 어렵고, 합의된 것이 고착되면 바꾸기 또한 힘들기 때문이다.

심각한 사랑을 해본 남녀라면 두 사람이 합의하는 일이 얼마나 어려운지 알 것이다. 세 사람이 되면 합의가 거의 불가능하다. 삼각관계가 아닌가! 지금은 자명한 것으로 여겨지는 '민주주의' 역시 상상의 가치다. 수백 년 전만 해도 국민이 국가의 주인이라는 것은 미친 생각이었다. 프랑스 국왕 루이 14세는 '짐이 곧 국가'라고까지 했다. 민주주의라는 가치를 합의하기 위해 지난 수백 년 동안 얼마나 많은 사람이 목숨을 잃었는가. 중요한 것은 이런 가치가 상상의 산물에 그치는 것이 아니라 합의의 산물이라는 점이다.

상상이 현실을 바꾼다

대한민국에서 교육은 대통령이 고민해야 할 가장 중요한 문제 중 하나이다. 모든 길은 로마로 통하지만, 한국에서 모든 교육의 문제는 대학 입시로 통한다. 현재 학령 인구의 감소로 대학 진학생 수가 급격히 줄고 있다. 대학은 지금도 힘들지만 머잖아 파국적인 상황을 맞이하게 될 것이다. 이미 정부는 이에 대한 대책으로 대학 수를 줄이는 노력을 해왔지만 아직 역부족이다. 더구나 대학 입시 문제는 사회의 여러 다른 문제와 복잡하게 얽혀 있어서 해결하기 어렵다. 하지만 곰곰이 생각해보면 이 문제야말로 전형적인 상상의 산물인지도 모른다. 한국에서 제대로 살아가려면 적어도 대학은 나와야 한다는 상상의 믿음이 문제의 본질일 수 있다는 말이다.

만약 어느 날 사람들이 '대학 졸업장이 없어도 이 사회에서 인간답게 사는 데 큰 문제가 없다'는 새로운 상상에 합의한다면 대학이 더는 문제가 되지 않을 것이다. 대학 졸업장이 취업과 돈, 성공의 전제 조건이 되는 현실도 힘을 잃을 것이다. 대학 입시야말로 전형적인 상상의 산물이라면 대통령은 대학 입시나 대학 관련 제도에 손을 댈 수도 있겠지만 사람들의 의식을 변화시키는 데에도 노력을 기울여야 한다. 사실 우리는 지난 수십 년간 대학 입시 제도를 수없이 바꾸어보았다. 하지만 해결은커녕 문제가 더 깊어지는 신묘한 결과를 보아왔다.

초·중·고생의 학원 문제는 이제 아이들의 불행을 넘어 가정 파괴의 조짐마저 보이고 있다. 비용도 문제지만, 집에서 아이를 (말 그대로) 볼수 없다는 것이 더 큰 문제다. 아이를 학원에 보내는 가장 큰 이유는 학원에 가지 않으면 뒤처질 거라는 두려움이다. 사실 이런 상황은 '죄수의 딜레마'와 비슷하다. 이미 많은 학부모는 학원 교육의 비효용성을 안다. 투자에 비해 얻는 것이 적다는 것이다. 그만두고 싶지만, 우리 에

195

만 그만두면 왠지 뒤처질 것 같다. 다 함께 그만두기로 하면 기꺼이 동참할 거다. 하지만 다른 사람을 믿을 수 없다. 학원 문제를 제도 보완만으로 풀 수 없는 이유이다. 아이들이 학원에 반드시 갈 필요는 없다는 새로운 '상상'에 학부모들이 '합의'할 수 있도록 노력해야 한다.

사회의 많은 문제는 인간이 만든 상상의 가치가 충돌하며 발생한다. 물론 이들은 종종 현실에 단단히 뿌리박고 있다. 인간답게 살기 위해 대학을 나와야 한다는 상상의 가치는 수많은 대학과 학원이라는 실체로서 모습을 갖는다. 하지만 그 본질이 상상이라면 단지 그 상상을 바꿈으로써 실체의 모습도 바꿀 수 있다. 무엇이 우선인지 깨닫는 것은 문제 해결을 위한 첫걸음이다.

불확실성과 무지를 인정하는 과학자들의 이야기를 신뢰하라

《사피엔스》의 후반부는 과학혁명에 대한 것이다. 결국 인간의 미래는 과학에 달려 있기 때문에 대통령 역시 이 대목에 주목할 필요가 있다. 과학에 대한 설명은 많지만 하라리만큼 과학의 본질을 멋지게 짚어내는 경우는 흔치 않다. 과학의 위대한 발명이 바로 '무지(無知)'라는 것이다. 나는 여기에 과학은 '물질'적 증거에 기초하여 결론에 이르는 방법이라는 것을 덧붙이고 싶다.

종교는 세상 모든 질문에 답해왔다. 신의 명령으로 세상이 탄생했다거나, 대지의 신 '게브' 위에 하늘의 신 '누트'가 에워싸고 엎드려 있는 것이 이 세상이라거나, 지구가 우주의 중심이고 모든 별이 지구 주위를 돈다고 주장하기도 했다. 철학도 세상은 물·불·흙·공기라는 네 원소로 되어 있다거나, 우주가 천상계와 지상계로 나뉜다고 주장했다.

과학도 이 세상이 138억 년 전의 거대한 폭발에서 시작했다고 주장한다. 빅뱅 이론이다. 빅뱅도 게브와 누트만큼이나 황당하기는 하다. 하지만 여기에는 중요한 차이가 있다. 빅뱅에는 '물질'적 증거가 있다. 우주는 현재 팽창하고 있다. 시간을 거꾸로 돌려보면 우주가 한 점에 모이게 되는 이유이다. 물론 빅뱅의 증거는 더 있다. 엄밀히 말해서 이런 증거들의 합이 빅뱅과 동등하다고 보는 것이 과학이다. 논리적으로는 그럴듯하나 물질적 증거가 없을 때, 그것은 가설이라 불린다. 아직 제대로 된 과학이 되기 전의 상태다. 즉, 과학에서는 결론보다 그러한 결론을 뒷받침하는 증거가 더 중요하다. 그래서 자연법칙은 모든 증거를 논리적으로 이끌어낼 수 있는 가장 효율적인 문장에 불과하다.

대통령은 과학이 상상의 산물과 다르다는 것을 알아야 한다. 민주주의의 가치는 많은 사람의 합의로 얻어진 것이다. 하지만 과학에서는 모든 사람이 지구가 돌지 않는다고 합의할지라도, 지구가 돈다는 물질적 증거를 가진 단 한 사람이 옳을 수 있다. 과학의 아버지 뉴턴이 빛은 입자라고 말했더라도, 빛이 파동이라는 물질적 증거가 나오는 순간 뉴턴은 틀린 것이다. 과학을 대할 때 대통령은 항상 물질적 증거를 챙겨야 한다. 누군가 증거 없이 과학을 주장한다면 그를 멀리하는 것이 좋다. 증거들이 상충될 때 어느 증거가 더 객관적인지, 재현 가능성이 있는지, 충분한 독립적 증거가 있는지 비교해야 한다.

우주가 빅뱅으로 탄생했다면 빅뱅 이전에는 무엇이 있었을까? 이 질문에 대한 과학의 답은 "모른다"이다. 과학은 모르는 것으로 넘쳐난다.

지구의 생명은 단 하나의 생명체에서 시작해 분화하고 진화하여 지금과 같이 엄청난 다양성을 가지게 되었다. 하지만 최초의 생명체가 어떻게 생겼는지 모른다. 생명이라는 현상이 우주에서 얼마나 보편적인지도 모른다. 과학 논문에는 새로 알게 된 것과 여전히 모르는 것을 모두 써야 한다. 내가 모르거나 할 수 없는 것은 내가 알거나 할 수 있는 것만큼 중요하다. 과학의 가장 큰 미덕은 집단적 무지를 공개적으로 인정하는 것이기 때문이다.

뉴턴 역학은 사람들에게 물리학은 적어도 미래에 대해 완벽한 예측을 가능케 한다는 오해를 준다. 고등학교의 물리 문제들은 "5초 후 물체의 위치는?"과 같이 대개 예측에 대한 질문이다. 완벽한 예측이 불가능하다면 이 문제들은 바로 문항 오류이다. 하지만 진실은 이렇다. 학교에서는 답이 있는 특수한 경우만 다룬다. 대개의 경우는 미래에 대한 정확한 답을 구하기 힘들다. 카오스 이론은 사실상 예측이 불가능한 상황이 자연에 수두룩하다는 것을 말해준다. 자연법칙이 존재한다고 해서 항상 예측 가능한 것은 아니기 때문이다. 물리학의 모든 답은 근사적으로만 옳다. 모든 예측이 일정 정도 부정확성을 갖는다는 뜻이다. 지구에서 달로 로켓을 쏘아도 중간에 계속 확인하고 제어해야 하는 이유이다.

이러한 과학의 성격에 비추어보건대 대통령은 불확실성과 무지를 인정하는 과학자들의 이야기에 더 귀를 기울여야 한다. 4대강 사업이 환경에 아무 문제가 없을 거라든가, 원자력발전소는 절대 안전하다고 확신하는 것은 과학의 자세가 아니다. 어떤 신기술이 수십 조의 경제 효과를 가져올 거라든가, 미래 신성장 동력이 무엇이라고 주장할 수는 있

《사피엔스: 유인원에서 사이보그까지, 인간 역사의 대담하고 위대한 질문》,
유발 하라리, 조현욱 옮김, 김영사, 2015.

불확실성과 무지를 인정하는
과학자들의 이야기에 귀 기울이라.
과학은 경제발전의 수단이 아니라
세상을 대하는 태도이자 사고방식이다.

지만, 그 근거가 무엇인지 또한 그런 주장에서 불확실한 점은 무엇인지까지 모두 솔직하고 자세히 말하는 사람의 말을 들어야 한다.

상상의 가치와 과학의 다양성을 존중하는 시회

끝으로, 상상의 가치와 과학의 관계에 대해 이야기해보자. 인간 사회의 가치는 상상의 산물이다. 하지만 과학의 대상이 되는 자연현상은 그냥 '사실(fact)'이다. 지구상에서 모든 물체는 1초에 4.9미터 낙하한다. 이것은 기쁜 일인가, 슬픈 일인가? 4.9미터가 아니라 5미터이면 가치 없는 일인가, 아니면 분노할 일인가? 무의미한 질문이다. 자연현상 그 자체에는 가치가 없다.

과학은 무엇이 일어날지, 일어나지 않을지를 다룬다. 또한 무엇이 사실인지, 사실이 아닌지를 다룬다. 그러므로 과학은 무엇이 일어나야 좋다거나 그렇게 해야 한다고 주장할 수 없다. 과학 연구의 가치는 과학 자체에서 나오지 않는다. 가치는 인간의 상상의 영역이다. 즉, 종교나 이데올로기, 역사, 문화 같은 것이 과학 연구의 가치를 정해준다는 말이다.

그렇다고 과학을 인간의 가치에 종속시키라는 것은 아니다. 과학은 인간의 가치와 무관한 우주의 참모습을 알려준다. 인간의 입장에서는 안타까울 수도 있지만, 지구는 우주의 중심이 아니다. 하늘에 떠 있는 깨알 같은 별조차 사실 지구보다 어마어마하게 크다. 지구는 정말 왜소하고 보잘것없는 암석 행성에 불과하다. 인간은 이런 지구에서조차 가장 우월한 생물 종도 아니다. 인간은 혼자 힘으로 모기같이 날 수조차 없지 않은가. 자연의 모습은 인간의 바람이나 가치와 무관하다. 따라서 자연을 인간의 편견 없이 있는 그대로 파악하는 것이 무엇보다 중요하다.

지구온난화가 인간의 활동에 의해 일어나고 있다는 것은 과학적 사실이다. 그것이 과학적 사실이라면 정치적 협상을 통해 부정하려는 것은 무의미하다. 대학을 나와야만 인간답게 살 수 있다는 것은 상상의 산물에 가깝다. 그것이 상상의 산물이라면 바꿀 수도 있다는 말이다. 물론 모든 것을 상상의 산물과 과학적 사실로 칼로 자르듯 나눌 수는 없다. 탈핵 논쟁은 원전의 안전성과 대체에너지의 효율에 관한 과학적 사실의 문제인 동시에, 위험을 얼마나 떠안을 것인지 완벽한 안전을 위해 얼마만큼의 비용을 지출할 의사가 있는지 하는 가치판단의 문제이기도 하다. 대통령은 세상을 이해하는 데 있어 과학적 사실과 상상의 가치라는 두 가지 측면을 모두 조화롭게 고려하여 올바른 결정을 내려주길 바란다.

글을 마치며 대통령에게 기초과학 정책에 대한 개인적 소견을 말씀드리고 싶다. 대부분의 과학자는 많은 경제적 보상이나 높은 정치적 지위를 갈망하지 않는다. 그들은 다른 어느 분야보다 인간의 가치와 거리가 있는 대상을 연구하고 있다. 그들의 주된 연구 동기도 인간의 가치가 아니라 자연에 대한 호기심이다. 그들은 자연을 있는 그대로 탐구할 수 있는 자유를 무엇보다 필요로 한다. 지구가 돈다는 사람을 이단으로 불태우는 중세에 과학은 숨도 쉴 수 없었다. 과학의 역사를 보면 자연은 언제나 의외의 모습을 보여주었다. 어떤 결과가 나올지 미리 예측할 수 없으니 가급적 다양한 연구를 지원하는 것이 오히려 효율적이라는 말이다. 따라서 원로 과학자에 대한 파격적 대우나 소수 엘리트 과학자에 대한 전폭적 지원보다, 다양한 분야의 더 많은 과학자가 자신의 호기심에 몰두할 수 있도록 최소한의 안정적 지원을 해주는 것이 더 중요하다는 생각이다.

《사피엔스》는 인간을 보는 새로운 통찰을 제공한다. 대통령이 다루어야 할 많은 문제는 따지고 보면 가치의 문제다. 가치는 인간 상상의 산물이다. 상상을 어떻게 다룰지 생각해보는 것이 문제 해결의 첫 단추가 될 수 있다. 인간의 미래는 과학에 달려 있다. 과학은 무지를 인정하고 물질적 증거에 입각하여 결론을 내리는 태도이다. 대통령은 과학을 경제 발전의 수단쯤으로 보지 않으면 좋겠다. 과학은 세상을 대하는 태도이자 사고방식이다. 이제 우리도 과학을 제대로 이해하는 대통령을 가질 때가 되었다고 믿는다.

함께 추천하는 책

《원더풀 사이언스》, 나탈리 앤지어, 김소정 옮김, 지호, 2010.

과학은 지식이 아니라 태도이다. 이 간단한 명제를 눈이 번쩍 뜨이게 아름답고
소름끼치도록 경이로운 방법으로 증명하는 책이다. 누가 과학에 입문하고 싶다
고 하면 반드시 추천해주는 책이다. 대통령도 예외는 아니다. 한 줄로 평가하자
면 원더풀《원더풀 사이언스》!

《대통령을 위한 물리학》, 리처드 뮬러, 장종훈 옮김, 살림, 2011.

제목이 모든 걸 말해준다. 각종 이슈를 다루는 과학적 방법은 탁월하고 유익하
다. 많은 당면 문제에 즉각 적용할 수 있을 정도이다. 하지만 구체적인 내용보다
사고의 틀을 배워야 한다. 원전 찬성 진영에서 이 책의 내용을 인용하기도 했다.
탈핵을 하려면 적어도 이 책의 주장에 대한 반론은 가지고 있어야 한다. 이 책이
사용하는 과학적 방식으로.

역사를 잊은 민족에게
미래는 없다

한명기

명지대
사학과 교수

15 93(선조 26)년 1월 하순의 어느 날, 개성에 머물던 명군 제독 이여송(李如松)은 조선 신료들을 호출했다. 류성룡(柳成龍, 1542~1607)을 비롯하여 호조 판서 이성중(李誠中), 경기 감사 이정형(李廷馨) 등 고위 신료들이 급히 불려와 이여송의 집무실 앞마당에서 무릎을 꿇었다. 이여송은 '조선 조정이 군량을 제때 보급하지 않아 명나라 병사들이 굶주리고 있다'며 류성룡 등에게 군법을 집행하겠다면서 길길이 뛰었다. 류성룡은 이날의 수모를 《징비록》에 이렇게 적었다. "나는 사죄해 마지않았지만 나랏일이 이 지경에 이른 것을 생각하니 나도 모르게 눈물이 흘렀다."

류성룡의 시련은 여기서 끝나지 않았다. 이여송은 같은 해 4월에도 류성룡을 강제로 연행하여 곤장을 치려고 했다. 명목은 '류성룡이 명나라 사자(使者)가 일본군 진영으로 왕래하는 것을 막기 위해 임진강의 배편을 모두 없애버렸기 때문'이라는 것이었다. 명군 연락병의 허위 보고 때문에 빚어진 일로 판명되어 곤장을 맞지는 않았지만, 류성룡은 이여송에게 두 번이나 커다란 수모를 겪었다.

조선의 재상, 류성룡이 겪은 치욕

조선의 재상이자 전쟁을 지휘하는 최고 사령관 격인 도체찰사(都體察使) 류성룡은 무슨 연유로 이 같은 치욕을 겪어야 했을까? 그것은 같은 해 1월 7일부터 20일 무렵까지 평양과 벽제에서 벌어진 명군과 일본군의 전투 그리고 전투 이후 시작된 강화(講和) 협상의 여파 때문이었다. 1월 7일, 평양전투에서 이여송의 명군은 고니시 유키나가(小西行長)가 이끄는 일본군을 대파했다. 일방적으로 밀리던 육지의 전세는 역전되었다. 명군은 서울 방향으로 후퇴하는 일본군을 추격하여 벽제까지 이르렀다. 하지만 곧이어 벌어진 벽제전투에서 명군은 일본군의 역습에 휘말려 참패하고 만다. 이여송은 휘하 병력의 대부분을 잃고 목숨을 겨우 건져 개성으로 도주했다.

　벽제에서 패배한 직후, 명 조정은 조선 주둔 명군 지휘부에 교전 중지령을 내린다. 일본군과 그 이상 전투를 벌이지 말고 강화를 추진하라는 명령이었다. 이후 이여송은 개성에 머물며 일본군과의 전투를 회피하면서 관망하려는 자세를 보인다. 조선 조정은 속이 바짝바짝 타들어갈 수밖에 없었다. 평양전투 승리를 계기로 명군이 일본군을 나라 바깥으로 몰아내고 전쟁을 곧 끝내줄 거라는 기대가 무너져버렸기 때문이다.

류성룡은 수시로 이여송을 찾아가 '빨리 일본군을 공격하여 그들을 몰아내달라'고 호소했다. 하지만 싸울 의지를 이미 접어버린 이여송은 시큰둥했다. 그럼에도 류성룡이 계속 결전을 종용하자 '군량 부족'을 운운하며 모욕을 주었던 것이다.

임진왜란 시기 명군은 조선에 들어오면서 '위기에 처한 조선을 돕는다'고 표방했다. 하지만 그들의 진짜 참전 목적은 일본군을 조선에서 저지함으로써 랴오둥(遼東)을 보호하는 것이었다. 그러므로 비록 벽제에서 패했지만, 평안도와 함경도까지 올라온 일본군을 서울 부근까지 밀어낸 것만으로도 그들은 참전 목적을 달성한 셈이었다. 이제 일본군이 랴오둥 방면으로 북상할 가능성이 거의 사라진 상황에서 계속 싸우는 것은 쓸데없이 병력과 재정을 낭비하는 것이라고 보았다.

명군 지휘부는 심유경(沈惟敬)이란 인물을 일본군 진영으로 보내서 고니시 유키나가와 협상하도록 했다. 조선의 참여는 철저하게 차단된 '밀실 협상'이었다. 이윽고 명군 지휘부는 조선에게도 자신들의 강화 방침에 따르라고 강요했다. 조선 조정이 '원수(怨讐) 일본과의 강화 협상을 받아들일 수 없다'고 반발하자, 명군 지휘부는 '명군 병력을 철수시켜 조선을 더는 원조하지 않겠다'고 위협했다. 류성룡을 연행하여 곤장을 치려 한 것도 그가 자신들의 협상 방침에 고분고분하지 않았기 때문이다.

1593년 4월, 심유경과 고니시는 서울 부근에 머물던 일본군을 남해안 지역으로 철수시키기로 잠정적으로 합의한다. 그런데 경상도로 향하던 일본군이 한강을 건너려 할 때 조선군이 그들을 요격하려 하자 명군 지휘부는 병력을 동원하여 일본군을 '에스코트'해준다. 일본군을 공격하려 한 조선군 장수들은 명군 지휘부에 끌려가서 곤장을 맞기도 했다. '일본군을 함부로 공격하여 강화 협상에 재를 뿌리려 했다'는 것이 '죄목'이었다.

그뿐만이 아니었다. 명 조정에서는 자신들의 요구를 따르지 않는다는 이유로 선조를 퇴위시키고 광해군을 즉위시키자는 왕위 교체론, 이참에 아예 조선을 명의 직할령(直轄領)으로 편입시키자는 주장까지 등장했다. 바야흐로 전쟁이 이상하게 꼬여가면서 류성룡의 근심도 깊어갔다.

《징비록》에 담긴 약소국 재상 류성룡의 절규

《징비록》은 류성룡이 남긴 임진왜란 관련 기록이다. 전쟁 이전의 대일(對日) 관계, 전쟁의 발발과 초반의 패전, 선조의 파천과 의병의 봉기, 명군의 참전과 강화 협상, 이순신의 승전과 순국 등 전쟁의 전개 양상과 그 과정에서 명멸한 인간 군상의 다양한 면모를 생생하게 기록한 회고록이다.

'징비(懲毖)'란 '지난 일을 경계하여 훗날의 근심을 막는다'는 뜻이다. 류성룡은 왜 《징비록》을 남겼을까? 그리고 자신의 회고록에 왜 '징비록'이란 제목을 붙였을까? 나는 무엇보다 임진왜란 시기 류성룡이 '약소국의 재상'으로서 갖은 굴욕과 시련을 겪어야 했던 것이 중요한 배경이라고 본다. 《징비록》은 스스로를 지킬 능력이 없어 싸울 의지가 없던 명군 지휘부의 바짓가랑이를 붙잡을 수밖에 없었던 류성룡의 회한이 담긴 비망록(備忘錄)이기도 하다. 후손들에게 "너희는 과거를 잘 기억하고 반성하여 다시는 똑같은 설움과 치욕을 겪지 말라"는 류성룡의 호소와 절규가 담겨 있다.

그렇다면 나온 지 400년이 넘은《징비록》이 오늘날 국보로 지정되고 드라마까지 만들어지는 이유는 무엇일까? 우선《징비록》에 담긴 류성룡의 자기반성과 성찰이 주는 울림을 꼽고 싶다. 류성룡은《징비록》의 〈자서(自序)〉에 다음과 같이 썼다.

> 나처럼 보잘것없는 사람이 어지러운 시기에 나라의 중책을 맡아 위태로운 판국을 바로잡지 못하고 쓰러지는 형세를 지탱하지도 못했으니 그 죄는 죽어도 용서받을 수 없을 것이다.

일찍이 국가 운영을 담당한 치자(治者)들 가운데 이렇게 스스로를 철저히 낮추면서 자신의 책임과 과오를 인정한 인물이 있었던가? 류성룡은 위기를 극복하는 과정에서 공직자들은 국가와 백성에게 무한 책임을 져야 한다는 사실을 역설하고 있는 것이다.

《징비록》이 지닌 또 다른 장점은 침략자이자 가해자인 일본군에 대한 기술이 객관적이라는 사실이다. 류성룡은 당시 일본군이 지닌 조총의 장점과 위력, 일본 장수들이 보여준 용병술의 탁월함을 있는 그대로 담담하게 기술하고 있다. 나아가 일본군의 장기인 조총과 사격술을 습득, 연마하기 위해 모든 수단을 동원했다.

임진왜란을 겪어, 일본을 '영원히 함께할 수 없는 원수(萬世不共之讐)'로 여기고 있던 당시 분위기에서 일본군의 장점을 객관적으로 평가하

《징비록》, 류성룡, 이재호 옮김, 역사의아침, 2007.

일찍이 국가 운영을 담당한 지도자 가운데
이렇게 스스로를 철저히 낮추면서
자신의 책임과 과오를 인정한 인물이 있었던가?

고 그것을 배우려는 것은 결코 쉬운 일이 아니었다. 침략을 자행한 '원수'를 객관적으로 바라보는 것은 힘들고 고통스런 일이었다. 거기에는 '적의 실상을 제대로 알고 장점을 배워야만 훗날 또 다른 수모를 피할 수 있다'는 류성룡의 신념이 자리 잡고 있었다.

또한 《징비록》에는 일찍이 없던 국난을 극복하기 위해 류성룡이 기울인 사고의 노력이 생생하게 담겨 있다. 그는 재상의 신분으로 이여송의 접반(接伴)을 직접 맡아 그들을 전장으로 안내하고, 군수 지원을 위해 애썼다. 명군이 건널 부교(浮橋)를 설치하기 위해 몸소 동분서주하는 장면은 보기에 애처로울 정도이다.

류성룡은 명군이 보유한 선진적인 화포와 화기의 제작법과 사용법, 병법 등을 배우기 위해 노심초사했다. 자강(自强)을 위해서였다. 우여곡절을 겪으면서 직업군인 양성을 위해 훈련도감을 창설한 것도 같은 맥락이었다. 오랜 전국시대(戰國時代)를 거치면서 실전 경험이 풍부한 일본군에게 오합지졸로 맞서려다가 좌절한 경험을 바탕으로 정예병을 키우려는 구상이었다. 정예병을 양성하려면 장졸들이 훈련에만 집중할 수 있도록 그들의 생계를 보장하는 것이 절실했다. 관건은 결국 재정이었다. 둔전을 개발하고 소금을 굽는 등의 응급책뿐 아니라, 상공업을 진흥하고 유통과 무역을 활성화하는 등 재원 창출을 위한 새로운 대책들을 제시했다. 나아가 병력과 인력을 확보하기 위해 강고한 신분제의 벽도 허물려고 시도했다.

류성룡은 명군 지휘부 때문에 갖은 수모를 겪었지만 명군이란 '끈'을 놓으려 하지 않았다. 조선이 처한 엄혹한 현실 때문이었다. 그는 명군 없이는 일본군을 몰아낼 수 없는 현실을 받아들였다. 수모를 감내하면서 그들의 힘을 빌리고 장점을 배워 자강을 도모하려 했다. 요컨대《징비록》은 '자주국방'과 '국가 개조'를 실현하기 위해 류성룡이 발휘한 인내와 열정 그리고 비전이 담긴 '문제의 책'이기도 하다.

망각된 징비 정신

류성룡이《징비록》에 남긴 메시지를 달리 말하면 '소 잃고 나서도 외양간은 고쳐야 한다'는 것이다. 그렇다면 임진왜란 이후《징비록》에 담긴 '징비' 정신은 제대로 계승되었을까? 유감스럽게도 그렇지 못했다. 왜란 이후 조선 지식인들은《징비록》을 그다지 중시하지 않았던 것 같다. 당파 사이의 정쟁이 심화되는 와중에 남인 류성룡이 기술한《징비록》에 대해 별다른 관심을 기울이지 않았다.

조선 지식인들보다《징비록》에 더 높은 관심을 보인 것은 오히려 일본 지식인들이었다. 그들은《징비록》을 반출하여 1695(숙종 21)년 일본에서 간행한다. 일본판《징비록》의 서문에서 유학자 가이바라 엣켄(貝原益軒, 1630~1714)은 이렇게 썼다.

> 전(傳)에 이르기를 '나라가 아무리 커도 전쟁을 좋아하면 반드시 망하고 천하가 아무리 평안해도 전쟁을 잊으면 반드시 위태롭다'고 했으니 전쟁을 좋아하느냐? 잊느냐? 두 가지를 경계하지 않을 수 있겠는가. 옛날 풍신씨(豊臣氏)가 조선을 친 것은 탐병(貪兵)이라 할 수 있으며 …… 끝내 망한 것은 이 때문이다. 한인(韓人)이 취약하여 뻘리 패하고 외르르 무너진

것은 평소 방어하는 도를 가르치지 않았기 때문이다. …… 아, 조선의 국세가 위태롭게 되어 거의 망하게 된 것은 전적으로 이 때문이다. 류성룡이 《징비록》을 지은 것은 당연한 것이니 이것은 앞의 수레를 보고 뒤에 오는 수레를 경계하고자 한 뜻이다.

가이바라 엣켄은 먼저 도요토미 히데요시(豊臣秀吉)가 전쟁을 탐했기 때문에 끝내 망했다고 설파한다. 또한 그는 조선이 전쟁을 잊고 방어의 도를 익히지 않았기 때문에 망할 위기로 내몰렸다고 평가한다. 그러면서 과거의 전철을 돌아보아 미래의 위기를 경계하려 한 류성룡의 혜안을 높이 평가한다.

쓸쓸한 것은 조선이 17세기 후반까지도 《징비록》이 일본으로 반출되어 출판되었다는 사실조차 제대로 알지 못했던 점이다. 그런데 1712(숙종 38)년 에도로 향하던 조선통신사 일행이 오사카의 번화가를 지나다가 《징비록》이 팔리고 있는 장면을 우연히 목격하게 된다. 일행은 경악할 수밖에 없었다. 조선에서는 거의 잊힌 《징비록》이 일본에서 출판되어 팔리고 있는 현실에 충격을 받았기 때문이다. 통신사가 귀국해 관련 사실을 보고했을 때 숙종과 신료들이 보인 반응이 흥미롭다. 이들은 모두 '《징비록》 같은 책들이 일본으로 유출되지 않도록 단속을 강화해야 한다'고 목소리를 높인다.

전형적인 '뒷북 행정'이었다. 이미 한참 전에 일본으로 흘러나가 출판까지 끝나버린 책의 반출을 다시 금지한다? 임진왜란을 겪은 지 오래되어 일본에 대한 위기의식이 다시 희미해져 버린 조선의 현실을 보여주는 문제적 장면이 아닐 수 없다.

《징비록》의 일본 유출 문제를 둘러싼 숙종 대의 해프닝을 보면서 한일 관계사를 다시 생각해본다. 16세기 말 임진왜란을 겪은 뒤부터 2015년의 '위안부 문제' 협상까지 한일 사이에 외교적 현안이 생길 때마다 거의 매번 우리가 일본에게 당하거나 수세에 처했던 까닭은 무엇일까? 물론 우리의 국력이 일본보다 현저히 부족한 것이 근본적인 원인일 것이다. 하지만 과거를 철저하게 성찰하고 미래를 치밀하게 준비하는 노력과 정성, 상대의 동향과 정보를 제대로 알려는 집요함이 일본보다 훨씬 부족했기 때문이라고도 할 수 있지 않을까?

자강을 위해 정예병을 양성하려 노심초사했던 류성룡의 구상은 계승되지 않았다. 17세기에 들어와 조선의 군역(軍役)은 '상놈'들의 전유물이 되었다. 사회의 지배층이자 기득권층인 양반들은 군역을 면제받았다. 지배층이 합법적으로 군역을 면제받는 나라의 국방력이 어떤 모습일지는 상상하기 어렵지 않다.

일본을 객관적으로 보려고 했던 류성룡의 혜안 또한 계승되지 못했다. 실제로 임진왜란 이후에도 조선은 일본을 잘 알지 못했다. 반면 일본은 조선을 잘 알았다. 부산의 초량에는 왜관(倭館)이 존재했고 그곳에는 1,000여 명의 일본인들이 상주했다. 그들을 통해 조선의 내부 사정은 1년 365일 내내 일본으로 유출되고 있었다. 반면 조선은 일본에 통신사를 보냈지만 평균 20여 년에 한 번꼴일 뿐이었다. 조선 사정을 매일 접하는 일본과 일본 사정을 20년 만에 접하는 조선. 그 차이는 곧 정보의 격차로 이어질 수밖에 없었다.

《징비록》에서 드러나는 류성룡은 국난을 극복하기 위해 헌신한 인물이었다. 그는 위기를 극복하기 위한 대책을 제시했고, 구국을 위해 일신의 치욕을 감내했으며, 미래를 위한 비전을 제시했다. 그리고 정치 지도자로서 류성룡은 한민족에게 두 가지 커다란 선물을 남겼다. 하나는 책임감의 화신인 이순신을 전라 좌수사로 천거함으로써 망하기 직전의 나라를 구해낸 것이다. 다른 하나는 반성과 성찰의 기록인 《징비록》을 저술하여 후손들에게 역사에 대한 경각심을 일깨워준 것이다. 그렇다면 '북핵 문제', '사드 문제', '위안부 문제' 등 나라 안팎으로 온갖 난제를 안고 있는 오늘, 새로운 지도자가 된 당신은 나라와 국민을 위해 어떤 선물을 준비하고 계신가?

함께 추천하는 책

《임페리얼 크루즈》, 제임스 브래들리, 송정애 옮김, 도서출판 프리뷰, 2010.

강대국의 선의에 나라의 운명을 맡기려던 고종과 대한제국의 실수를 비판하는 책이다. 1876년 강화도 침략 이래 일본이 조선의 목줄을 조여오자 1882년 미국과 수호통상조약을 맺은 고종은 미국이 조선을 지켜줄 것이라고 기대한다. 하지만 '아리아인 우월주의'에 젖어 있던 루스벨트는 오히려 일본을 '명예 아리아인'으로 치켜세우며 조선 침략을 부추긴다. 적절한 힘이 없으면 국제 질서의 정글 속으로 내팽개쳐질 수밖에 없는 약소국의 실상을 웅변하는 책이다.

《제국 이후의 동아시아》, 최원식, 창비, 2009.

21세기 한국을 어떤 방향으로 이끌어야 할 것인가를 논파한 책이다. 저자는 1990년대 동구권의 몰락, 1997년 IMF 위기, 2001년 9·11 테러, 2007년 미국 발 경제 위기 등을 근거로 오늘날 세계의 특징을 '제국들의 황혼'이라 정의한다. 또한 1997년 IMF 위기를 '박정희식 대국주의'의 부정적 귀결로 본다. 이어 대국굴기(大國崛起)에 미혹된 중국, 미국의 방임 아래 '보통 국가'로 변신하려는 일본의 문제점도 날카롭게 지적한다. 결국 동아시아의 평화와 공존을 위해서는 중국의 거대한 흡인력과 일본의 끊임없는 침략 속에서 생존해온 한국의 역할이 중요하다고 강조한다.

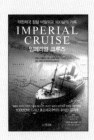

16

《긴축》
'알뜰한 나라 살림'의
주술에서 벗어나라

이원재

경제평론가,
(재)여시재 기획이사

"**기**획재정부 장관은 부채의 유혹에 빠지기 쉽다. 징세를 통해 국민에게 부담을 주지 않고도 재임 기간 동안 재정 규모를 크게 늘릴 수 있기 때문이다." 이런 이유로 정부는 국채를 끊임없이 발행한다. 그러다 보면 "재정 수입을 몽땅 저당 잡힌 처지가 되어 나태하고 수동적이며 무기력한 상태로 추락하게 된다."

한국의 신문 사설에서 볼 법한 국가 부채에 대한 익숙한 비판이다. 그런데 이 이야기는 사실 1758년 영국의 철학자 데이비드 흄(David Hume)이 저서 《도덕, 정치, 문학에 관한 에세이들(Essays Moral, Political, and Literary)》에서 한 이야기다. 다시 말해, 18세기 영국에서 국가 부채를 비판하던 논리가 21세기 한국에서 재현되고 있다.

국가 부채는 그 어떤 경우에도 나쁘다?

국가 부채는 대개 나쁜 것으로만 여겨진다. 국가 부채를 늘려도 괜찮다고 했다가는 일하지 않고 빚으로 흥청망청 써버리자는 주장으로 비판받는다. 이 논리에 따르면, 그리스는 일은 하지 않으면서 국가 부채를 늘리다가 망한 사례다. 에스파냐도, 이탈리아도, 포르투갈도 그렇다. 미국은 벌지도 못하면서 국가 부채를 늘려 무기를 사서 전쟁이나 일으키는 한심한 나라이다. 모두가 흄 시대와 사실상 같은 논리다. 흄의 논리대로라면 당시 대영제국은 빚더미에 앉아 망할 위기에 처해 있었다. 그러나 영국은 그 뒤 한 세기 동안 전성기를 구가했다.

사실이 이러한데도 '국가 부채는 어떤 경우에도 나쁜 것'이라는 생각은 정치인과 경제정책가 들의 머릿속에서 떠나지 않았다. 특히 1980년대 이른바 '신자유주의'가 기승을 부리기 시작한 이래 계속 그랬다. 2008년 글로벌 금융 위기 이후, 국가의 지출이 경제를 살리는 데 효과적이며 절약과 저축이 능사가 아니라는 케인스주의가 잠시 득세하는 듯했으나, 곧 유럽을 중심으로 '긴축'이 되돌아왔다.

마크 블라이스(Mark Blyth)는 《긴축》에서 2008년 글로벌 금융 위기 이후 자본주의가 이전보다 훨씬 더 자산가와 은행가 들의 세상으로 바뀌었다고 본다. 위기에 빠진 대부분의 국가에서는 은행가들의 잘못으로 붕괴한 경제를 살리느라 국가 부채가 늘었고, 그 부채 때문에 긴축정책을 펼치기 시작했으며, 결과적으로 중산층과 빈곤층이 더 고통 받게 되었다고 분석한다. 자산가와 은행가 들이 날린 돈을 일하는 중산층과 빈곤층이 고통스럽게 갚아나가게 된 셈이나.

사실 흄과 같은 고전적 자유주의자들의 긴축적 경향은 제1차 세계대전 뒤 두각을 나타낸 경제학자 존 케인스(John Keynes)에 의해 뒤집힌다. 케인스는 수요 없이는 경제가 살아날 수 없다고 보고, 위기 때 정부 재정을 적극적으로 확장해 수요를 살려내야 한다고 주장했다. 그 기조에 동조해, 대공황 이후 프랭클린 루스벨트 미국 대통령의 뉴딜 정책은 성공을 거둔다. 그러면서 제2차 세계대전 이후부터는 케인스주의가 경제 정책의 중심으로 들어오게 된다.

이후 현대 정치에서 '긴축'의 불씨를 되살린 것은 1979년 집권한 마거릿 대처 영국 수상이었다. 보수당 소속이던 대처는 자신이 가정주부라는 사실을 내세우면서 "제가 살림을 해봐서 압니다만, 빚을 잔뜩 진 채 건전한 경제생활을 꾸려가는 가정은 결코 있을 수 없습니다"라고 말했다. 이 한마디로 국가의 재정 정책과 가계의 재정 관리를 같은 것으로 치부하면서 국가 부채를 흥청망청 써버려서 생긴 가정의 빚처럼 나쁜 것으로 만들었다.

대처가 이 같이 발언하기까지는, 국가 재정 정책은 사회를 균형 있게 만들기 위한 방법으로서 단기적으로 적자가 나타날 수도 있고 국가 부채를 늘려 적자재정을 지탱할 수도 있다는 게 상식이었다. 그러나 대처 이후 국가 재정도 가계 재정처럼 균형만이 좋은 것이며, 심지어 흑자를 내는 게 알뜰하게 살림을 잘한 것이니 좋은 재정 운용이라는 생각까지 퍼지게 되었다.

중산층 이하의 희생을 부르는 '긴축'이라는 위험한 생각

이 생각은 2008년 글로벌 금융 위기 이후 결정적으로 세계를 망치게 된다. '국가는 커져서는 안 된다'는 '긴축'의 아이디어는 뒤이어 나온 '(민간) 금융은 죽일 수 없다'는 신화와 짝을 이루면서, 금융이 친 사고를 국가가 나서서 수습하는 데로 이어진다. 그리고 그 과정에서 발생한 비용은 국가 부채가 되고 그 국가 부채가 죄악시되면서, 많은 국가가 결국 그 비용을 복지 축소 등을 통해 국민에게 다시 전가한다.

미국은 '대마불사(大馬不死)'의 논리 아래 수조 달러의 국가 재원을 투자은행을 살리는 데 쏟아붓는다. 리먼 브라더스 파산 사태를 시작으로 벌어진 미국의 2008년 금융 위기는 시스템적 위험이 몰고 온 결과였다. 국가의 헤픈 씀씀이와는 무관했다. 그런데도 파산 위기의 은행을 살리기 위해 국가 재정이 대거 투입되었던 것이다.

국가는 이 과정에서 늘어난 국가 부채에 대해 책임을 져야 하는 상황이 온다. 이때 긴축의 필요성이 제기된다. '난장판을 수습하는 사람과 그것을 초래한 사람이 다른' 긴축정책은 은행가들에게는 너무나 좋은 정책이다. 그러나 국가 재정의 혜택을 받던 저소득층에게는 전혀 책임이 없는 일에 목숨을 걸고 책임을 지게 된 갑작스런 재앙과 같다.

그 뒤 유럽에서 벌어진 일을 살펴보자. 많은 사람이 2008년 이후 유럽의 위기를 '그리스 정부의 헤픈 씀씀이로 인한 국가 부채 위기'로 기억한다. 하지만 여기서부터 틀렸다. 유럽 위기는 그리스 위기와 전혀 다르다. 그리스 정부와 노동자들의 행태는 그리스에만 국한한다. 다른 모든 유럽 국가의 경우 국가 부채는 공공 부문에서 돈을 흥청망청 썼기 때문에 발생한 것이 아니다. 미국에서와 마찬가지로, 민간 금융권에서 발생한 위기를 처리하느라 국가 부채가 늘었다.

사실 2008년 금융 위기 직후, 많은 유럽 국가는 반긴축 처방을 내렸다. 독일에서는 새 차를 구입할 때 현금을 지원하는 정책을 내놓았고, 가족 수당을 올렸으며, 해고 회피 고용주들에게 보조금을 지급했다. 이 것은 모두 재성지출을 늘려서 경기를 살리겠다는 노력이었다. 수요가 있어야 경제가 살아난다는 케인스주의가 귀환한 듯했다.

그러나 1년여 만에 이 분위기는 다시 반전된다. 독일이 가장 먼저 케인스주의에서 떠났다. 긴축을 선언하고 유럽연합(EU)에서 영향력이 가장 큰 채권 국가가 되어 다른 국가들에까지 긴축을 강요했다. 이어 영국도, 캐나다도 그에 동조했다.

독일이 긴축으로 돌아온 것은 어쩌면 당연할지도 모른다. 독일 사회 정책의 기본 이념은 질서 자유주의다. 시장경제를 운용하되, 정부가 규제를 통해 강력하게 규율하는 사회적 시장경제를 기본으로 한다. 전통적으로 이 체제에서는 국가가 경기 진작에 나서거나 실험적 정책에 예산을 투입하지 않는다. 규제를 통해 시장에서 그렇게 하도록 할 뿐이다. 게다가 독일은 제1차 세계대전에서 패한 직후인 1920년대 살인적 초인플레이션의 공포를 아직도 기억하고 있다. 따라서 재정지출을 공격적으로 늘리는 일은 기대하기 어렵다.

앙겔라 메르켈 독일 총리는 독일 슈바벤 지방 가정주부의 가치관을 복원하자고 호소한다. 근면한 노동과 절약, 저축을 통해 위기를 극복하자는 것이다. 대처 수상의 메시지가 사반세기 만에 독일 총리의 입을 통해 되살아났다. 역시 공격 대상은 '방탕한 국가'였다. 재정지출 억제

메시지는 2010년 부산에서 열린 G20 재무장관 회의에서 반복되었고, 같은 해 캐나다 토론토에서 열린 G20 정상회담에서 다시 한 번 확인되었다. 케인스주의를 따르던 이전의 기조는 2010년에 긴축으로 방향을 틀었다.

그러나 그 뒤 유럽 위기는 가라앉기는커녕 악화되었다. 그리스, 에스파냐, 아일랜드, 포르투갈, 이탈리아 모두 급증한 국가 부채 때문에 위기에 직면했다. 왜 그랬을까? 사실상 독일 때문이었다.

위기를 맞은 유럽 국가의 정부들이 갑자기 돈을 흥청망청 낭비했다는 증거는 많지 않다. 있다 하더라도 위기와 직접 연결시키기 쉽지 않다. 문제는 유로화에 있었다. 독일이 전통적으로 긴축정책을 바탕으로 강한 수출 기반 경제를 유지하고 있었기 때문에, 유로화가 아니더라도 독일 화폐가치가 강세를 보일 수밖에 없었다. 그런데 유로화로 같이 묶여 있었으므로, 그리스에서도 포르투갈에서도 아일랜드에서도 독일과 같은 강력한 화폐를 갖게 되었다. 그 덕에 이 국가들은 싸게 국채를 발행하고 싸게 물건을 수입할 기회를 얻게 된 것이다. 그 결과 국가 부채는 점점 늘어났고, 값싼 수입이 늘면서 국내 산업은 발전이 지체되었다.

유럽의 국가 부채는 왕실과 상인 사이의 타협의 산물이다. 근대 유럽 왕실은 상인들에게 세금을 걷어 군대와 자신들의 사치를 유지했다. 왕실을 통제하고 싶었던 상인들은 은행을 설립해 왕실에 돈을 빌려주는 대신 은행에서 돈을 발권하고, 은행에서 발권한 돈으로 세금을 내도록 왕실을 설득했다. 이렇게 상인들은 발권력을 확보하고 왕실의 채권자가 되어 국가를 통제하게 되었고, 왕실은 돈을 빌려 사치를 이어갈 수 있었다.

복지국가가 들어서고 나서도 묘하게 이 시스템은 이어졌다. 그 때문인지 은행의 최대 예금주인 자산가들은 거듭된 위기에도 좀처럼 피해를 입지 않았다. 오히려 자신들이 일으킨 피해를 체계적으로 국가에 이전하는 데 성공했다. 그 결과물이 바로 많은 국가의 커진 국가 부채다.

복지국가의 재정은 과거 왕실과는 달리 대부분 중산층과 빈곤층을 돕거나 지나치게 집중된 부를 좀 더 골고루 분배하는 데 사용된다. 그 과정에서 고소득층과 자산 보유층에 대한 체계적인 증세에 실패하면 국가 부채가 늘어난다. 성격이 완전히 달라진 것이다. 그럼에도 국가 부채는 여전히 악으로 여겨지며, 중산층과 빈곤층의 희생을 통해 해결해야 하는 그 무언가가 된다. 특히 글로벌 금융 위기 이후 금융권의 위기를 해결하느라 국가 재정이 지출되었는데, 이 때문에 긴축을 해야 하고 그 결과 중산층 이하 국민이 피해를 입는 상황이 되고 말았다.

국가 부채는 국가가 써야 할 돈을 조달하는 하나의 방식

이 책에서 상세히 묘사하고 있는 긴축의 지성사와 글로벌 금융 위기 이후 세계 각국 재정 정책의 역사에서 우리 대통령은 무엇을 배워야 할까?

한국에서 국가 부채 문제는 언론의 단골 소재다. 호들갑 떨기에 딱 좋은 주제다. '국가 부채 1,000조 시대 개막', '몇 년간 국가 부채 수십조 원 증가' 등의 기사 제목은 단번에 눈길을 끈다. 그 기사만 보면 한국 경제는 곧 위기를 맞을 것만 같다. 국가 부채를 더 늘려서 국민을 위한 사업을 벌였다가는 국가 부도로 모두가 도탄에 빠질 듯하다.

《긴축: 그 위험한 생각의 역사》,
마크 블라이스, 이유영 옮김, 부키, 2016.

국가 부채를 너무 두려워하지 말라.
미래가 없다는 청년들의 절망, 세계 최고의 자살률에
공포를 느껴야 한다. 이런 문제들을 해결할 수 있다면
국가 부채는 충분히 늘려도 된다.

그런데 내용을 찬찬히 뜯어보면 상식과 좀 다르다. 예컨대 2016년 국가 부채가 1,433조 원 수준이라는 기사를 살펴보자. 이 가운데 실제 국가가 갚아야 할 국가 채무는 627조 원이다. 1,433조 원 중 627조 원을 뺀 나머지는 일종의 '보증을 선 돈'이라 볼 수 있다. 공적 연금 지급액 등이 여기에 해당한다. 공무원이나 교사 등에게 지급할 연금은 기본적으로 해당 연금 기금의 예산에서 집행된다. 그게 어려울 때 국가가 갚아준다는 점에서 빚이기는 하나 실제로 갚아야 하는 돈이 아닐 가능성이 높다.

627조 원 중에는 금융성 채무도 상당 부분 있다. 돈을 빌리기는 했지만 그 돈으로 다른 자산을 매입한 경우이다. 국채를 발행하고 그 돈으로 외환을 샀다면 그건 채무이기는 하나 갚아야 할 때가 오면 외환을 팔아 갚으면 된다. 부동산을 샀거나 주식을 샀을 경우도 마찬가지다. 이 금융성 채무를 빼고 난 나머지만 적자성 채무이다. 실제로 재정 적자가 쌓여 빚이 된 경우이다. 이는 627조 원의 60퍼센트, 즉 370조 원가량 된다.

숫자 자체도 이렇게 가려서 볼 필요가 있지만, 국가 부채는 개인의 빚과는 근본적으로 다르다는 점도 인식해야 한다. 가계는 벌어들인 소득을 쪼개 소비한다. 소득보다 더 많이 소비하면 빚이 생긴다. 빚은 벌어서 갚는 게 정석이다.

하지만 국가는 구성원들이 합의해 돈을 쓰기로 한 뒤 그만큼을 걷는다. 다시 말해 국가 부채는 국가가 써야 할 돈을 조달하는 하나의 방식이다. 또 다른 조달 방식은 세금이다. 둘 다 국가가 낭비를 해서 진 부담이 아니다. 쓰기로 한 돈을 조달하는 전략적 선택의 결과이다. 따라서 국가 부채가 생기는 이유는 덜 거둬서이다. 그러니 나라 살림을 잘못해서 국가 부채가 늘었다는 식의 비판은 절반만 맞는다.

국가 부채가 늘어난 것 자체가 문제는 아니다. 문제는 빚을 얻어 수행한 투자가 실제로 문제를 해결할 것인지에 있다. 또 그런 식의 재정 운영이 지속성을 띨 수 있는 것인지 여부도 따져보아야 한다. 문제는 해결되지 않고 재정 부담만 늘어나는 잘못된 전략도 얼마든지 나올 수 있다. 빚이 늘어난 것 자체가 문제는 아니지만, 늘린 빚을 잘못 운용했다면 문제가 된다.

그렇다면 지금 우리가 국가 공동체 차원에서 생각해봐야 할 문제는 '지금 어떤 문제를 해결하는 데 얼마를 쓸 것인가'와 '그 돈을 어떤 방법으로 확보해 쓸 것인가'이다. 국가가 할 일은 무엇이고, 그 일의 재원을 어떻게 마련할 것인가? '큰 정부'를 주장하는 사람들은 국가 조직을 키우고 지출도 늘려야 한다고 말한다. 반대로 '작은 정부'를 주장하는 사람들은 국가 조직을 줄이고 지출도 줄이자고 한다.

하지만 사실 지금은 작고도 큰 정부가 필요하다. 규제는 덜하고, 복지는 더하는 정부여야 한다. 1960년대 박정희 시대에서 물려받은 '민간을 끌고 가는 국가'는 필요하지 않다. 지금은 정부가 민간의 속도와 다양성을 따라가지 못하고 있는 실정이다. 따라서 규제하는 국가는 작아져야 한다. 대신 복지국가를 이루기 위해 국가는 훨씬 더 커져야 한다. 과거에 감당하지 못했던 다양한 복지 제도를 도입하고 강화해야 한다. 따라서 국민을 보호하는 국가는 커져야 한다. 관리 감독은 줄여야 하니 작은 조직이 낫다 지출은 늘려야 하니 더 큰 재정이 필요하다. 궁극적으로는 증세를 통해 그 재정을 마련해야겠지만, 단기간에 쉽지 않다면 적절하게 국가 부채를 늘려 재정을 마련하는 것도 하나의 방법이다. 당연히 무작정 국가 부채를 늘려 써버리는 것은 곤란하다. 우선순위를 정해 적절한 곳에 투자하며 산적한 문제를 해결해가야 한다.

국가 부채를 너무 두려워하지 마라

지금 국가 부채를 늘려서 어딘가에 투자한다면 어디가 가장 적절할까? 무엇보다 주거 문제 해결에 투자해야 한다. 국채를 발행해 자금을 조달한 뒤 기존 주택을 매입해 낮은 월세로 내놓는 방식의 공공 임대주택을 대폭 늘려 운영해볼 수 있다. 국가가 집을 매입해 임대해주는 투자는 충분히 해볼 만하다. 우선 투입만 적절하게 하면 주거 문제를 완화할 수 있다. 대표적 국채인 3년 만기 국고채 금리는 2퍼센트가 채 되지 않는다. 보조금을 조금만 지급해도 낮은 월세의 주택을 공급할 수 있다. 소비자 입장에서는 재정을 투입한 만큼 값싼 집이 늘어나는 셈이다.

게다가 가계 부채도 줄일 수 있다. 빚내서 집을 샀지만 소득이 뒷받침되지 않는 한계 가구가 많다. 이들의 가계 부채를 해당 주택을 구입한 뒤 재임대 같은 적절한 조건을 달아 국가 부채로 떠안아줄 수 있다면 무엇보다 소중한 경제 활성화 정책이 될 수 있다. 마지막으로, 집은 자산이므로 그냥 써버리는 항목보다는 부채 보유 부담이 작다. 최악의 경우 자산인 집을 팔아 부채를 갚을 수 있기 때문이다.

다음으로 생각해볼 수 있는 것은 교육이다. 국가 부채는 성격상 미래 세대가 갚게 된다는 점에서 현재 세대의 복지를 위해 써버리는 것은 조심스럽다. 하지만 미래 세대의 능력을 키우는 데 투자한다면 정당성을 확보할 수 있다. 교육에 더해, 미래 세대가 누릴 경제를 위해 스타트업(start-up, 신생 벤처기업)과 사회적 기업 등 새로운 경제의 씨앗을 심는 데 투자할 수도 있다.

정치인들은 딱하다. 국가 부채도 늘리지 않고 세금도 올리지 않으면서 모든 사회문제를 해결하겠다고 외쳐야 한다. 이제 그 솔직하지 못한 처사는 멈추어야 한다. 정치가 당당해져야 한다. 국가 부채를 너무 두려워하지 마라. 집값이 비싸고 좋은 일자리가 부족해 미래가 없는 것 같다는 청년들의 절망을 두려워해야 한다. 세계 최고의 노인 자살률에 공포를 느껴야 한다. 이런 문제들을 해결할 수 있다면 국가 부채는 충분히 늘려도 된다. 한국은 재정 여력이 충분하니 국가 부채를 늘려 사회 안전망을 대폭 확충하라는 게 OECD와 국제통화기금(IMF)의 반복적 권고 사항이다. 중요한 것은 숫자가 아니라 꿈이다. 어떤 사회를 만들 것인가.《긴축》에서 마크 블라이스가 주장하는 바를 한국식으로 요약하면 그렇다.

《우리가 사랑한 빵집 성심당》, 김태훈, 남해의봄날, 2016.

기업의 목적은 이윤 창출이라고만 믿는 이들이 대다수이다. 2008년 글로벌 금융
위기 이후, 수많은 반성을 거치고도 여전하다. 결국 숱한 개혁과 혁신의 구호 뒤
에도, 모두는 '먹고사니즘'의 허망함 속으로 하루하루의 노동을 바치고 만다. 왜
그럴까? 이윤 극대화 명제는 이미 실패했지만 대안이 없어서이다. 처음부터 가
난한 사람을 돕는 일을 이윤보다 앞세운 대전의 빵집 성심당은 그 대안의 단초
를 보여준다. '인간은 빵만으로 살 수 없다'는 신념이야말로 빵집도 살리고 세상
도 구하는 만트라이다.

《얼마나 있어야 충분한가》, 로버트 스키델스키·에드워드 스키델스키, 김병화
옮김, 부키, 2013.

공저자 로버트 스키델스키가 방한했을 때, 나는 질문했다. "한국의 1인당 국민소
득은 2만 5,000달러가 넘었는데, 얼마나 더 벌어야 충분할까요?" 그의 대답은 단
순했다. "한국인들이 다 같이 그걸 놓고 이야기 나누어보시지요." 우리에게는 더
많은 소득이 필요한가, 아니면 적절한 소득과 더 많은 여유가 필요한가. 자동차
인가 교육인가, 휴대전화인가 이웃과의 사랑인가. 모두 함께 이야기 나누어 우
리에게 필요한 경제가 무엇인지 공감하도록 만드는 일, 그게 정치다.

《82년생 김지영》

'가장 보통의 존재'에게서
여성의 삶과 고통을 읽다

17

천주희

문화연구자,
《우리는 왜 공부할수록
가난해지는가》 저자

상넘이 꼬리를 물던 밤이었다. 친구와 맛있게 저녁을 먹고, 친구가 반지하방으로 돌아간 후였다. 새삼 나는 어디에 있는지, 나의 좌표가 궁금해졌다. 한 시간이 넘는 거리를 출근하면서도 깨닫지 못한 사실, 서울살이 10년 만에 얻은 나의 작은 전세방은 서울과 부천의 경계, 산 중턱에 있다. 열심히 살아왔을 뿐인데, 나는 중심보다 주변에 더 가까이 서 있었다. 지리적 위치, 경제적 위치, 사회적 위치, 정치적 위치 모두 변두리 인생이었다. 참 이상했다. 마치 나의 운명을 누군가 미리 결정해놓은 것만 같다.

나는 그저 세상에 태어난 것뿐인데, 어느덧 '여성'이 되어 있었고 '청년'이라 불렸다. 동생은 누군가의 '아내'가 되었고, '엄마'가 되었다. 친구는 '주부'가 되었다. 어린 날 저마다 장래희망을 열심히 적고, 꿈을 찾기 위해 부단히 애쓰며 살았던 이들이다. 대학에 가고, 직장에 가고, 그러다가 결혼하면 '당연히' 일을 그만두고, 아이 낳을 준비를 하고, 지축도 열심히 해서 집을 마련하며 사는 삶. 사람들은 그런 삶이 평범한 삶이라고 말한다. 그런데 평범해지기 위해 유난히 큰 대가를 치러야 하는 사람들이 있다는 걸 배우는 요즘이다.

평범한 삶이 실은 일상을 빼앗긴 사람들의 삶이라는 것을, 서른이 지난 후에야 깨달았다. 그 후로 나는 '남들처럼' 살지 못한 것이, '평범한 삶'을 살지 못한 것이 서글프지 않았다. 내가 대통령에게 추천하는 책 세 권은 나와 내 주변의 이야기, 일상을 빼앗긴 사람들에 관한 이야기다. 여성으로, 청년으로, 빈곤층으로 살면서 늘 주변부에 머물 수밖에 없었던 사람이 있다. 그중에 김지영 씨 이야기는 가장 평범해서 특별했다.

공원에서

내가 지영 씨를 만난 곳은 인적이 드문 공원이었다. 책에 커피를 쏟았고, 그걸 본 그녀는 유모차에서 물티슈를 꺼냈다. 나는 정신없이 책을 닦고, 그녀는 벤치를 닦았다. 고맙다는 말에 그녀는 괜찮다고 했다. 유모차를 끌고 가던 그녀는 다시 방향을 틀어 나에게 왔다. 그리고 대뜸 "제 이름도 김지영이에요"라고 했다.

《82년생 김지영》, 지영 씨는 82년생이 아니지만 책에 관심을 보였다. 우리의 대화는 그렇게 시작되었다. 지영 씨는 나에게 무슨 일을 하냐고 물었다. 사람들을 만나고, 글 쓰는 일을 한다고 했다. 그녀는 무슨 글을 쓰는지, 왜 이 책을 읽는지 궁금해했다. 나는 지영 씨에게, 82년생 김지영 씨의 이야기를 들려주었다.

지영 씨는 연신 "정말요?"라고 말하며, 자신의 이야기를 꺼냈다. 초등학교 4학년 때, 옆 반에는 공부를 잘하고 선생님들이 좋아하는 모범생 남학생이 있었다. 수업이 끝나고 학원으로 가는 길에 남자아이가 지영 씨를 따라왔다. 그런데 지영 씨는 잘난 척하는 모습이 싫어서 멀리 떨어져 걷거나 피했다.

어느 날 남자아이가 수업 시간이 끝나고 당번을 하는데 교실로 찾아왔다. 왜 자신을 피하냐고 화를 냈다고 한다. 교실에는 둘밖에 없었다. 그 아이는 갑자기 의자를 집어 던졌고, 지영 씨는 교실 밖으로 나가려고 했지만 출입문이 막혀 나갈 수 없었다. 또 어떤 날에는 그녀의 배를 발로 찼다. 지영 씨는 자신이 왜 맞아야 하는지 이유를 알지 못했다. 지영 씨에게 학교는 지옥처럼 느껴졌다. 그런데도 부모님과 선생님께 알리지 않았다고 한다. 그저 그 아이를 계속 피해 다녔다. 쉬는 시간이 되면 화장실로 숨었고, 수업이 끝나면 바로 학교 밖으로 벗어났고, 아프다는 핑계로 학원도 그만두었다.

그렇게 몇 주가 지나고 우연히 복도에서 남자아이를 만났다. 그 아이는 지영 씨에게 다가왔다. 지영 씨가 놀라서 도망가려고 했지만 주변에 아이들이 몰려들어 그럴 수 없었다. 다른 아이들은 그 아이가 지영 씨에게 고백했는데 차였다며 놀렸다고 회상했다.

후에 지영 씨는 여자중학교에 진학해서 그 아이를 볼 일이 없었지만, 외국어고등학교에 진학했다는 소식을 들었을 때 화가 났다고 한다. 나는 그녀 말에 맞장구를 치며, 어떻게 폭력이 사랑으로 둔갑할 수 있는지, 공부를 잘하면 남을 괴롭히는 게 다 용서되는 건지, 어디에서부터 이런 불공평이 시작된 건지, 이야기를 이어갔다.

얼마 후 지영 씨는 첫째 아이가 올 시간이라며 인사를 했다. 나는 그녀에게 다시 만날 수 있으면 좋겠다고 말했다. 그녀는 연락처를 교환하는 대신 다음 주 수요일 2시 이곳에서 만나자고 했다. 그렇게 우리는 처음 만났다.

두 번째 만남

멀리서 지영 씨가 왔다. 오늘은 왜 유모차가 없는지 물으니 친정에 맡겼다고 했다. 나는 지영 씨에게 《82년생 김지영》을 내밀었는데, 그녀는 집에 가면 책 읽을 시간이 없어서 읽는 것보다 듣는 게 훨씬 좋다고 했다. 아이를 낳고 3년 동안 영화관에 한 번 가본 적이 없고, 아이가 자랄수록 손목이며 허리며 성한 곳이 없다는 친구 말이 떠올랐다. 육아의 경험이 없는 나는 아이라는 존재가 낯설지만 멀지 않은 미래의 일처럼 느껴진다고 했다. 지영 씨는 대뜸 나에게 지금 사는 곳이 어딘지, 부모님은 어디에 사시는지 물었다.

그녀는 부모님이 사는 곳을 듣더니 "아휴~ 그럼 힘들겠네요"라고 했다. 처음에는 독립해서 사는 것이 힘들다는 건 줄 알았다. 처음 만나는 사람에게 줄곧 들었던 말이라 약간 피로감도 느꼈다. 사는 곳, 출신지, 학벌만 듣고 이미 나에 대해 모두 아는 것처럼 표정 짓는 사람을 많이 보았기 때문이다. 나는 10년 넘게 독립해서 이제는 혼자 사는 것이 힘들지 않다고 했다. 그런데 지영 씨가 말하기를, 자신은 친정이 가까운 편이라 친정엄마가 가끔 와서 육아를 도와주곤 하는데 나는 부모님과 너무 멀리 떨어져 지내니 육아를 하더라도 힘들 거라고 했다. 전혀 예상하지 못한 반응이었다. 지영 씨의 말을 들으니 같은 서울에 살면서도 홀로 출산을 준비하는 동생이 떠올랐다.

지영 씨는 오늘 나를 만나기 위해 그동안 입지 않던 옷을 꺼내고, 모처럼 화장을 하고, 아이를 맡기고 나왔다고 했다. 태어나서 처음 본 작가이고, 작가를 만난다는 핑계로 남편과 엄마에게 휴가를 얻어낼 수 있었다고 했다. 그녀는 글을 쓴다는 말에 나를 작가로 생각했나 보다. 나는 작가라는 말에 머쓱했지만, 그녀가 오늘 하루 휴가를 얻어낼 수 있다면 기꺼이 작가가 되겠다고 했다. 실은 나도 오후 반차를 내고 지영 씨를 만나러 갔지만 말이다. 우리는 왜 이곳에 와 있는지 이유를 알지 못하지만, 한 번은 더 만나고 싶었던 것 같다. 그러면서도 우리는 이 시간을 보내기 위해 핑계를 만들고, 누군가에게 허락을 받아야 했다.

나는 가방에서 쿠키와 과일을 꺼냈다. 지영 씨도 먹을 걸 조금 가져왔다며 꺼냈다. 오물오물 간식을 먹으며 나는 《82년생 김지영》의 이야기를 다시 들려주었다.

김지영 씨가 물었다. 지금 행복하냐고

삶에서 마주해야 하는 숱한 질문 가운데, 여성이기 때문에 받아야 하는 질문이 있다. 소설에서 김지영 씨가 면접장에서 경험한 것처럼 남성에게는 성희롱에 어떻게 대처할 것인지 묻지 않지만, 여성에게는 묻는다. 직무 능력과 상관없는 질문을 하고, 가족사며 연애사며 심지어 옷차림

에까지 훈수를 두려는 사람이 많다. 그뿐인가. 여성을 배려한답시고 무례함을 과잉 친절로 포장하는 이들이 많다. 일일이 대응하기도 힘들고, 화를 내면 성깔 있다고 흉보고, 무표정하면 건방지다고 한다.

나는 82년생 김지영 씨 이야기를 들려주며, 왜 이 사회는 오랫동안 공무원을 하다가 정년 퇴임한 가장이나 기업 간부로 지낸 사람들이 치킨 가게를 하는 것에 대해서는 안타까워하면서, 대학까지 나온 여성이 마트 아이스크림 가게에서 일하는 것은 안타까워하지 않는지, 활발하게 일하던 여성이 출산과 함께 사회생활을 접고 집안일과 육아만 전담하는 것을 당연하다고 생각하는지, 여성의 공적 활동은 왜 '좋은' 남편과 그의 배려심 덕인지 모르겠다고 했다. 그렇게 나는 지영 씨에게 이 사회가 얼마나 여성에게 무례한지 성토했다. 그러자 그녀는 말했다. "젠틀맨 만세!"

지영 씨는 85년생이었다. 대학에서 미술을 전공했다. 딱히 그림이 좋아 선택한 건 아니었다. 어릴 때 부모님이 맞벌이를 하면서 집에 혼자 두는 것이 마음에 걸려 미술 학원에 보낸 것이 시작이었다고 했다. 입시 과정을 거쳐 대학에 입학했지만 원하는 대학은 아니었다. 졸업 후에 작가 어시스턴트로 1년 반 일을 하다 그만두었고, 아르바이트로 시작한 디자인 회사에 운 좋게 취직했다. 상품 디자인을 하는 곳이었는데 야근이 끊이지 않았다. 그래도 자신이 참여한 상품을 사람들이 들고 다니면 작은 성취감도 느꼈다.

그런데 회식 자리에서 팀장의 성희롱을 경험하고 고민에 빠졌다. 몇 달 후면 계약이 끝나고, 재계약 이야기가 나오던 때였다. 지영 씨는 조금만 참으면 계약을 연장할 수 있었지만, 그날 이후로 회사에 가는 일

《82년생 김지영》, 조남주, 민음사, 2016.

이 사회가 어떻게 여성의 삶을 지워가는지
왜 여성들에게 침묵하라고 강요하는지
묻는 것에서부터 변화는 시작된다.

이 불편했다고 한다. 결국 회사에 문제 제기를 했지만 돌아오는 반응은 싸늘했다. 혼자 인권위원회에 연락해보고 동료를 설득해보았지만 선뜻 나서는 이가 없었다고 한다. 그때 이곳에서 더는 일할 수 없겠다는 걸 알았다고 한다. 그리고 도망치듯 회사를 그만두었다.

김지영 씨는 미로 한가운데 선 기분이었다. 성실하고 차분하게 출구를 찾고 있는데 애초부터 출구가 없었다고 한다. 망연히 주저앉으니 더 노력해야 한다고, 안 되면 벽이라도 뚫어야 한다고 한다. 사업가의 목표는 결국 돈을 버는 것이고, 최소 투자로 최대 이익을 내겠다는 대표를 비난할 수는 없다. 하지만 당장 눈에 보이는 효율과 합리만을 내세우는 게 과연 공정한 걸까. 공정하지 않은 세상에는 결국 무엇이 남을까. 남은 이들은 행복할까.

이 부분을 읽어주었더니 지영 씨는 버럭 화를 냈다. "그 xx들, 행복하냐?"라며 허공에 대고 말을 했다. 나도 그녀를 따라 "그 xx들, 행복하냐?"고 화를 냈다. 우리는 한참 웃었다.

우리는 진로나 꿈이 어떤 직업을 얻어야 하는 것이라고 배워왔다. 여자는 결혼을 하면 잠시 그 일을 접었다가 다시 복직하는 일이 불가능하다는 것도 배웠다. 경력은 모이고 쌓이는 게 아니라, 굴절되고 늘 시작점으로 돌아가는 도돌이표 같다. 주변에 결혼하는 친구들이 늘어나고, 여자 선배들이 별로 남아 있지 않다는 걸 느꼈을 때 외로움과 두려움이 몰려왔다. 나는 다른 삶을 살 수 있을 거라고 생각했지만, 거부할 수 없는 흐름 속에 다시 휘말리는 것 같다고 했다.

"아이를 낳았다는 이유로 관심사와 재능까지 제한받는 기분이었다. 설렘은 잦아들고 무기력이 찾아왔다." 이 구절을 들려주자 지영 씨는 한동안 말이 없었다. 갑자기 지영 씨는 지금 몇 시인지 물었다. 우리는 자리를 정리했고, 연락처를 묻지 않았다. 짧은 포옹과 "만나서 반가웠다"는 말이 우리의 마지막이었다. 몇 주가 지나고, 페이스북에 메시지가 남겨져 있었다. 지영 씨였다. 그녀에게 새로운 꿈이 생겼다고 했다. 나는 그녀에게 안부를 물었지만, 꿈이 무엇인지 묻지는 않았다. 그저 언젠가 다시 만나자는 답신만 보냈다.

내가 만난 김지영

공원에서 만난 김지영 씨는 가상의 인물이다. 하지만 이 안에는 주변에서 만났던 다섯 여성들의 삶과 이야기가 들어 있다. 원고 청탁을 받고 글을 쓰는 동안 《82년생 김지영》은 많은 이에게 회자되었다. 한 정치인이 대통령에게 선물해서 더 유명해지기도 했다.

오늘도 어딘가에서 김지영으로 살고 있을 사람들, 어쩌면 우리는 이미 알고 있었는지도 모른다. 제 나름대로 김지영과 다른 삶을 살 거라고 기대했지만, 다시 보통의 존재로 살아갈 수밖에 없었던 순간에 김지영을 읽고 있을 것이다. 내가 보는 《82년생 김지영》 또한 특별하지 않다. 그저 그렇게 동시대를 살아가지만, 서로 알면서 모른 척했던 여성의 삶이다. 너무 익숙해서 일상이 되어버렸고, 그렇게 살아야 한다고 생각했던 것이 어느덧 삶의 양식으로 굳어져 버렸나.

소설에서 김지영 씨는 자신을 향해 "맘충"이라고 하는 소리를 듣는다. 30년 넘게 자신을 드러내서는 안 되고, 침묵해야 하며, 부조리에도 눈을 감으면서 살아온 삶에 대해 회의감이 몰려왔을 것이다. 열심히 살았지만, 결국 세상은 벌레라고 손가락질하고, 벌레가 된 자신을 직면하고 살아가란다. 참 가혹하다. 그런데 김지영 씨의 남편은 지영 씨의 증상을 도무지 이해하려 하지 않는다. 빙의, 주사, 육아 우울증처럼 병리적인 존재로 받아들이지 않으면 이해 불가능한 존재다.

비정상적인 존재로만 여성은 세상에 모습을 드러낸다. 그래서 김지영 씨는 비정상적인 것을 정상적인 것으로 바꾸기 위해 병원에서 치료를 받는다. 치료를 받아야 할 대상은 지영 씨가 아니라 오늘날 '김지영'을 만드는 사회 자체인데도 말이다.

이미 유명한 책을 대통령에게 권하는 이유는 바로 이 때문이다. 대통령이 관심을 보여야 할 것은 '김지영' 씨의 삶뿐만 아니라, 오늘도 어딘가에서 김지영처럼 살아갈 사람들과 이 이야기에 침묵으로 응답하는 사람들이다. 나는 대통령 한 사람이 오랜 제도와 관습에 기생하는 가부장제, 여성 혐오, 일상을 빼앗긴 여성들의 삶을 한 번에 해결할 수 있을 거라고 생각하지 않는다. 그럼에도 대통령은 이 사회가 어떻게 여성의 삶을 지워가는지, 왜 여성들에게 침묵하라고 강요하는지 묻는 사람이길 바란다.

'82년생 김지영'은 익숙한 한국 여성의 삶을 낯선 방식으로 사유하게 한다. 변화를 희망하는 그 자리에서 이 책은 주요한 텍스트가 될 것이다. 《82년생 김지영》은 서른 중반을 넘긴 여성의 생애를 다루지만 그녀의 삶에서 파생된 사람들과 문화는 한국 사회의 이면을 조명한다. 그녀의 어머니와 가족, 시대 문화, 직장, 동료 문화 등 그물망처럼 뻗어 있다. 여성들이 하루하루 어떤 차별과 폭력을 경험하는지 김지영의 어린 시절부터 현재까지 추적해보자. 초등교육 내 성차별, 취업, 노동, 출산과 육아, 경력 단절, 일자리 정책, 몰래카메라 등 곳곳에 사회적 난제를 풀 수 있는 열쇠가 숨어 있다. 만약 우리가 김지영 씨의 삶을 모티브로 정책을 만든다면? 30대 여성의 삶뿐만 아니라, 한 세대의 삶에서 파생된 수많은 문제를 풀고 바꾸어나갈 수 있다.

지난해 여성주의에 관심을 보이는 사람들이 눈에 띄게 늘었다. 여성주의 도서가 출판계를 휩쓸었을 만큼 성 평등에 대한 사회적 요구는 앞으로도 높아질 것이다. 여성들이 《82년생 김지영》에 보내는 공감은 새로운 변화의 시작이다. 새로운 대통령은 이런 변화의 자리를 삭제하지 않고 함께 걸어주는 사람이면 좋겠다.

《노오력의 배신》, 조한혜정·엄기호 외, 창비, 2016.

한동안 한국 사회를 강타한 키워드 '노오력', '노답', '헬조선', '○○충'을 중심으로 청년 세대의 문화 지형을 그린 책이다. 답이 없는 사회에 맞서 '전망의 부재'의 기원을 일상에서 탐구한다. 11명의 현장 연구자와 수많은 청년이 참여했고, 스스로 삶을 진단하고, 기록하고, 해석한 책이다.

《가난을 팝니다》, 라미아 카림, 박소현 옮김, 오월의봄, 2015.

'그라민 은행'으로 유명한 방글라데시의 빈민 구제 프로그램은 빈민들에게 소액 대출을 해주고, 그 돈으로 여성들이 사업을 해서 가난에서 벗어날 수 있다고 선전했다. 그러나 실상은 달랐다. 높은 상환율을 달성하기 위해 빈민가 여성들은 서로를 감시하고, 마을에서 쫓겨나고, 부채에 시달렸다. 성공 신화 이면에 가려진 서민 금융 대출의 실제 이야기. 이 이야기는 한국의 이야기이기도 하다.

차별이 가득한 대학에서
교육 공공성을 바랄 순 없다

18

천정환

성균관대
국어국문학과 교수

제목에서부터 드러나듯 이 책은 오늘날 한국의 대학들이 앓고 있는 수많은 병증 중에서 주로 두 가지를 다룬다. 바로 '지방대'와 '시간강사'이다. 결합된 두 가지 키워드는 이중의 결박, 이중의 착취를 감당해야 하기에 삶의 존엄을 도저히 지킬 수 없는 존재를 표징한다.

저자 김민섭은 연세대 원주캠퍼스에서 박사과정 학생으로서 대학원 조교와 시간강사로 일하다가 자진 퇴교하여, 현재 대리운전 기사 겸 작가로 살아가고 있다. 2014년 9월부터 인문학 대학원생에 대한 열악한 처우와 시간강사의 노동 환경을 고발하는 '나는 지방대 시간강사다'를 연재해서 시중의 뜨거운 반응을 얻었지만 학교를 떠날 수밖에 없었다. 저자 스스로가 제기한 비판이 결코 어떤 개인들의 선악이나 잘못이 아닌 '구조의 문제'라 강조했는데도, '내부' 사람들은 '배신'이나 자신들에 대한 비난으로 느꼈기 때문이다. 그는 '추방된 내부 고발자'가 된 셈이다.

'지잡대' 그리고 '대학 가업'

'지잡대'라는 말은 2000년대 후반 즈음(2006~2007년경으로 추정) 생겨났다. 이 말은 오늘날 '신자유주의 대학 체제'에서 지방대학의 안타까운 처지를 가장 모욕적으로, 2000년대 세대의 '까칠한' 정동(情動)을 반영하여 표현한 것이다. 이 인정사정없는 말은 누구나 다 아는 단어가 되었다.

대학 서열 체제가 오히려 더 공고화되면서 이제 지방대에 다닌다는 것은 스스로에 대한 모욕감과 함께 '무능하다', '공부를 못한다'는 사회적 낙인을 감내하는 일이 되어버렸다. 그래서 수많은 지방대 학생들이 학벌 사회에서 조금이라도 나은 '등급'을 갖기 위해 다시 수능을 보거나 학사 편입 시험을 친다. 또는 지방대 졸업장을 들고 오랜 시간 취업 시장을 방황해야 한다. 그 사회적 비용과 개인적인 낭비는 실로 이만저만한 게 아니다.

왜 그렇게 되었을까? 지난 10년 이명박·박근혜 정부의 정책이 역효과를 거둔 면도 있지만, 더 근본적으로는 돈·인력·문화 등 이 나라의 모든 자원과 권력이 서울과 수도권에 집중된 상태가 함께 얽혀 있기 때문이다. 신자유주의의 흐름은 대학을 예외로 하지 않아 무한 경쟁과 기업 논리가 대학을 지배하게 되는 동안, 지방대의 위상은 더 낮아졌다.

이제는 사립대학에 비해 상대적으로 나은 교육 인프라나 좋은 전통을 지닌 지방 거점 국립대('지거국'이라 불린다)의 위상도 거의 모든 '인서울' 대학보다 낮다. 그리고 '지거국'의 학생들도 취업 시장에서 차별받고 있기 때문에 아예 1학년 때부터 학과나 전공과 관계없이 9급 공무원

시험에 매달리는 학생들이 적지 않다. 몇몇 공기업이나 서울의 대기업이 할당제 같은 것을 통해 지방대 학생들에게 취업 기회를 주지만, '언 발에 오줌 누기' 이상이 될 수 없다.

그래서 문재인 정부가 공약한 '국공립대 네트워크'는 환영할 만한 것이다. 이는 지역 거점 국립대를 집중 육성하고 국공립대의 연합체를 통해 대학 서열화를 해소하겠다는 내용을 갖고 있다. 그런데 당장 이에 대한 반응은 엇갈린다. 경향(京鄕)의 사립대, 특히 존폐의 위기를 느끼는 지방 사립대학들은 거세게 반발할 가능성이 높다.

그러나 문재인 정부는 고등교육 정책의 기본 노선과 철학으로서 '교육 공공성'의 기치를 꼭 붙잡고 앞으로 나아가야 한다. 참여정부가 겪은 가장 뼈아픈 대목 중 하나가 사학법 개정의 실패였음을 문 대통령도 기억하고 있을 것이다. 그때 박근혜와 한나라당뿐 아니라, 한국의 사학을 운영하는 기독교 등 종교계 대부분과 기득권 세력이 반대 행동에 나섰다. 그들은 사학 재단을 마치 불가침의 신성을 가진 듯한 사유물로 간주하고, 다양한 수준의 전횡을 일삼았다.

근래 세간에 알려진 서울대와 이화여대 등 주요 대학에서 일어난 분쟁이 학교 당국의 불통과 관료주의 때문에 빚어진 일임은 비교적 알려져 있지만, 사람들의 관심권에서 벗어나 있는 지방대학이나 작은 대학에서 벌어지는 일들은 실로 기막힌 것이 많을 것이다. 2017년 6월 9~10일에 이화여대에서 열린 심포지엄 '대학 인권과 민주주의: 대학 공공성과 자율성 회복을 위한 촛불들'(주최: 인문학협동조합·민족문학사연구소)에서 상지대 정대화 교수는 수십 년간 이어진 상지대 이사장(때로는 총장)과의 지난한 투쟁을 소개하면서 웃지 못할 농담 한마디를 했다. 님들은

'대학 기업'을 비판하지만 '대학 가업'이 된 일부 지방 사립대에 소속된 사람들은 '기업처럼이라도 (최소한의 합리성을 갖고) 대학 운영을 하면 좋겠다'는 바람을 가지고 있다는 것이다. '교주'와 그 가솔의 전횡이 도저히 대학이라 볼 수 없는 기기묘묘한 봉건적이고 부끄러운 행태로 전개되고 있다는 뜻이다. 거기서 인사와 재정에 관한 어떤 비리와 부정이 저질러지고 있을지 짐작조차 하기 힘들다.

노동권 무법천지에서의 조교와 시간강사

많은 독자는 이 책에서 저자가 맥도날드에서 일한 경험과 대학 조교로 일한 경험을 대조하는 장면을 가장 충격적으로 받아들인다. 싸구려 음식을 만들어 파는, 세계적으로도 이미지가 나쁜 기업의 대명사처럼 된 기업에서도 지켜지는 노동권이 한국의 대학에서는 무시되고 있기 때문이다. 대학만이랴마는 이제껏 노동권에 관한 한 한국 대학은 무법천지, 치외법권 지대라 해도 과언이 아니다. 한국 대학에는 크게 세 가지 범주의 비정규직 노동자가 있는데, 이 글에서는 지면의 제약과 내 지식의 한계 때문에 두 가지 범주만 주로 다룬다. (이 글에서 다루지 못한 범주는 조리사, 사서, 영양사, 시설 관리자, 청소 노동자 등 학교 내 다양한 서비스 직종의 비정규직 노동자이다.)

첫째, 대학원생을 포함한 학생이다. 일부 대학들은 학생들의 신분과 정체성을 교묘하게 악용한다. 대학원생들은 연구자/교수가 되기 위해 공부하는 학생이면서 동시에 수업이나 교육행정 업무를 분담하는 노동자이다. 학부생인 '근로장학생' 또한 학생이면서 (대학 안에서) 아르바이트를 하는 일종의 노동자인데, 대부분의 대학은 그들이 하는 노동에 대해 쥐꼬리만큼의 보상을 장학금 형식으로 주고 만다. 이는 근로기준법을 준수하고 노동권을 지켜주어야 할 의무를 피하는 좋은 수단이 된다. 그렇게 할 수 있는 이유는 그들이 학생 신분이기 때문이다. 조교 대학원생뿐 아니라 근로장학금 명목으로 주어지는 거의 모든 관행이 착취를 기반으로 한다.

2017년 초에는 동국대 대학원생들이 근로기준법 위반으로 총장을 고발하는 일이 벌어졌다. 동국대에서는 10년 동안 대학원 등록금이 30퍼센트 올랐는데, 조교 월급은 언제나 그대로였다고 한다. 동국대만의 문제가 아니다. 성균관대에서는 학생 수가 줄었다는 핑계로 90만 원가량 되는 조교 월급을 깎았다가 조교들이 항의하자 되돌려주는 일이 있었다. '벼룩의 간을 내먹는다'고 할까? 재정적인 문제가 생겼을 때 가장 만만한 '을'의 월급을 건드리는 식인데, 이는 지난 9년간 많은 한국의 기업에서 해온 일이기도 하다.

둘째는 시간강사와 비정규직 교수이다. 가급적 '싸게' 사람을 쓰고 버리거나 돌보지 않는 대학의 풍토는 시간강사와 비정규직 교수에 이르러 그 본령에 이른다. 대학 비정규직의 문제는 한국 사회의 일반적 비정규직 문제 플러스알파이다.

박사급 인력은 "그나마 있는 '2년 후 정규직 전환'이라는 기간제법의 보호도, 기간제법 예외로 인한 혜택도 모두 얻지 못하는 '비정규직의 섬' 같은 존재"다. 기간제법 시행령에서 '기간제 근로자 사용 기간 제한의 예외'로 박사 학위 소지자를 의사나 변호사 등과 함께 기간 제약 없이 고용할 수 있는 직군으로 규정하고 있고, 박사급 인력은 정규직 전환에 대한 부담 없이 한 달, 1년 등 사용자 편의에 따라 마음껏 고용할 수 있기 때문이다.

2010년 이명박 정부는 그 정부가 한 일 전반이 그렇듯, 사기성 농후한 이유로 시행령을 개정했다. "전문 인력을 예외로 넣으면 정규직 전환 부담이 없으니 2년 내 해고할 일이 적어져 고용 안정에 기여할 것"이라나. 그러나 결과는 가뜩이나 불안정한 전문 인력의 고용 구조를 더 악화시켰다. 〈주간경향〉 송진식 기자에 따르면, 박사급 전문 인력에 대한 비정규 고용은 정부가 출연해 만든 연구 기관들에서도 예외가 아니며, 전문 인력 상당수가 근무하는 대학의 경우 비정규직 고용 실태가 더욱 심각하다. 2016년 '박사 조사'에 따르면 '학업에 전념한' 박사 취업자 중 54.6퍼센트가 대학에 재직 중인데, 박사급 연구 인력과 '시간강사'로 대표되는 비정규직 교수가 얼마나 낮은 임금과 각종 차별에 시달리는지 일일이 말하기 어렵다. 우선 인용문을 보자.

비정규직 전문 인력에 대한 급여나 처우도 낮다. 박사 조사 결과를 보면 학업에 전념한 박사 취업자 중 46.8퍼센트가 연봉이 3,000만 원 미만인 것으로 나타났다. 2,000만 원 미만인 박사 비율도 4명 중 1명꼴이었다. 정규직과 비정규직 구분 없이 이뤄진 조사인 점을 감안하면 비정규직 전문 인력의 연봉 수준은 더욱 낮을 것으로 추정된다. ㄱ씨만 해도 석사 취득후 강의와 연구직 등을 병행한 지 7년째지만 아직 연봉이 3,000만 원 초반대다. 동일한 업무를 하고 근무 시간도 같은 정규직에 비해 많게는 3배가량 적은 수준이다. ㄱ씨는 "유관성이 높은 연구 실적과 경력을 가지고 취

《나는 지방대 시간강사다》, 309동1201호, 은행나무, 2015.

아무리 노력해도 꿈에 다가가기 힘든
청년 세대의 좌절은 누구에게 책임이 있는가?
낮고 작지만 큰 울림으로 다가오는 목소리.

업을 해도 정규직 경력이 아니라는 이유로 경력도 인정받지 못한다"고 밝혔다.

— 송진식, '비정규직의 섬, 전문직 연구원', 〈주간경향〉 1229호, 2017. 6. 6.

여성 비정규직의 경우 더 많은 차별을 겪는다는 것은 그냥 짐작할 수 있다. 2016년 국정감사에서 더불어민주당 유승희 의원이 공개한 자료에 따르면, 2016년 7월 기준 정부 출연 연구원의 정규직 연구 인력 중 남성은 9,385명으로 87.5퍼센트인 데 비해, 여성은 1,344명(12.5퍼센트)으로 낮았다. 반대로 비정규직 비율은 여성 연구 인력이 50.5퍼센트로 남성(20.5퍼센트)보다 훨씬 높았다. 여성들이 직장 내에서 성추행이나 성희롱을 겪는 경우도 빈번하다고 한다.

이 같은 착취와 불평등으로 인해 한국 대학은 학문적 역량과 독자성을 잃어가고 있다. 몇 개 주요 대학 외에는 인문·사회과학 대학원 과정이 거의 폐지 또는 부실화되고 있다. 주요 대학도 유학을 가기 위한 중간 과정으로 치부되는 수준으로 전락하고 있다. 대학원 졸업자 수는 나날이 줄고 졸업자도 강의 자리를 찾지 못하거나 생계 곤란에 시달리고 있다. 그러자 비정규직인 강의 전담 교수, 초빙 교수, 연구 교수 등의 자리 경쟁도 치열하다.

이렇다 보니 절망적인 헬조선을 떠나 해외로 가는 인재들도 늘고 있다. 위 기사에 따르면 과학기술정책연구원이 발표한 '2015년 이공계 인력의 국내외 유출입 수지와 실태' 보고서 집계를 보면 외국에서 취업해 한국을 떠난 박사 학위 소지 이공계 기술 인력 수는 2013년 기준 8,931명으로, 2006년(5,396명)에 비해 65.5퍼센트나 증가했다. 스위스 국제경

영개발연구원이 매년 발간하는 '세계인재보고서'에서 조사 대상 국가 61개국 중 한국의 '두뇌 유출 지수'는 지난해 46위로 바닥권이다.

과연 한 사회나 대학이 지식 생산자들을 그리고 전문가이자 교육자인 존재를 이렇게 다루어도 될까? 과연 이런 나라가 망하지 않을 수 있을까?

대학 개혁의 주체 = 정부 + 당사자

문재인 정부 출범 이후 수많은 노동자와 시민이 '정규직화'에 기대를 걸고 있다. 대학 노동자들에 대해서도 '동일 노동 동일 임금'과 불안정 고용 상태를 해소할 최소한의 신분 보장이 가장 큰 두 가지 과제로 떠오르고 있다. 그런데 문제가 복잡하기 때문에 해법도 쉽지는 않아 보인다.

더구나 오늘날 한국 대학은 인구 절벽과 구조 조정 문제에 처해 있다. 그래서 "정규직 급여를 당분간 동결 내지 삭감해서라도 비정규직을 위한 재원을 만드는 동시에, 교육부가 강요해온 성과연봉제나 낡은 연공서열제를 극복하는 공정한 보수 체계의 틀을 짜는 등 교수 노동시장을 개혁해야 한다"는 서울대 김명환 교수의 말은 일리가 있다. 대학들이 처한 상황이 서로 다르다는 점도 중요하다. 일부 대학은 존폐 위기를 겪을 정도로 심각한 학령 인구 감소에 따른 위기를 겪지만, 그렇지 않은 대학도 많다. 교육부는 이런 상황을 세세히 알지만 그동안 비정규직 문제에 대해 관심을 갖지 않았다. 교육부야말로 교육 개혁의 적이 아닌지 의심하는 사람이 많다.

개혁 정책이 본격적으로 시작되기도 전에 기득권의 반발이 시작되었다. 적폐를 견제하기는커녕 적폐의 주요 당사자인 일부 교육부 관료와 교육계 전반에 퍼져 있는 '마피아'들의 힘은 강대할 것이다. 워낙 난마처럼 얽혀 있고 이해관계의 상충이 첨예한 것이 교육 문제이기에 '개혁'에서 필요한 모든 것, 즉 강력하고 단호한 리더십과 끈질긴 사회적 합의의 도출, 당사자들의 '아래에서부터의' 조직과 문제 제기 등이 필요하다.

이를테면 시간강사법 문제는 전국비정규교수노조와 전국대학강사노조로 대변되는 이해 당사자들의 의견이 다른 것도 문제라 한다. 이것이 빌미가 되어서 정치권이나 교육부가 '을'과 '을'이 싸우는 상황을 이용하거나 조장하고 부추기는 방식으로 사태를 방관해왔다고 들었다. 논란이 많은 시간강사법은 유예되었다가 2018년에 자동 시행될 예정이다. 남은 몇 개월간 개정하기 위해 노력해야 하고, 그래서 시간강사법에 대한 합의가 도출되어야 한다.

요컨대 대학 바깥에서는 대학의 경쟁력과 발전에 대한 새로운 사회적 합의가 필요하며, 고등교육법과 사학법이 개정되어 교주와 재단의 전횡을 제한해야 한다. 대학교수들도 나서야 한다. 대학교수의 정년 보장과 독립성은 원래 학문의 자유나 정치적 자유를 위한 것이지만, 권위주의와 성과주의 앞에서 거추장스러운 제도로 간주되어 파괴되고 있다. 교수 자신들의 책임도 크다. 정년 보장과 독립성을 월급쟁이로서의 안위와 개인주의를 누리는 데 써왔기 때문이다.

오늘날 대학에서는 교수들이 모임을 만들고 의견을 모아 표현하는 것 자체가 대단히 이례적이고 위험한 일처럼 여겨진다는 점에 주목할 필요가 있다. 교수회나 노조가 제대로 기능하는 대학이 몇 군데나 될까? 조장되는 불안과 파편화를 넘는 연대와 세밀한 조직이 필요하다.

고령화된 민교협이나 정규직 중심의 교수 노조를 발전적으로 해체하거나 혁신해서, 젊은 연구자들과 비정규직 교수들이 주축이 되고 연대할 수 있는 조직이 만들어져야 한다. 당사자들의 싸움이나 목소리가 없는 한, 문제 자체가 아예 가시화될 수 없는 파편화와 불통의 구조가 대학에 강고하다.

지금 대학이 앓고 있는 많은 문제를 걱정하는 사람들은, 학벌 차별은 물론 신자유주의적 경쟁 체제의 생산과 구성원에 대한 착취 등 모든 면에서 대학이야말로 "한국 민주주의의 적(앞에서 언급한 심포지엄에서 중앙대 김누리 교수의 발언)"이며 촛불로 마련된 지금의 상황이 대학의 교육 적폐를 고칠 마지막 기회라 입을 모은다. 문재인 정부는 고등교육 전반을 백년지대계의 관점에 입각해서 사회적 합의를 창출하고 대학을 공공화해야 할 의무를 갖는다.

어려운 환경에서도 청운의 뜻을 품고 대학에서 공부하고 학생들을 가르치다가 오히려 좌절하고 대학을 떠난 젊은이의 이야기가 담긴《나는 지방대 시간강사다》를 통해 대통령과 공무원들은 대학 개혁의 큰 방향을 잡기 바란다. 그것은 난마 같은 이해관계와 딜레마 속에서도 대학이 공공재여야 하며 교주나 대학 관료가 아닌 내부의 노동자·학생·교수 들이 인간다운 권리를 누릴 수 있어야 한다는 원칙에 입각해야 한다. '대학부터 다시' 이 나라는 나라다운 나라가 되어야 한다.

《기본소득이 세상을 바꾼다》, 오준호, 개마고원, 2017.

오늘날 기본 소득과 페미니즘은 가장 첨예하고도 뜨거운 화두이며, 평등하고 자유로운 세상을 만들기 위한 새로운 상상력의 엔진이다. 물론 둘 다 오랜 역사를 지닌 것이지만 '지금 여기' 한국의 상황에서 새로운 맥락을 얻고 있다. 기본 소득은 무엇보다 대안적, 보편적 복지 정책이다. 선별 복지의 결정적 약점인 수혜자의 인간적 모멸의 문제를 해결한다. 또 자기가 알아서 필요한 데 돈을 쓰기 때문에 기본 소득을 받는 사람들은 '복지 대상자'와 비교할 수 없는 자율권과 주체성을 갖는다. 그래서 기본 소득은 노동과 민주주의의 기초를 건드린다.

《모두를 위한 페미니즘》, 벨 훅스, 이경아 옮김, 문학동네, 2017.

책 제목대로 페미니즘은 '모두를 위한 것'이다. 여성과 성소수자에게는 물론 남성에게도 필요한 자유와 평등의 아이디어이다. 단지 양성평등과 반성폭력, 반성희롱을 위한 쟁론만이 아니라 대안사회를 상상하고 논하는 지적 원천이 페미니즘이다. 문재인 대통령은 '페미니스트 대통령'이 될 것을 선언하고 페미니스트 여성학자들을 중용했다. 여성들이 시민적 권리와 의무에 더 참여하도록 유도하고, 페미니즘을 현실의 정치에 연결하는 일은 언제나 큰 중요성을 가질 것이다.

상호 존중과 차이의 인정이
협상의 기본이다

표정훈
출판평론가

신뢰는 협상의 조건이 아니라 협상이 얻어야 할 결과다. 믿을 수 있는 사람과는 굳이 협상을 할 필요도 없다. 믿을 수 없기에 협상을 하는 것이고, 협상을 하면서 서로를 알고 약속을 지키면서 신뢰를 쌓아가는 것이다.

협상(協商)은 가장 넓은 뜻으로는 어떤 목적에 부합되는 결정을 하기 위하여 여럿이 서로 의논하는 것을 말한다. 이런 뜻대로라면 사람이 둘 이상 모인 곳에서 벌어지는 일 가운데 협상 아닌 것은 드물다. 이런 맥락에서 인간을 '협상하는 인간', 즉 호모네고티아투스(Homo Negotiatus)라 해도 지나친 말이 아니다.

한자어 '協商'에서 '協'은 '화합하다, 합하다, 따르다, 좇다, 적합하다' 등을 뜻한다. 힘을 모아 서로 돕는 협력(協力)이나 서로 마음과 힘을 합하는 협동(協同)에서 볼 수 있듯이 매우 익숙하게 일상적으로 쓰이는 한자이다. 여기에 '商'이 재화를 거래하는 장사를 뜻한다는 점에서, 협상이 사람들이 장사하는 것에서 유래된 말이라는 설도 있다.

그러나 협상에서 '商'은 '헤아리다, 짐작하여 알다'라는 뜻이다. 이는 중국어에서 상토(商討)가 '논의하다, 협의하다, 토의하다, 의견을 교환하다' 등을 뜻한다는 것에서도 알 수 있다. 글을 잘 쓰기 위한 방법으로 들곤 하는 '다독(多讀)·다작(多作)·다상량(多商量)' 중 다상량에도 그 뜻이 들어 있다. 상량(商量)은 '헤아려 깊이 잘 생각한다'는 뜻이다. '상(商)'의 이러한 뜻을 살린다면 협상은 둘 이상 여러 사람이 어떤 목적에 부합되는 결정을 하기 위해 함께 잘 헤아려 깊이 생각한다는 뜻으로 볼 수도 있다.

'협상하는 인간'에서 '앙탕트 코르디알'까지

우리 땅에서 근대적인 의미로 협상이라는 말이 쓰인 초기 사례로는 1897년 1월 15일자 〈대조선독립협회회보〉 제4호에 실린 기사가 있다. 기사 제목은 '土耳其問題와 列國協商이라', 즉 '터키 문제와 여러 나라의 협상'이다. 내용의 일부를 현대어로 바꾸어 살펴보면 다음과 같다.

> 근래 터키 문제가 세계의 이목을 집중케 하더니, 최근 러시아 황제가 관
> 례식 후 영국을 방문한 것을 계기로 영국, 프랑스, 러시아의 대(對)터키 정
> 책의 교섭이 마무리되어 11월 하순에 이르러 삼국협상(三國協商)이 ……
> 영국과 프랑스 정부는 각각 지중해 함대를 다르다넬스 해협에 집결시키고
> 또 러시아는 흑해 함대를 보스포루스 해협 입구에 집결시켜…….

여기에서 삼국협상은 제1차 세계대전 전 영국·프랑스·러시아 3국의 동맹 관계를 뜻하는 말로, 삼국협상이라는 이름의 구체적인 외교 조약이 아닌 3국의 협력 체제 자체를 가리킨다. 사실 외교 용어로서의 협상은 '화친 협력', '상호 이해', '심정적 우호 협력' 등을 뜻하는 프랑스어 '앙탕트 코르디알(Entente Cordiale)'을 번역한 말이다. '앙탕트 코르디알'은 근대 외교사의 특정 협상을 뜻하는 고유명사이기도 하다. 백년 전쟁 이래 역사적으로 갈등 관계를 지속해온 영국과 프랑스가 1904년 4월 8일 화친 조약을 맺은 사건이다.

　'영·프 평화협정'이라고도 하는 이 사건으로 양국은 전쟁이 아닌 외교를 통해 분쟁을 해소하는 원칙을 실현했고, 영국은 다자간 협력 체제에 적극 참여하는 계기를 마련했다. 양국은 실리적 이해관계를 충족시키는 방향으로 '협상'하여 소기의 목적을 달성했던 것이다. 이른바 제국주의 열강이 힘을 겨루는 시대에 외교 협상을 통해 공통의 이익을 도모하는 전례가 됨으로써, '앙탕트 코르디알'은 외교 용어로 폭넓게 쓰이며 자리 잡았다.

　영국의 외교관이자 정치인이며 비평가인 해럴드 니컬슨(Harold Nicolson, 1886~1968)은 협상을 "국가 간 견해와 이해의 유사성을 바탕으로 일정 문제에 관해 정책이 일치하는 것을 뜻하며, 동맹과 우호 관계의 중간에 위치한다"라고 정의했다. 글머리에서 살펴본 가장 폭넓은 맥락의 협상과는 대단히 다르다는 것을 알 수 있다.

냉정한 관찰과 뜨거운 교훈

참여정부에서 다양한 남북회담에 참여하며 실전 협상을 경험한 김연철 교수의 《협상의 전략》은 분야로 볼 때 역사와 정치 그리고 전략 실용서 등을 두루 겸한다. 시대로 보면 제2차 세계대전 직전 1938년 뮌헨 협상부터 현재진행형이라고도 할 키프로스 통일 협상과 미얀마의 소수민족 평화 협상까지 20세기와 21세기를 아우른다. 책이 다루는 20가지 협상의 성격도 (다양한 기준으로 분류할 수 있지만) 국가 간, 다자간, 국내 세력 간, 지역 역내(域內) 등 다양하다.

이러한 시대적 범위와 다루는 협상들의 다양한 성격에 걸맞게, 각 협상을 다루는 장(章)들은 하나의 독립된 소책(小冊)으로 간주하여 읽어도 무방하다. 특히 협상 자체의 세부적인 측면도 측면이지만 각 협상의 역사적, 정치적 배경을 충분히 해설하고 있는 점이 책의 중요한 미덕이다. 각 협상에 관한 다른 자료를 굳이 찾아 읽을 필요가 없을 정도로 친절하고 상세하다. 이에 따라 '현대세계협상대전(大全)'이라는 말이 적합한 규모와 편제를 갖추었다. 그 '대전(大全)'을 일이관지(一以貫之)하는 저자의 취지는 다음과 같다.

> 여전히 세계 곳곳에서 혹은 우리 사회에서 크고 작은 갈등이 그치지 않고 있다. 화해의 문을 지나 평화의 들판으로 나아가려면 우리는 '협상의 강'을 건너야 한다. …… 이제는 치유의 정치로 새로운 시대를 열었으면 한다. 차이를 인정하고 서로를 존중하며 함께 어울려 사는 협상의 시대 말이다.

주목할 점은 김연철 교수의 전반적인 집필 태도이다. 책이 다루는 협상들 대부분이 대립되는 논점이 분명하고 결과도 알려져 있다 보니, 자칫 어느 한쪽의 옳고 그름을 판정하고 때로는 그 선악까지도 판단하려는 유혹에 빠지기 쉽다. 저자는 그러한 유혹을 성공적으로 물리쳤다. 이러한 태도는 한국전쟁 휴전 협상과 한일 협정을 다루면서도 마찬가지다.

> 이론이나 사변보다 사물의 실제적인 진실에 관심을 기울이는 것이 낫다. 왜냐하면 많은 사람들이 현실 속에 결코 존재한 것으로 알려지거나 목격된 적이 없는 공화국이나 군주국을 상상해왔기 때문이다. 그러나 '인간이 어떻게 사는가'는 '인간이 어떻게 살아야 하는가'와 너무나 다르기 때문에, 일반적으로 행해지는 것을 행하지 않고 마땅히 해야 하는 것을 고집하는 군주는 권력을 유지하기보다 잃기 십상이다.
>
> ― 《군주론》, 니콜로 마키아벨리, 강정인·김경희 옮김, 까치.

마키아벨리가 《군주론》에서 위와 같이 설파한 바, 김연철 교수는 '이론이나 사변보다 사물의 실제적인 진실', '마땅히 해야 하는 것을 고집하는 것'보다 '일반적으로 행해지는 것을 관찰'하는 것에 집중한다. 요컨대 저자는 평화라는 이상에 점진적으로 접근하기 위한 가장 현실적인 전략을 추구하는 입장이다. 이러한 입장은 그가 남북회담이라는, 어쩌면 20세기와 21세기를 통틀어 가장 어려운 협상으로 기록될 만한 협상 현실을 경험했기 때문에 가능할 것이다. 협상에 대한 냉정한 관찰에서 뜨거운 교훈을 이끌어내는 것, 김연철 교수가 이 책을 통해 수행한 일이다.

동해에서 서해까지 길게 이어진 전선 지역에서 보병, 포병, 탱크 부대, 고사포 부대가 일시에 사격을 중단했다. 파괴적인 기계음들이 일시에 멎고, 화약 냄새가 여름밤의 서늘한 바람을 따라 흩어졌다. 전선 양쪽의 사람들은 그동안 들리지 않던 소리가 들리자 눈물을 흘렸다. 바로 풀벌레 우는 소리였다. 휴전회담을 시작한 지 2년 18일째 되는 날이었다.

역사적 협상들이 우리에게 말해주는 것

우리나라를 일컬어 경제적으로는 '소규모 개방경제' 노선을 걷는다고 말한다. 국제정치와 현대 세계사에서 한반도는 냉전 시대의 첫 열전(熱戰)으로 분단되어 지금까지 종전(終戰)이 아닌 휴전(休戰) 상태로 남아 있는 유일한 지역이다. 지정학적으로는 이른바 4대 강국의 전략적 완충지대로 일컬어지기도 한다. 경제·정치·안보 등 모든 측면에서 협상은 우리나라의 생존과 번영의 필수적인 통과의례가 아닐 수 없다.

《협상의 전략》에는 20가지 회담 각각의 교훈과 시사점이 풍부하게 제시되어 있다. 그 모든 것에 주목해야겠지만 그 가운데에서도 각별하게 되새겨볼 만한 것들, 의외의 교훈이라 할 만한 것들을 몇 가지 추려서 정리해보면 다음과 같다.

첫째, 열린 토론으로 집단적 사고의 위험에서 벗어난다. 쿠바 미사일 위기 당시 케네디 대통령의 자세다. 미 군부는 처음부터 선제공격을 주

《협상의 전략: 세계를 바꾼 협상의 힘》, 김연철, 휴머니스트, 2016.

가장 어려운 협상으로 기록될 만한
남북회담 협상 경험을 바탕으로
협상에 대한 냉정한 관찰에서
뜨거운 교훈을 끌어낸다.

장했지만 케네디 대통령은 군부의 주장을 받아들이지 않고 더 나은 대안을 찾기 위한 자유로운 토론 분위기를 이끌었다. 여러 정부 부처가 의견을 내고 상호 비판할 수 있도록 했으며, 여기에서 자신도 예외는 아니었다. 급박한 상황에서는 일사불란한 논의가 더 효율적이라고 생각하기 쉽지만, 새로운 정보를 통해 얼마든지 입장을 변경할 수 있는 분위기를 조성하고 다양한 선택지를 마련하며 가능성을 예측하는 것이 최선의 결과를 낳는다.

둘째, 차이를 존중하면서 명분과 실리를 절충한다. 리처드 닉슨과 헨리 키신저, 마오쩌둥과 저우언라이가 이끈 미·중 관계 개선 협상은 마지막 단계인 공동선언서 작성에서 큰 난관을 돌파해야 했다. 특히 타이완 문제를 둘러싼 입장 표현이 첨예한 주제였는데, 미국 측은 "다이완이 중국의 일부라는 점을 확인하고(acknowledge)⋯⋯"라는 표현을 제안했다. '인정한다(recognize)'라는 표현을 피했던 것이다. 이 밖에도 민감한 주제들의 표현을 절충하는 데 양측은 많은 공을 들였다.

그럼에도 입장 차이가 적지 않았기 때문에 조약이나 협정이 아니라 정치적 약속을 뜻하는 공동선언 형식을 취했다. 각자의 주장을 병기하되 세부 표현을 조정해 오히려 더욱 폭넓은 현안에 관한 입장을 담아냄으로써 향후 협상과 관계 증진의 디딤돌을 놓았던 것이다.

셋째, 협상의 성패는 섣불리 단정할 수 없다. 영국 체임벌린 수상이 나치 독일의 히틀러와 회담한 끝에 들고 온 평화선언 문서는, 제2차 세계대전 발발 이후 오래도록 실패한 협상의 대명사로 지목되곤 했다. 체임벌린이 유화정책을 편 뮌헨 협정이 제2차 세계대전의 포문을 열었다는 비판까지 받았다. 그러나 저자는 체임벌린의 책임을 일도양단(一刀

兩斷)식으로 물을 수 없다는 점을 지적한다.

체임벌린이 순진하거나 겁먹어서 혹은 용기가 없어서 유화정책을 취한 것이 아니라, 1930년대 영국이 직면한 상황의 산물이었다는 것이다. 정보 입수 실패와 판단 착오도 있었지만, 그의 유화정책은 싸울 힘을 기르기 위한 시간 벌기 차원에서 이해할 여지가 있다. 협상은 늘 빛나는 것이 아니며 수모와 굴욕으로 비칠 수도 있다. 그 성패는 장기적·중층적·종합적으로 판단해야 한다.

넷째, '실패한 협상'이 큰 성공의 디딤돌이 되기도 한다. 1985년 제네바 회담에서 미·소 양측은 별다른 성과를 거두지 못했지만 레이건 대통령과 고르바초프 서기장이 서로를 이해하는 계기가 되었다. '같이 일할 수 있는 사람'이라는 점을 인지했던 것이다. 1986년 레이캬비크 회담은 군비를 감축할 절호의 기회를 놓친 실패한 회담으로 평가받았다. 1987년 워싱턴 정상회담에서 양측은 드디어 1,000킬로미터가 넘는 모든 미사일을 폐기한다는 '중거리 핵미사일 협정'에 서명했다.

레이캬비크 회담은 지리멸렬했지만 그 과정에서 양측 전문가들은 전문가 토론과 기타 시간을 통하여 친밀감과 이해도를 높일 수 있었다. 또한 양측의 입장이 첨예하게 대립하는 가운데 서로 양보할 수 없는 수준이 무엇인지 분명하게 깨달을 수 있었다. 핵심 쟁점에 대해 솔직하게 직접적으로 대화했기 때문이다. 저자는 레이캬비크 정상회담이 일종의 심리적 전환점이 되었다고 평가한다. 이렇게 본다면 '완전히 실패한 회담'은 없다. 회담은 회담 그 자체만으로도 대단히 중요하다.

우리의 '협상 리더십'은 어느 수준인가?

책을 읽고 나면 저절로 떠오르는 질문이 있다. '우리의 협상 리더십은 과연 어느 수준인가?' 지난한 남북협상은 물론이거니와 다양한 수준과 성격의 안보 및 경제 관련 협상, 여기에 국내적으로 갈등하는 이익 집단 또는 세력 간의 협상에 이르기까지 그 정확하고 자세한 경과와 결과는 무엇이며, 거기에서 배울 수 있는 교훈은 또 무엇인지, 바로 이 점이 궁금해지는 것이다.

지난 10여 년 사이에 출간된 전통 왕조 국가 시대의 외교와 협상 리더십에 관한 책을 몇 권 떠올려본다. 《김춘추 외교의 승부사》, 《서희, 협상을 말하다》, 《고려 실용외교의 중심 서희》, 《서희의 외교 담판》, 《조선 최고의 외교관 이예》 등등. 조선의 광해군 시대 외교 노선에 관해 서술한 책들이 여러 권 있지만, 대체로 서희(徐熙, 942~998)의 외교와 협상 리더십이 가장 자주 조명되면서 각광받아온 것을 볼 수 있다.

단적으로 물어보자. 언제까지 서희인가? 물론 서희의 외교와 협상 리더십에서 오늘날의 우리가 귀감으로 삼을 만한 것들이 적지 않을 것이다. 어쩌면 실제로도 서희 이후 그 정도 리더십을 펼치며 성과를 거둔 인물을 찾아보기 힘들지도 모른다. 서희의 리더십을 오늘날의 현실에 비추어 재조명하는 작업은 앞으로도 이루어져야 할 것이다. 그럼에도 오늘날의 시점에서 우리는 되물어야 한다. 언제까지 서희인가? 바꿔 말하면 대한민국이 참여한 협상 경험을 자세히 리뷰하고 평가하며 교훈을 이끌어내는 '현대한국협상대전(大全)'은 언제쯤 볼 수 있을까?

그것이 여전히 어려운 까닭은 우리 현대사에서 협상이란 밀실·비밀주의, '안보상의 이유'나 '외교상의 이유', 정확한 기록의 부재, 책임지지 않으려는 자세, 정치적 이유, 미국에 대한 절대적 의존 등과 관련되면서 공개적으로 투명하게 객관적으로 조명·연구·평가되지 못하고 있기 때문일 것이다. 더하여 협상이라는 주제가 비즈니스 협상 노하우와 실무 능력 위주로 논의되는 분위기도 하나의 요인일 것이다.

어쩌면 우리는 협상 자체에서도 진정한 의미의 '전략적 접근'을 펼쳐본 경험이 드물지 않을까? 패권 국가들의 이른바 대전략(Grand Strategy) 수준의 규모는 아니더라도 우리만의 독자적인 한국 전략(Korea Strategy)을 모색하고 설정해본 경험이 사실상 없지 않은가. 김연철 교수의 《협상의 전략》은 그 내용이 제시하는 다양하고 풍부한 사례와 교훈뿐만 아니라 바로 이러한 질문을 던지게 만든다는 점에서도 대통령의 서재에 자리하기 마땅한 책이다.

《조약으로 보는 세계사 강의》, 함규진, 제3의공간, 2017.

인류 역사는 갈등과 전쟁의 역사이기도 하지만, 대회와 다협 그리고 조약의 역사이기도 하다. 인간은 동물과 달리 조약을 통해 갈등과 이익의 충돌을 조절하고 공동의 이익을 추구했다. 역사상 중요했던 조약에서 교훈을 얻지 못하면 갈등과 대립을 반복할 수밖에 없다.

《13일》, 로버트 케네디, 박수민 옮김, 열린책들, 2012.

저자는 케네디 대통령의 동생이자 법무장관이었다. 국가안전보장회의 주요 인사로서 쿠바 미사일 위기 종식에 결정적인 역할을 한 그는 당시 최고 결정권자들이 겪어야 했던 불안과 고뇌를 숨김없이 밝혔다. 위기관리와 극복의 지혜를 얻을 수 있는 책이다.

20

《열하일기》
이용후생의 정신으로 나라 안팎을 보자

이욱연

서강대
중국문화학과 교수

미국을 어떻게 대하고, 중국을 어떻게 대할 것인가? 이것은 사드문제로 인한 갈등과 북한 핵 위기 그리고 이를 둘러싸고 미국과 중국이 치열하게 수 싸움을 벌이고 있는 특정 시기, 특수한 상황에만 해당하는 고민이 아니다. 물론 그 고민의 강도는 다를 수 있겠지만, 앞으로도 상당히 오랜 기간 미국과 중국이 우리 삶의 상수일 수밖에 없다는 점을 감안하면, 이 나라들을 어떻게 보고 어떻게 대할 것인지에 대한 고민은 한국인의 숙명적 과제다. 국가 지도자나 정치인은 물론이고 모든 한국인에게 그렇다.

그 과제의 해법을 어디서 구할 것인가. 외교에 관한 이론에서 '지식'을 얻는 것도 방법이다. 하지만 나라 안팎의 과거 경험에서 '지혜'를 얻는 것이 더욱 중요하다. 실패의 경험이든 성공의 경험이든 우리 민족의 삶의 경험이 고스란히 녹아 있는 우리 역사보다 훌륭한 선생은 없다. 강대국의 존재가 오늘에야 비로소 한국 현실에 상수로 등장한 것이 아니라 늘 우리 역사의 상수였다는 점을 생각할 때 그렇다. 주변 강대국을 보는 우리의 고민과 우리의 눈 차원에서 연암 박지원(朴趾源, 1737~1805)의 《열하일기》를 다시 읽어야 할 이유가 여기에 있다.

연암이 청나라에 간 까닭은?

《열하일기》는 정조 때인 1780년에 당시 마흔네 살이던 연암이 중국(청나라)에 가면서 기록한 여행기로서, 우리 문학사에 길이 남을 산문문학의 정수이다. 우리는 《열하일기》를 주로 문학 작품 차원에서 읽지만 이에 못지않게 중요한 것은 이 책에 담겨 있는 청나라를 보는 연암의 형형한 눈이다. 청나라 기행이지만, 우리가 외국 여행을 가서 그곳의 문물을 대할 때 어떤 마음을 지녀야 하는지에 대한 풍부한 성찰을 제공하는 여행서의 전범이기도 하다.

우리는 시대와 특정 역사가 제공한 고정관념이나 편견 속에서 세상을 보곤 한다. 그런 우리에게 외국 여행은 우리의 사고와 시선이 하나의 편견이었다는 것을 깨닫는 기회가 되기도 한다. 연암의 청나라 기행이 바로 그런 외국 여행 경험에 해당한다. 연암에게 청나라 여행은 자신이 살고 있는 시대 대다수 사람이 가진 생각이 하나의 편견이라는 것을 발견하는 각성의 여행이었고, 개인에게는 물론 나라와 백성의 삶에 새로운 전기를 가져다주는 여행이었다.

연암이 청나라에 간 1780년은 명나라가 멸망하고, 청나라가 건국된 지도 144년이 되던 해다. 청에 가기 전에 연암은 이미 청에 다녀온 사람들을 만나면 꼭 물어본 것이 있었다. 무엇이 청의 장관이던가? 어떤 사람은 만리장성을 꼽았고, 또 다른 사람은 산하이관(山海關)을 들었다. 변발을 한 오랑캐 나라에 아무 볼 것이 없다고 말하는 이도 있었다.

드디어 청을 직접 보고 난 뒤에 연암은 청의 "정말 장관은 깨진 기와 조각과 냄새나는 똥거름에 있다"라고 말한다. 연암은 "깨진 기와는 천하 사람들이 버리는 물건"인데, 이를 버리지 않고 담을 쌓아 기와 구멍 사이로 영롱한 빛이 비치기도 하고, 마당에 깔아 땅이 질퍽거리지 않는 것에 주목한다. 그리고 말을 따라다니면서 말똥을 주어서 창고에 반듯하게 쌓아두고 이를 거름으로 쓰는 것에도 눈이 간다. 그러면서 연암은 이렇게 말한다.

> 나는 말한다. '기와 조각, 조약돌이 장관이라고. 똥거름이 장관이라고.' 하필이면 성곽과 연못, 궁실과 누각, 점포와 사찰, 목축과 광막한 벌판, 수림의 기묘하고 환상적인 풍광만을 장관이라고 말할 것이랴!

연암에게는 만리장성이나 사찰이 아니라 왜 깨진 기와 조각과 똥거름이 중국의 장관이었을까? 베이징까지 가는 길에 연암은 시종일관 청에서 어떤 것을 가져오는 것이 조선 백성의 삶에 이롭고 그들의 삶을 개선할 수 있을 것인지에 관심을 가졌다. 백성의 입장에서, 백성의 삶을 이롭게 하고 나라를 두텁게 하는 차원에서 청을 보았기에 깨진 기와 조각과 말똥에 눈이 간 것이다.

연암은 외국 문물을 대하는 자세에 대해 이렇게 말한다. "천하를 통치하는 사람은 진실로 인민에게 이롭고 국가를 두텁게 할 수 있는 것이라면 비록 그 법이 오랑캐에게서 나왔다고 하더라도 이를 본받아야 한다." 바로 이용후생(利用厚生)의 눈이다. 연암은 이것을 천하를 통치하는 사람이 지녀야 할 눈이라고 말하고 있다. 오직 백성과 나라의 삶을 기준으로 삼아서 천하를 보라는 것이다. 이 기준으로 명나라를 보고 청나라를 보면 다르다는 외침이다. 이용후생의 눈으로 외국을 대하자는 연암의 주장은 나라와 백성의 삶에 이로움을 기준으로 이념을 해체하는 실용주의의 눈이자, 이념이나 진리를 고정된 불변의 것으로 생각하지 않고 삶이 처한 지금 상황 속에서 진리를 찾는 실사구시(實事求是)의 정신이다.

조선 선비들과 연암이 청나라를 보는 차이

그렇다면 '삼류 선비'를 자처하는 연암과 달리 조선의 일류 선비들은 어떤 눈으로 청을 보았는가? 당시 나라를 좌지우지하던 지배층 선비들은 멸망한 지 136년이나 된 명나라를 여전히 숭배하면서 반청 북벌론을 외치고 있었다. 임진왜란 때 명나라가 피를 흘리면서 조선을 구해준 혈맹의 은혜, 이른바 나라를 다시 세워준 은혜인 '재조지은(再造之恩)'을 잊지 말아야 한다면서, 명나라의 원수를 갚기 위해 청나라를 쳐야 한다는 북벌론을 외친 것이다. 당시 지배층 선비들의 중화의식이 명나라를 시대나 삶의 상황에 상관없이 영원히 변하지 않는 진리로 섬긴 것이다.

이들은 청나라를 친다는 북벌론이 현실에서 실현 불가능하다는 것을 잘 알고 있었다. 그러면서도 자신의 정치권력을 유지하기 위해서 반청

숭명(反淸崇明)의 이데올로기로 백성을 세뇌하고 나라의 위기감을 조성했다. 도와준 은혜를 잊지 않는 것이 인간의 도리라는 대의명분을 앞세워 명나라를 섬겨야 한다고 백성을 현혹시켰지만, 기실 이들의 관심은 자신들의 경제적, 정치적 기득권에 있었다. 나라의 운명과 백성의 삶이 안중에 있을 리가 없었다.

명나라와 조선의 관계를 군신 관계로 보는 것도 모자라서 심지어 부자 관계로 여겼다. 군신 관계는 군자가 불의한 경우 의절이 가능하지만 부자 관계란 피로 맺어진 관계여서 떼려야 뗄 수가 없다. 당시 조선 지배층 선비들은 한 세기 전에 사라진 명나라를 아비처럼 섬기면서 조선을 자식의 처지로 격하시켰다. 이렇게 보면 이들이 정말로 멸시한 것은 청나라가 아니라 자신들의 나라인 조선의 존재감 자체였다.

조선 지배층 선비들이 자신의 기득권 차원에서 청나라를 보았다면, 연암은 백성의 삶을 기준으로 청나라를 보았다. 설령 오랑캐의 나라일지언정 이용후생의 눈으로 보자는 연암의 절규는 당시 오랑캐로 여기던 청나라와 문명의 중심으로 여기던 명나라를 동시에 염두에 둔 것이다. 연암은 그 눈이 천하를 통치하는 사람이 지녀야 할 눈이라고 말했다. 연암이 말한 청나라를 보는 이용후생의 눈은 연암의 시대에만 필요한 눈도 아니고 천하를 통치하는 사람에게만 필요한 눈도 아니다. 그 눈은 연암의 시대를 넘어 강국에 둘러싸인 우리 역사가 늘 새겨야 할 눈이자, 지금 이 시대 우리가 미국을 보고 중국을 보는 데도 절실하게 필요한 눈이다.

물론 무엇보다 천하를 통치하는 사람과 나라를 경영하는 사람이 우선하여 지녀야 할 눈이다. 조선시대 군수와 지배층, 지식인들이 명나라에 대한 재조지은의 망령과 사대주의에 빠져 백성의 삶을 보지 못한 역사적 잘못을 미국과 중국이 한반도에서 격돌하는 지금 한국에서 21세기 버전으로 되풀이하지 않기 위해서다.

이는 조선시대 지배층 선비들이 그랬던 것처럼 우리를 오직 강대국을 섬길 뿐인 초라한 존재로 만들면서 스스로 비하하는 어리석음을 다시 범하지 않는 길이기도 하다. 우리는 미국과 중국이 우리에게 얼마나 중요한지에 대한 강박관념을 갖고 있다. 그래서 우리 존재가 두 강대국 앞에서 늘 초라하다고 여기고, 자존감을 잃고, 두 나라만 쳐다보면서 우리 역할을 미리 포기해버린다. 미국과 중국의 세계 전략과 군사 전략 차원에서 한국이 얼마나 중요한 위치를 차지하고 있는지를 생각해보지 않는 것이다.

지정학적 조건으로 인해 우리나라가 두 대국 모두에게 중요한 존재라는 점을 새길 필요가 있다. 우리나라의 존재에 대한 자존감을 갖고서 미국과 중국을 맹목적 사대와 이념의 눈이 아니라 이용후생의 눈으로 보면, 두 나라는 우리에게 위협이 아니라 기회가 되고, 우리는 양자택일의 운명에서 자유롭게 된다. 미국과 중국만이 아니라 다른 어떤 나라와의 관계에서도 그렇다.

청나라를 보는 새로운 시각으로서 연암이 강조한 이용후생의 정신은 비단 외교를 위한 눈만이 아니다. 이용후생의 정신이 조선 후기 부흥을 이끈 실학파의 중상정책과 중농정책으로 연결된 역사가 말해주듯이, 이는 국제 관계를 처리하는 외교의 눈이자 백성을 위한 민생의 눈이다. 연암을 비롯하여 이용후생이라는 실용주의와 실사구시 정신을 지닌 당시 새로운 지식인들의 지적, 실천적 노력이 군주 정조의 지지를 얻으면

《열하일기 1》, 박지원, 김혈조 옮김, 돌베개, 2009.

오직 국민의 삶만 보고 변화하는 현실에서 진리를 구하는
이용후생의 실용주의와 실사구시 정신이
왜 소중한지 다시금 일깨운다.

서 조선이 갱신되고 백성의 삶에 새로운 전기가 생긴 역사를 되새길 필요가 있다.

이념은 소중하다. 삶과 세상을 이끄는 푯대이기 때문이다. 하지만 그 푯대를 추구하는 일이 물에 빠진 신발을 찾을 때 범하는 오류인 각주구검(刻舟求劍)이어서는 곤란하다. 현실이라는 강물은 끊임없이 흐르고 변하는데, 신발이 원래 빠진 곳을 배에 칼로 새기면서 푯대를 세우면 푯대는 지킬 수 있어도 신발은 건질 수 없다. 우리가 지금 건져야 할 신발은 오직 국민의 삶이다. 그것을 기준으로 삶아 이념의 푯대를 재구성하고, 현실의 삶이 처한 상황에 맞추어 푯대를 다시 세우는 것, 그 이용후생의 실용주의와 실사구시 정신은, 연암이 지금 우리에게 물려준 소중한 정신 유산이다.

오늘의 중국을 만든 덩샤오핑의 실용주의

중국 '개혁개방의 총설계자' 덩샤오핑(鄧小平, 1904~1997)이 중국과 중국 공산당을 혁신한 것도 실용주의와 실사구시 정신이었다. 마오쩌둥(毛澤東, 1893~1976)이 사망한 뒤 1978년 12월, 개혁개방 정책의 채택 여부를 두고 마오쩌둥을 계승하려던 세력과 개혁개방파 사이에 벌어진 이른바 '진리 기준' 논쟁에서 덩샤오핑은 "진리를 검증하는 유일한 기준은 실천이다"라는 논리로 반대파를 물리친다. 이념으로 현실을 재단하는 것이 아니라 현실에서 진리를 찾는 덩샤오핑의 실사구시 정신은 "검은 고양이든 흰 고양이든 쥐를 잘 잡으면 된다"는 실용주의 정신과 결합하여 중국의 새로운 시대정신이 된다. 이로써 중국은 마오쩌둥 시대를 마감하고 덩샤오핑 시대를 맞았고, 마침내 대국으로 성장했다.

덩샤오핑이 마오쩌둥 후계자들을 비판하는 논리로 실사구시를 사용했지만, 사실 실사구시는 원래 마오쩌둥이 가장 즐겨 사용한 단어이자 중국 공산당원에게 가장 강조하던 정신이다. 마오쩌둥은 혁명 과정에서 모든 공산당은 실사구시의 모범이어야 한다면서, 현실에서 출발하고 사물에 대한 구체적인 분석에서 출발하는 실사구시를 늘 강조했다. 마오쩌둥은 중국공산당 간부들을 교육시키는 중앙당교의 교훈도 실사구시로 정했고, 결국 마오쩌둥의 노선에 따라 혁명이 성공했다.

하지만 혁명이 성공하고 사회주의 정부가 수립된 이후 마오쩌둥은 현실보다 이념을 따르게 된다. 사회주의에 동조하지 않는 사람들이 다시 일어나 중국이 자본주의로 되돌아가는 비극이 벌어져 자신이 이룬 모든 것이 물거품이 될 수 있다는 과잉 우려, 하루빨리 사회주의 사회를 이루겠다는 조급함, 완전한 사회주의 유토피아를 건설하려는 갈망, 마오쩌둥 특유의 영웅주의 심리가 합쳐져서 실사구시 정신은 자취를 감추게 된다. 이념의 푯대가 거세게 나부끼고, 중국 인민을 끊임없이 좌파와 우파로 나누면서 잇달아 갖가지 정치운동을 벌인 마오쩌둥 시대에 중국 민중의 삶은 한없이 얇아지고, 민생은 파탄이 났다.

역설적이게도 마오쩌둥의 실사구시 정신이 실종된 자리에서 덩샤오핑은 마오쩌둥 시대를 청산하기 위해 그가 가장 소중하게 생각한 실사구시 정신을 들고나온다. 덩샤오핑은 "우리는 마오쩌둥 주석이 조성, 발전시킨 실사구시의 실천을 적극 추진해야 한다"라고 말하면서 마오쩌둥을 추종하는 반대파를 제압했다.

마오쩌둥 실용주의 사상의 계승자임을 강조하는 것에서 보듯이, 덩샤오핑은 때로는 정략적 차원에서 마오쩌둥에 대한 충성심을 보여주는 언급을 하고, 마오쩌둥의 정신에 관한 발언을 상투적으로 사용하면서 마오쩌둥을 추종하는 이들을 안심시켰다.

세계적으로 가장 널리 읽히고 있는 《덩샤오핑 평전》의 저자 에즈라 보걸(Ezra Vogel)의 지적대로, 덩샤오핑은 자신의 역할이 새로운 사상을 내놓는 것이 아니라, 새로운 시스템을 계획하고 추진하는 것이라고 생각했다. 그에게는 마오쩌둥과 같은 사상이 없었다. 다만 현실과 실천으로 이념의 진리 여부를 검증하는 실사구시와 이용후생의 실용주의 정신이 있었을 뿐이다. 그 실사구시와 이용후생의 실용주의 정신으로 중국이 대국으로 부활하고, 중국공산당이 중국인의 마음을 다시 얻었다.

백성의 시각에서, 변화하는 현실 속에서 사고하라

중국의 전통 지혜를 압축하고 있는 《중용》에서 핵심 개념은 '중(中)'이다. '중'은 명사적인 의미로서 '한가운데 중앙'을 의미하기도 하지만, 동사적인 의미로서 '가운데 중앙을 맞히다, 딱 알맞다'는 의미를 동시에 지닌다. 그 알맞음의 기준은 양극단의 평균적인 중앙이 아니다. 때〔時〕에 알맞고 적당한 '시중(時中)'의 정신이 바로 중용의 핵심이다. 시간을 떠난 진리는 존재하지 않는다. '중'은 고정되어 있지 않고 움직인다. 과녁은 바람에 따라서도 움직인다. 때와 바람을 비롯한 그 모든 것을 고려하면서 가운데 적중하는 것, 그것이 '시중'이다. 삶이 처한 상황을 중시하면서, 그 상황 속에서 시대에 충실한 것이 바로 중을 틀어쥐는 관건이다.

연암은 떨리고 설레는 마음으로 압록강을 건너면서, 도(道)를 다른 데서 구할 것이 아니라 경계(際)에서 구하라고 말했다. 연암이 보기에 진리란 경계에 있다. 그 경계란 단순히 둘 사이의 중간을 의미하지 않는다는 것은 자명하다. 연암의 뜻은 이용후생의 눈으로 '시중'을 사고하는 데 있다. 이는 연암이 명나라와 청나라를 보는 기본 자세이자 세상사를 보는 기본 시각이었다. 연암 박지원이 명나라를 숭상하면서 청나라를 오랑캐로 여기는 조선 지배층 선비들의 낡은 관념이 지닌 위선과 허위를 보는 동시에, 청나라가 머지않아 붕괴될 것이라는 놀라운 예지력을 가질 수 있었던 것도 진리를 백성의 시각에서, 변화하는 현실 속에서 사고한 때문이다.

전통시대는 물론이고 근대 이후에도, 우리는 곧잘 이념에 대한 과잉 강박 속에서 살아왔다. 그것이 외치는 물론 내치도 곤경에 처하게 하고, 그로 인해 국민의 삶은 도탄에 빠졌다. 외치와 내치 모두 곤경에 처한 지금, 지도자인 대통령은 물론이고 우리 모두에게 이념에 대한 과잉 강박에서 벗어나 오직 국민의 삶만 보고, 진리를 변화하는 현실에서 구하는 이용후생의 실용주의와 실사구시 정신이 절실하다.

《덩샤오핑 평전》, 에즈라 보걸, 심규호 · 유소영 옮김, 민음사, 2014.

덩샤오핑의 일대기가 아니라, 개혁개방의 총설계자라고 불리는 덩샤오핑이 개혁개방 정책을 추진하는 과정을 역동적으로 그리고 있다. 덩샤오핑이 중국 국민의 삶을 생각하는 실용주의와 삶을 기준으로 진리를 보는 실사구시의 태도로 개혁개방을 추진해가는 과정을 한눈에 볼 수 있다. 특히 개혁개방에 대한 확고한 신념 속에서 때로는 유연하게, 때로는 단호하게 정치적 반대파들에 대응하는 과정을 눈여겨볼 만하다.

《새로운 세대를 위한 사기》, 사마천, 김원중 옮김, 휴머니스트, 2017.

인간 삶보다 지도자에게 지혜를 주는 훌륭한 교과서는 없다. 사마천《사기》의 정수인 열전에는 정치인, 학자에서부터 군인, 협객까지 다양한 인간 군상의 다채로운 삶의 초상이 등장한다. 천하를 차지하고 경영하기 위한 숱한 삶의 고민, 영광과 비극을 볼 수 있고, 무엇을 위해서 살고 어떻게 사는 것이 역사적 삶을 사는 것인지에 관한 지혜를 준다.

위기 극복의 리더십은
현실에 발 디딘 공감 능력이다

21

하지현

건국대
의학전문대학원 교수,
정신건강의학과 전문의

20 17년 5월 9일 19대 대통령을 뽑는 선거가 있었다. 투표를 마치고 나온 유권자를 대상으로 여러 매체에서 새 대통령은 어떤 사람이면 좋겠는지 묻는 질문이 많았다. 반복해 나온 대답은 이렇다.

"상식이 통하는 대통령이 필요합니다."

"이제는 제발 정상적인 사람이 대통령이 되었으면 좋겠어요."

"보통 사람의 마음을 공감하고 이해하는 대통령이요."

탄핵 후 수감된 박근혜 전 대통령의 고립된 삶, 세월호 유가족을 한 번 보듬어주지 않은 공감 능력이 떨어지는 태도, 무슨 말을 하는지 이해하기 어려운 모호한 소통법, 그 외의 수많은 비상식적 판단과 행동이 다시는 반복되지 않기를 바라는 절실함이 묻어나는 답변이다.

'일반적 통념을 따르는 사람'이 이상적 지도자인가?

언뜻 생각하면 상식적인 판단을 하고, 정상적인 심리 상태를 유지하며, 타인과 잘 공감하면서 모두와 잘 지내는 소통 능력이 있는 사람이 우리의 대통령으로 어울린다고 여기는 것은 당연한 일이다. 100명에게 물어보면 99명은 고개를 끄덕일 것이다. 아니, 100명 모두 동의할 것이다. 하지만 꼭 그렇지만은 않다는 청개구리 같은 주장을 하는 학자가 있다.

사회 통념에 부합하는 품성을 지닌 지도자는 평화로운 때와 번영기에는 유능하고 성공적이지만 사회가 전쟁 등으로 위기에 빠졌을 때에는 무능력한 실패자가 되기 쉽다.

즉, 정상인이 사회 지도자가 되는 것이 가장 완벽하고 이상적인 해법이라는 기대는 반은 맞고, 반은 틀리다. 이런 주장을 한 사람은 미국 보스턴의 터프츠 대학 정신과 교수인 나시르 가에미(Nassir Ghaemi)다. 그는 양극성 정동장애(조울증) 분야의 세계적 석학으로, 나는 소개할 책을 읽기 전에도 이미 그의 이름을 알고 있었다. 그는 기분 장애의 주요한 증상 특성을 중심으로 역사 속 주요 리더들의 병력과 삶을 분석하여 《광기의 리더십》이란 방대한 책을 펴냈다. 그는 에이브러햄 링컨, 프랭클린 루스벨트, 존 케네디, 리처드 닉슨, 조지 부시 등 미국 대통령뿐 아니라 윈스턴 처칠과 토니 블레어 영국 총리, 마하트마 간디, 마틴 루서 킹, 아돌프 히틀러와 같은 세계적 지도자들의 삶을 심리학적 역사학의 개념으로 분석하면서 위와 같은 주장을 설득력 있게 제시했다.

가에미는 정신분석의 창시자 지그문트 프로이트의 마지막 제자 중 한 명인 로이 그린커를 인용해서 "일반적 통념에 따르는 사람"이라는 의미의 라틴어 호모클라이트(homoclite)를 정상적인 지도자를 지칭할 때 사용했다. 정신 건강은 통계적 평균값 안에 있는 표준을 갖고 있고 질병적 징후가 없는 정상성을 가질 때 정의할 수 있는데, 이들은 멍청하지는 않지만 위기 상황이나 급작스러운 환경 변화에 취약할 수 있다고 주장하며 나치즘에 대한 처칠과 체임벌린의 대응을 비교했다.

체임벌린은 총리로 재임하는 동안 정상적으로 평화롭게 외교적 경로를 통해 나치 정권과 협상했지만 결국 전쟁에 돌입할 수밖에 없었다. 그는 전쟁 전에는 뛰어난 총리로 평가받았지만 전쟁이 시작된 후에는 그렇지 못했다. 반면 처칠은 여러 가지 약점을 갖고 있었음에도 탁월한 리더십으로 독일과의 전투에서 승리하는 데 결정적 판단을 할 수 있었다. 개인으로 보자면 처칠보다 체임벌린이 훨씬 정상성의 기준에 맞지만 "위기의 폭풍우 속에서 완벽하게 제정신인 리더십은 우리의 길을 잃게 했지만, 약간의 광기를 띤 리더십은 우리를 항구로 안내했다"고 가에미는 말한다.

위기 상황, 정상성 안에서만 살아온 경험이 최선은 아니다

한편, 가에미는 최근의 리더 중 한 명으로 아들 조지 부시 대통령을 상세하게 소개한다.

조지 부시는 아버지가 대통령인 유복한 상류층 가정에서 태어났다. 최고의 사립학교인 필립스 아카데미를 거쳐 예일 대학을 졸업했다. 그는 사교술이 좋았고, 경쟁자들이 머리가 나쁘다고 비난했으나 성적도 평균 이상이었다. 종교적으로 신앙심이 깊었으며 평온한 성격을 지녔다. 그는 21세에 음주 운전으로 체포된 적이 있고 일부에서는 그의 알코올 의존증을 비정상성의 징후로 지적하지만 40세 생일 이후 금주를 유지한 의지력의 소유자였다. 그는 텍사스에서 사업에 성공하여 부자가 되었고, 아내는 사서로 일을 하며 두 딸을 키우는 안정적 생활을 했다. 그러다가 자연스럽게 정계로 진출했고 결국 대통령이 되었다. 그의 삶은 전형적인 호모클라이트의 사례다. 이런 사람은 실패를 경험하지 못했기 때문에 실패를 통해 배운 것도 없다. 고통 받은 적도 별로 없어 그런 이들에 대한 공감 능력이 적을 수밖에 없다. 또 대부분 안락하게 살아왔기에 위험을 인식하고 적절히 대처할 줄도 모른다. 즉, 친구로는 좋지만 지도자로는 위험하다.

그 증거가 바로 2001년 9·11 사태 이후 조지 부시의 대처였다. 부시는 그들이 우리를 공격했으니 우리도 반격해야 한다는 매우 상식적이고 정상적인 대응을 결정했다. 그러나 상황의 통합적 복잡성을 통찰하지 못한 채 단순화한 결과, 이라크 침공을 정당화하며 추가 파병과 장기 주둔으로 이어지게 했다. 결정 과정 하나하나를 보면 지극히 정상적이고 상식적인 판단의 흐름이었다. 그러나 미국 사회 전체가 이라크와 아프가니스탄 파병으로 사회적 어려움을 겪었고, 거기에서 제대로 빠져나오는 것조차도 힘들어지는 결과를 얻었을 뿐이다. 이처럼 큰 어려움 없이 평균과 정상성 안에서 살아온 사람이 위기 상황에는 도리어 좋은 결과를 내지 못할 수 있다는 것이다.

제2차 세계대전이 끝난 후 뉘른베르크 재판에서 연합국이 24명의 나치 지도자들을 2년에 걸쳐 심리검사와 면담을 통해 판단한 바 이들이 모두 정신적으로 건강한 정상인이라는 결론을 내린 것과 일맥상통한다. 그들은 주어진 역할에 갈등 없이 최선을 다해 해냈을 뿐이다. 이들은 이상주의적이고 세상과 자신에 대해 지나치게 낙관적인 경우가 많다. 자기 과신을 하다가 그르치지만 위기가 없을 때에는 그런 태도가 주변의 비판을 견디게 해준다. 특권층 출신인 경우가 많고, 어려움을 겪지 않았고, 자신이 남들보다 우월하다고 여기며, 과거가 자신에게 이로웠기 때문에 과거를 지키려는 보수적 경향이 강하다.

이때에는 정신 질환의 흔적이 있거나 그런 경험을 해본 사람 혹은 그 경험을 통해 성격 특성의 일부가 강력해진 사람이 위기 상황을 잘 이끌어낼 수 있다. 가에미는 조증과 우울증 같은 정신 질환의 특성 중에 창의성과 현실주의, 공감 능력, 회복력을 뽑아내어 이 특성을 정상적인 사람보다 더 많이 가지고 있는 리더들이 위기 상황에는 더 어울리는 사람이라고 했다. 위의 네 가지 성향은 모두 우울증에 동반되고, 창의성과 회복력은 조증과 함께 나타나는 특성이다. 평상시 이들의 삶에서는 개인적인 약점일 수 있는 것들이 바로 그들이 가진 힘의 비결이 될 수 있다는 것인데, 이 네 가지 특성이 어떤 사람에게서 두드러지게 나타났는지 저자의 분석을 한번 보도록 하자.

창의성, 현실주의, 공감 능력, 회복력을 갖춘 리더십

CNN 설립자인 테드 터너(Ted Turner)는 앞에 소개한 조지 부시와 비교할 수 없는 문제아였다. 여러 학교에서 쫓겨났고, 아버지는 아늘에게 힘든 일을 시키고 때리기 일쑤였다. 아버지의 강요로 브라운 대학에 들어갔으나 결국 중퇴하고, 20대에 과속 난폭 운전으로 기차와 부딪힐 뻔한 적도 있다. 그는 늘 힘이 남아돌고 끊임없이 움직이고 생각하는 조증과 유사해서 한때 리튬이란 약을 복용하기도 했다.

터너는 1년의 운영자금밖에 없으면서도 24시간 뉴스만 송출하는 CNN이란 당시로는 파격적인 방송국을 설립했다. 일단 주목을 받으면 그다음에 광고나 유선방송, 투자로 돈은 생길 것이라 기대했다. 그는 "하나의 문제에 직면하면 항상 새로운 각도와 접근법을 찾는다"라고 이야기했는데, 남들이 기회를 보지 못했거나 망설이던 부분에 과감히 들어갈 수 있는 것이 바로 창의성의 힘이다. 이렇게 해서 그는 새로운 개념의 시장을 만들어냈는데, 이를 확산적 사고(divergent thinking)라 정의한다.

확산적 사고는 정상의 틀 안에 있는 사람이라면 생각해내지 못하거나 망설이고 실행하기 어려운 것을 해낼 수 있는 능력이다. 한 가지 문제에 대해서 독특한 답을 많이 산출해내며 '문제를 해결하는 것보다 해결할 적절한 문제를 발견하는 것'이 창의성이다. 조증 환자처럼 좌충우돌하며 자유로운 사고를 할 수 있어야 가능한 일이다. 더욱이 이들은 남이 보지 못할 정도로 넓게 생각하는 능력이 있어서 대부분의 사람이 보지 못하는 멀리 떨어진 것들 사이의 공통점을 찾아내곤 한다.

두 번째 특성은 현실주의다. 대부분의 정상인은 실제 객관적인 것보다 자신을 낙관적으로 과대평가하는 경향이 있다는 것은 많은 사회심리 실험에서 반복해서 검증된 사실이다. 그에 반해 심한 우울증이 아닌 약간 우울한 사람의 비관적 태도는 도리어 그 과대평가의 수준을 조금 낮춰서 객관적으로 정확하게 자신과 상황에 대해 평가하도록 돕는다.

정상적인 사람은 비현실적 낙관주의를 통해 자신의 심리적 안정을 유지할 수 있다. 그러므로 이런 약간의 과대평가 경향, 즉 '근거 없는 자신감'은 대개의 사람들에게 정신적으로는 좋은 요인이다. 하지만 수많은 사람의 목숨이나 국가적 중대사가 걸린 상황에 정확한 판단을 해야 하는 리더의 경우라면? 이때 과대평가 경향과 낙관주의는 위험한 결정을 내리게 할 가능성이 있다.

영국의 수상 처칠은 여러 번의 심한 우울 증상을 경험했다. 반면 기분이 고양된 시기도 있어서 에너지가 올라갈 때에는 수많은 편지와 책을 쓰고 하루에 100가지 아이디어를 낸 적도 있다. 그는 1940년 영국이 독일과의 전쟁에서 수세에 몰려 역경에 처했을 때 우울증으로 깊은 절망을 경험했기 때문에 국민을 설득해서 전쟁을 버텨내고 싸워나갈 수 있었고, 상황에 대해 현실적인 판단을 할 수 있었다. 그에 앞서 총리를 지낸 체임벌린은 설득을 통해 나치와 외교적 해결이 가능하다는 낙관적 믿음을 갖고 있다가 낭패를 보았다.

링컨과 처칠은 전쟁을 피하기보다 불가피하다는 결론을 내리고 대처했는데, 이는 그들의 '우울증적 현실주의'에 기인한다. 링컨 대통령도 젊은 시기에 심한 우울증을 여러 번 경험해서 "나는 살아 있는 사람 중에 가장 비참한 사람이다"라고 쓰기도 했다. 그 경험에 기반해서 철저한 현실주의적 태도를 가질 수 있었고, 노예제 폐지는 공감하고 동의했지만 현실주의적 태도로 급진적 폐지론을 지지하지는 않았다.

간디도 심한 우울증을 여러 번 경험했는데, 이 과정에 공감 능력이 발달했다. 그는 적의 심리 상태를 이해하고 느낄 수 있게 되면서 이성적 정당성과 정의가 그들을 변화시키지 못하지만 자신들이 고통을 겪음으로써 그들을 변화시킬 수 있다는 것을 깨닫고 비폭력 저항을 시작했다. 그는 안락한 삶을 포기하고 물질적 풍요를 거부한 수행자가 되어 철저히 사람들의 공감을 불러일으켰다. 그는 한계 없이 무한히 지속적인 공감을 할 수 있는 성자와 같은 반열에 올랐다. 처음에는 호응하던 대중은 그를 계속해서 따를 수 없었다. 대중은 정상인인 데 반해, 간디는 우울을 경험했기 때문이다. 미국의 흑인 인권운동가 마틴 루서 킹도 10대에 자살을 두 차례 기도했고, 이후 중증 우울증도 겪었다. 그의 비폭력 저항도 이런 공감과 우울의 경험 속에서 나온 것이다.

마지막 특성으로 꼽은 건 회복력이다. 삶에서 만나는 불가피한 외상 경험은 꼭 일생을 망가뜨리는 트라우마로 작용하지만은 않는다. 어릴 때 죽음이나 이혼으로 부모를 잃는 경험은 성인 우울증의 위험 인자 중 하나이다. 그런데 위대한 지도자의 61퍼센트는 31세 이전에 부모 중 한 명을 잃었고, 45퍼센트가 21세 이전에 상실을 경험했다. 가난과 같은 만성적 역경을 어릴 때 경험한 사람들은 성인기에 회복력이 강한 경향이 관찰되었다. 회복력이란 '적응이나 성장에 대한 심각한 위협이 있었는데도 나타난 좋은 결과'이다. 일종의 정신적 백신으로 이전에 비해 훨씬 강한 사람이 될 수 있다.

정신 질환에 대한 편견을 넘어서

미국 대통령 프랭클린 루스벨트는 외향적이고 사교적인 성격에 유창한 말솜씨와 에너지가 넘치는 사람이었다. 그런데 39세 때 고열로 인해 소

《광기의 리더십: 정신과 의사가 말하는 성공적 리더십과 정신 질환의 놀라운 관계》,

나시르 가에미, 정주연 옮김, 학고재, 2012.

냉철한 현실주의, 타인에 대한 공감 능력,
새로운 생각을 만드는 창의력,
역경에 굴하지 않는 회복력의 리더는 어떤 사람인가?

아마비에 걸렸다. 야심 많은 부통령 후보였던 루스벨트에게는 청천벽력과 같은 사건이었다. 요양과 치료에 전념해도 거동이 매우 불편한 상태로 남을 수밖에 없는데도 그는 주지사에 입후보하여 당선되었다. 이제 그는 연단까지 휠체어를 타고 가서 보호대를 찬 채 연설을 해야 하는 신세가 되었다.

그런 루스벨트가 약간 다른 사람이 되었다. 전에는 "경솔하다고 할수 없지만 경험이 부족한 젊은이"였는데, "고뇌와 고통의 시간이 아프기 전 약간 거만한 태도를 없애주었다. 마음이 아주 따뜻하고 겸손해졌고 인생관이 한층 심오해졌다"는 평가를 받는 사람이 되었다. 신체적으로 약하고 장애가 있는 사람이 되었지만 반대로 위트 있고 유머러스하며 삶과 자기 자신을 더 확실히 이해하는 사람이 된 것이다. 그 후 그는 미국 대통령이 되어 성공적으로 직무를 수행할 수 있었다. 이와 같이 큰 역경이라 해도 성장 능력과 생존력으로 전환할 수 있는 회복 능력을 갖추게 된다면 한 단계 업그레이드된 성숙으로 이어질 수 있는 것이다.

이상과 같이 꼭 정상적이고 상식적인 사람만이 국가 지도자로 적격인 것은 아니다. 지금 우리 사회는 위기의 시대일까, 아니면 안정적 시대일까? 정확한 판단을 내릴 수 없지만 태평성대라고 할 만한 상황이 아닌 것은 분명하다. 그렇다고 전쟁을 치르고 있는 것도 아니지만 말이다. 국민은 평화로운 안정을 원하고 있지만, 우리나라 안팎은 일촉즉발의 불균형 상태에 놓여 있다. 이런 하이브리드한 상황에 지금 우리의 대통령에게 가장 필요한 덕목은 무엇일까? 당연히 정신 질환을 경험해야만 창의성, 현실주의, 공감 능력, 회복력을 갖출 수 있는 것은 아니다. 정상적인 사람이라면 이런 특성을 강화하려 노력하면 될 일이고, 불안정한 사람이라면 호모클라이트의 평균과 정상성에 대한 기준점들을 이해하고 그 안에 머물러보려는 노력을 하면 된다.

우리 사회의 지도자가 이 책을 통해 얻어가기를 바라는 것은 다음과 같다. 첫째, 정신 질환에 대한 편견을 없애는 것이 무엇보다 중요하다. 정신 질환을 경험했다고 그가 위험한 존재이거나 이 사회에서 격리되어야 할 대상은 아니다. 또 타고난 결함을 갖고 있어서 영원히 핸디캡을 갖고 사는 것도 아니다. 지금의 지도자들이 평소 존경하는 인물로 꼽은 사람들이 사실은 심한 우울증을 겪었고, 자살까지도 생각했을 정도로 마음의 어두운 터널을 통과한 사람들이라는 사실을 인식하면 좋겠다.

두 번째, 정신 질환의 증상들을 없애야 할 병리로만 볼 것이 아니라, 인간 정신세계의 한쪽으로 치우친 특성의 하나라 볼 수 있다는 것이다. 이는 평화로운 시기에는 정신 병리로 보일 수 있지만, 이 특성이 전체적 건강함 안에서 잘 버무려질 수만 있다면 창의성, 회복력, 현실주의와 같은 일반인은 쉽게 얻지 못할 특성이 될 수 있다.

세 번째, 리더에게 필요한 중요한 요소인 공감 능력은 정신 질환의 고통만큼이나 힘든 경험 이후에 강화될 수 있다. 공감 능력, 회복력과 같은 중요한 리더의 특성은 타고날 수도 있지만 삶의 굴곡과 실패를 반복하면서 그것을 절망적 트라우마로 받아들이는 것이 아니라, 인생 속에 일어날 수 있는 하나의 교훈이 되는 사건으로 인식하고 내 것으로 만들어내면서 강화될 수 있다. 그러므로 정치인의 길을 가면서 겪는 불가피한 위기와 갈등, 좌절을 그런 방향에서 받아들이고 한 단계 업그레이드할 수 있는 기회로 삼았으면 한다.

광기의 리더십

함께 추천하는 책

《대중의 직관》, 존 캐스티, 이현주 옮김, 반비, 2012.

민주주의 사회에서 지도자에게 대중의 마음을 읽는 것은 무엇보다 중요한 일이다. 여론조사로도, 슈퍼컴퓨터를 이용한 통계적 방법으로도 정확하게 미래를 예측하기는 어렵다. 오래된 애인에 대한 감정이 하나의 사건으로 결국 바뀌듯이 대중의 마음도 순식간에 바뀔 수 있다. 감정은 경험과 생각이 모두 농축된 것이기 때문이다. 대통령이 이 티핑 포인트를 감지할 수 있다면 민심의 이반과 파국을 막을 수 있을 것이다.

《청년, 난민 되다》, 미스핏츠, 코난북스, 2015.

미스핏츠가 2015년 타이완과 홍콩, 일본, 서울의 청년 주거 문제에 대해 취재했다. 대중의 불안은 의식주 기본권의 보장으로 많은 부분이 해결될 수 있다. 심리적 독립에는 물리적 거주의 독립도 중요한 요소이다. 한국 청년들의 자주적이고 인간다운 삶을 위해 주거권의 보장이 필요한 이유이다. 비슷한 고민을 가진 아시아 청년들의 주거와 관련한 고단한 삶에 대한 생생한 이야기를 읽고 나면 대통령은 무엇이 제1과제인지 깨달을 수 있을 것이다.

식생활 문제보다
중요한 정치는 없다

22

주영하

한국학중앙연구원
한국학대학원 교수

한국에서 대통령 선거철이면 언론에 어김없이 등장하는 사진이 있다. 대통령 후보들이 한결같이 재래시장에 가서 어묵이나 떡볶이를 먹으면서 자신들이 서민적이라는 이미지를 만드는 모습을 담은 사진이다. 김영삼 대통령은 재임 시절 청와대 연회에서 칼국수를 대접하여 자신이 얼마나 청렴한가를 보여주기까지 했다. 대부분의 국민은 이런 일들을 단지 대통령의 에피소드로 여기는 편이다.

그러나 이명박 대통령 시절에 이르러 음식은 이제 대통령의 에피소드 소재가 아니라 정부의 사업이 되었다. 4대강 사업과 함께 한식 세계화 사업은 이명박 정부에서 공을 많이 들인 정책이었다. 이미 이 두 가지 사업에 대한 평가는 실패라는 결론이 났다. 그러나 박근혜 정부에서는 4대강 사업의 실패를 눈감았고 한식 세계화 사업을 지속했다. 심지어 한식 사업은 대통령의 의지가 반영된 'VIP 사업'이 되어 농림축산식품부는 물론이고 문화체육관광부까지 나서서 성책을 밀어붙였다.

이처럼 한식 세계화를 정부 사업으로 추진한 배경에는 '한식이 돈벌이가 된다'는 인식이 자리 잡고 있었다. 실제로 한 한류 드라마 덕택에 '치맥'이 대단한 인기를 누렸고, 그것을 먹기 위해 한국을 방문한 외국인 관광객도 적지 않았다. 분명 한식은 돈벌이가 될 수 있다. 문제는 그 돈벌이의 주체가 누구인가이다.

전체 인구의 5퍼센트도 되지 않는 한국의 농민 대다수는 여전히 가난하다. 국민적 인기를 누리는 '먹방'은 이제 영어 'Mukbang'이 될 정도로 세계화되었지만, 한국의 수많은 음식업 자영업자는 6개월을 버티지 못하고 문을 닫는다. 이뿐인가? 마트에 가면 먹을거리가 넘쳐나지만, 공취생들은 편의점에서 삼각김밥이나 컵라면으로 끼니를 때우고 있다. 어떤 비정규직 청년은 컵라면 하나 먹을 시간조차 없어서 그것을 가방에 넣어둔 채 불의의 사고로 세상을 떠났다.

식생활은 개인의 문제가 아니다

음식인문학자로서 대통령이 읽었으면 하고 가장 먼저 떠올린 책은 미국의 영양학자 매리언 네슬(Marion Nestle)이 쓴 《식품정치》다. 대부분의 사람들은 음식이나 식생활, 영양, 식품 산업 같은 단어를 제시하면 건강과 함께 자신의 음식 취향을 생각한다. 왜냐하면 음식을 먹는 행위는 지극히 개인적인 선택이기 때문이다.

그러나 네슬은 식생활 문제가 정치적인 성격을 띤다고 본다. 미국에서는 정부의 국민 식생활에 대한 조언이 곧장 특정 식품의 판매 증가로 연결되는 일이 많이 일어난다. 이 때문에 식품 회사는 자신들의 제품에 유리한 정책을 펴도록 공무원들을 로비의 대상으로 삼기도 한다. 미국 정부의 영양 정책이 식품 회사나 제약 회사의 마케팅과 매우 밀접한 관계를 맺고 있음을 네슬은 이 책에서 매우 직설적으로 지적하고 있다. 그래서 책 제목도 '식품 정치', 즉 'Food Politics'이다.

사실 이 책은 미국의 식품 산업이 국민의 영양과 건강에 어떤 영향을 끼치고 있는가를 학술적으로 분석한 내용이 대부분이다. 그래서 한국인 독자에게는 생소할 수밖에 없다. 더욱이 이 분야에 관심이 없는 일반인은 이 책을 끝까지 읽기가 부담스러울 정도로 내용도 어렵고 분량도 많다. 이런 책을 한국의 대통령에게 읽으라고 권하다니 나도 참 무모하다. 그럼에도 이 책을 선정한 이유는 국민의 식생활이 개인적인 취향을 뛰어넘어 정부의 정책과 식품 회사의 마케팅 전략이라는 관계 속에서 파악되어야 한다는 현실 때문이다.

매리언 네슬이 이 책에서 다루고 있는 식품 관련 이슈 중에서 대통령이 주목해야 하는 내용은 과잉된 식품 공급이다. 적어도 1970년대까지 한국 사회는 식품이 부족했다. 그래서 역대 정부는 식품 공급을 안정시키기 위해 온갖 정책을 펼쳤다. 박정희 정부가 강력하게 펼쳤던 혼분식 장려 운동이나 벼농사 위주의 농업 정책 등은 어느 정도 주식의 자급에 기여했다. 그러나 이로 인해 잡곡의 수입이 증가했다. 충분한 식품 공급에만 집중한 나머지 그로 인해서 일어난 불균형이 후손들에게 식량 공급의 불안정이라는 위험한 사태를 가져온다는 사실을 예상하지 못했던 것이다.

식품 공급이 넘쳐나는 사회도 문제가 없을 수 없다. 과잉 공급되는 식품의 주된 소비자는 부자가 아니라 가난한 사람이다. 네슬은 미국 사회의 부자는 더 건강하고 더 나은 식생활을 하는 데 반해, 가난한 사람은 단지 끼니를 해결하기 위해 값싼 공장제 식품에 의지하고 있다고 지적했다. 이 이야기는 미국 사회뿐만 아니라 요사이 한국 사회에도 적용된다. 한국의 부유한 사람들은 건강에 좋지 않은 식품에서 벗어나고 있지만, 그렇지 않은 사람들은 가공식품 섭취를 통해 끼니를 해결하는 경우가 허다하다. 소외 계층의 식생활 환경을 개선하기 위한 정부의 영양 정책이 우선적으로 이루어져야 하는 이유가 여기에 있다.

국민 식생활에 대한 정부의 철학이 필요하다

한국 식품의약품안전청에는 국민 건강 영양 조사 자료가 메타 데이터로 축적되어 있다. 최근 많은 영양학자가 이 자료를 이용해서 국민의 건강 증진을 위한 연구를 내놓고 있다. 그러나 영양학 역시 다른 과학처럼 가치중립적인 학문이라고 볼 수 없다. 오히려 관점에 따라 해석이 달라지기도 한다. 영양학에 인문학적 시선이 필요한 이유가 여기에 있다.

1960년대 중반부터 진행된 미국식 영양학의 기준을 바탕으로 하는 한국 정부의 국민 영양 개선 정책은 어느 정도 성공을 거두었다. 하지만 그 과정에서 과도한 영양주의(nutritionism)가 강조되었다. 이 영양주의는 하나의 측면에서만 만들어낸 패러다임이자 이데올로기다. 특히 영양학이 견지하는 생화학적 동물실험과 역학적 조사는 복잡한 국민의 식생활을 단순화하는 과학적 환원주의에 빠질 위험도 있다. 하나의 패러다임에 불과한 지식이 절대 불변의 기준이 되어 국민 영양 개선의 마지노선처럼 막무가내로 밀어붙여지는 위험이 도사리고 있을지도 모른다.

그렇다면 국민의 건강과 영양에 대한 정책은 어떤 기준으로 마련되어야 할까? 매리언 네슬은 국민의 식생활과 건강을 개선해나가는 정책을 입안하는 데 진실성과 윤리가 가장 중요하다고 했다. 그렇다. 한 국가의 식량 정책과 영양 정책 그리고 안정된 식품의 생산과 소비에 대한 정책 등에는 진실성과 윤리가 매우 중요하다.

여기에서 진실성이란 식품 정책을 입안하는 데 기준이 되는 과학적 연구의 신뢰성을 가리킨다. 예를 들면, '한식의 세계화'를 내세운 이명박 정부 산하의 식품 영양 관련 공공 기관의 전문가들은 가능하면 한식이 건강에 유익하다는 결과를 도출하는 데 연구를 집중했다. 그러나 이미 결론이 나와 있는 연구 과제는 결코 과학적 신뢰성을 확보하기 어렵다. 그러니 대통령과 그의 보좌진은 식품 영양 관련 공공 기관의 전문가들이 더 자유로운 상황에서 연구를 할 수 있도록 시스템을 갖추어 주어야 한다. 아울러 식품 영양 관련 정보의 진실성도 중요하다. 국가가 확보하고 있는 국민의 건강과 영양에 대한 엄청난 데이터가 어떤 과정을 통해서 확보되었으며, 어떻게 활용되는지에 대한 진실성의 문제를 놓치면 안 된다. 잘못 수집된 통계 자료가 사회에 미칠 수 있는 악영향을 염려해야 한다.

윤리의 문제는 더욱 중요하다. 비록 식품 관련 사건은 아니지만, 가습기 살균제 사건에서 드러났듯이 관련 공무원과 학자 들의 삐뚤어진 윤리 의식은 피해자인 국민에게 심각한 정신적 충격을 주었다. 식품의 안전과 관련된 정부의 정책에는 빈부의 차이와 생활 조건에 따른 적절성 등 고려해야 할 사항이 아주 많다. 단지 눈앞의 정책적 효과에만 몰두할 경우, 자칫 잘못하면 한두 명의 억울한 국민이 생길 수도 있다. 대통령은 다수의 국민이 아니라, 모든 국민이 건강한 식생활에 참여할 수 있도록 고민해야 한다.

한식에 대한 과도한 애국주의 역시 대통령과 그를 보좌하는 관료들이 숙고해야 할 윤리적 문제다. 이명박 정부가 한식 세계화 사업을 추진하면서 가진 막연한 애국적 영양주의는 '한국 음식=건강'이라는 도식을 만들어내는 데까지 이르렀다. 박근혜 정부에서 한식 세계화 사업을 맡은 부처의 고위 관료가 유럽의 한 국가에서 열린 한식 행사에서 "한국 음식을 드세요. 그러면 당신은 더욱 아름다워질 겁니다. 당신의 남편도 한식을 먹으면 힘이 세질 거예요"라는 말을 서슴지 않고 할 정도로 전문 관료마저도 음식에 대한 윤리적 이해의 수준이 낮았다.

국민의 식생활 정책에는 철학적 사유가 요구된다. 중국 춘추시대 제나라의 재상 관중(管仲)은 "왕은 백성을 으뜸으로 여기고, 백성은 식(食)을 으뜸으로 여긴다. 능히 으뜸의 으뜸을 아는 자만이 왕이 될 수 있다"라는 말을 한 적이 있다. 식량의 안정적인 공급만이 정치의 안정을 가져온다는 고대의 신념이 담긴 말이지만, 21세기 민주 정부에서도 귀 기울일 필요가 있다. 가령 조류독감의 확산이나 살충제로 인해서 안전하게 먹을 수 있는 달걀이 부족한 상황을 해결하기 위해 심층적이고 종합적인 정책 연구는 뒤로 미루고, 즉시 수입한다는 정부의 정책은 과연 국민을 위한 것일까? 오로지 선거에서 표를 얻기 위해서 펼치

《식품정치: 미국에서 식품산업은 영양과 건강에 어떤 영향을 끼치는가?》,
매리언 네슬, 김정희 옮김, 고려대학교출판부, 2011.

국민이 무엇을 어떻게 먹어야 하는지의
결정과정은 민주적이어야 한다. 그래야 공공의
이익이 지켜지는 식생활 정책이 가능하다.

는 식품 정치는 식품 관련 로비스트와 정무직 관료나 규제 담당 공무원 그리고 영양 전문가가 식품 회사와 복잡하게 연결된 정치적 뒷거래로, 네슬이 가장 경계한 것이다.

정부의 식생활 정책은 식품 체계의 틀 속에서 입안되어야 한다

앞서 살펴본 대로 국민의 식품 소비와 식생활 그리고 영양과 건강에 대한 대통령의 인식은 정부의 정책 방향을 잡아가는 데 매우 중요한 부분이다. 그렇다고 '올바른' 식생활을 못하는 국민을 훈육의 대상으로 바라보면 안 된다. 대통령이나 그를 보좌하는 관료들이 국민의 식생활을 훈육의 대상으로 바라보고 정책을 밀어붙일 때 생기는 폐해를 잘 보여주는 예가 있다.

송기호 변호사는 《맛있는 식품법 혁명》에서 1968년의 〈한국영양학회지〉 창간호에 실린 영양학자의 글에 주목했다. 쥐 36마리를 대상으로 한 실험에서 쌀만 먹인 쥐가 성장이 불량하고 지방간 수치가 가장 높다는 연구 결과를 내놓았는데, 이는 박정희 정부의 쌀 소비 억제를 위한 정책을 뒷받침하는 글이었다. 관이 주도하는 일방적인 식생활 정책의 추진 과정을 고스란히 보여주는 예다. 이러한 과정을 거쳐 1980년대 초반 쌀은 자급자족되었다.

이보다 더 중요한 문제도 있다. 바로 국가의 '식품 체계(food system)'이다. 식품 체계는 식품의 생산과 소비와 관련된 환경·농업·경제·사회의 관계망이다. 오늘날 식량자급률은 겨우 20퍼센트를 넘기는 정도이다.

쌀만 자급한다고 큰소리칠 일이 아니다. 가령 한국에서 지금 수입하는 밀과 옥수수는 1억 3,000만 마리의 소와 돼지와 닭의 사료로 사용된다. 이렇게 생산된 쇠고기·돼지고기·닭고기가 갈비구이·삼겹살구이·치킨이 된다. 그러니 밀과 옥수수 같은 곡물이 외국에서 수입되지 않으면 한국인들의 육류 섭취마저 어려워진다.

정부가 국민의 식생활 정책을 입안하기에 앞서서 가져야 하는 인식은 환경·농업·경제·사회의 관계망이 서로 어떻게 관련을 맺고 있는가에서 출발해야 한다. 식품 체계의 시각에서 보면 영양과 식량, 건강 그리고 공동체의 경제적 개발과 농·수·축 산업이 모두 연결되어 있다. 식품 산업도 마찬가지다. 당연히 식품 체계 내에서 일하는 노동자와 연구자, 교육자, 음식 칼럼니스트 그리고 소비자의 역할도 중요하다. 정부는 국민에게 자국의 식품 체계가 얼마나 건강하게 유지되는지를 알려주어야 한다.

조류독감이나 구제역 등의 가축 질병은 곧장 물가에 영향을 미치고, 국민의 살림살이에도 부정적인 작용을 한다. 특히 사람들이 소비하는 음식의 종류마저 바꾸어버린다. 그렇다고 수입을 통해서 공급만 안정시키는 정책은 당장의 문제를 해결할 수 있을지 몰라도 식품 체계 자체를 건강하게 만들어내지는 못한다. 눈에 보이지 않는 유전자조작 식품은 어느새 한국인이 즐겨 먹는 음식 속에 들어와 있다. 그러나 이 문제는 일부 국민과 시민단체의 관심사에 머문다. 따라서 안정된 식품 체계의 기초를 다지는 데는 국민 전체를 염두에 둔 식품 관련 법규의 수립이 필요하다.

매리언 네슬은《식품정치》에서 미국의 식품 체계에서 식품 회사와 정부 관료 그리고 영양학자의 관계에 숨어 있는 비민주주의적 커넥션을 개선하지 않으면 안 된다고 지적했다. 과연 한국 정부는 미국과 다를까? 심지어 일본과 미국의 법률을 베끼다시피한 한국의 식품 관련 법률이 얼마나 민주적인 절차를 거쳐서 수립되었을까 하는 의문이 들지 않을 수 없다.

오늘날 세계의 식품 체계는 기존의 체계에서 새로운 체계로 전환되는 과정에 놓여 있다. 지금의 전 지구적 식품 체계가 지닌 문제점을 보면 오래된 과거의 식품 체계가 인류에게는 훨씬 좋은 것이었을지도 모른다. 산업혁명 이후 식품 체계의 세계화가 진행되면서 불공정 무역과 지역 사이의 차별, 지역 내에서 계층 간 차별 등의 문제가 생겨났다. 다국적 식품 기업의 무차별적인 마케팅 전략이나 종자 회사의 독점적이고 난폭한 영업 활동은 지구의 농업 체계를 무너뜨리고 있다. 이러한 사정은 한국의 식품 체계도 마찬가지다. 이 점을 대통령은 주목해야 한다.

식생활 정치의 핵심은 민주주의

음식에 일가견이 있는 사람이라면 "당신이 먹은 음식을 알려주면 당신이 어떤 사람인지 말해주겠다"는 19세기 초반의 프랑스 법관이자 미식 평론가인 장 앙텔름 브리야사바랭(Jean Anthelme Brillat-Savarin)이 한 말을 잘 알고 있을 것이다. 또 독일의 철학자 루트비히 포이어바흐(Ludwig Feuerbach)가 한 "당신이 먹는 음식이 바로 당신이다"라는 말 역시 그의 이름보다 더 대중적으로 회자된다. 150여 년 전 이 두 유럽인이 한 말을 두고 많은 사람은 그들이 미식을 예찬했다고 생각한다. 그것도 일견 사실이다.

하지만 그들의 말 속에는 한 사람의 음식 취향에 그가 살아온 경험이 축적되어 있다는 뜻을 담고 있다. 실로 대단한 통찰력이다. 이런 사실을 안다면, 대통령 후보들이 서민의 인기를 얻기 위해 정치 마케팅적인 음식 먹기 연출을 버젓이 할 수는 없을 것이다. 자신의 음식 취향을 다른 사람에게 보여주는 행위는 자신의 과거를 드러내는 일이기 때문이다.

이런 이유로 우리의 경험과 삶이 녹아 있는 한국 근현대사 속 음식에 대한 이해는 대통령에게 꼭 필요하다. 우리가 먹은 음식이 바로 우리이기 때문이다. 20세기 100년은 한국 역사에서 가장 격동의 시간이었다. 식민지를 경험하고, 태평양전쟁과 한국전쟁을 겪고, 급속하게 산업화와 도시화를 이루었다. 끼니를 해결할 수 있다면 어떤 수단과 방법도 가릴 것 없던 시대였다. 이 과정에서 한국인의 오래된 식생활 방식은 왜곡되거나 변형되었다. 일본화와 미국화는 한국인이 소비하는 음식에 여러 가지 새로운 요소를 만들어냈다. 그런데도 많은 한국인은 자신이 즐겨 먹는 한식이 무척 오래된 역사를 지니고 있다고 착각한다. 이 점은 대통령을 비롯한 정치인들도 마찬가지다.

1980년대 이후 쌀의 자급자족이 이루어지면서 한국인의 식사 방식은 네슬의 표현을 빌리면 '영양학의 전환기'에 접어들었다. 밥의 양은 줄어들었지만 반찬과 국은 여전히 식탁 위의 중요한 주인공이다. 이렇다 보니 과거 많은 양의 탄수화물을 먹는 데 필요했던 짠 반찬과 국이 최근에 와서는 한국인의 건강을 나쁘게 만드는 주범이 되었다. 단지 짠음식을 적게 먹자는 '저염 운동' 정도로 이 문제를 해결하기 어렵다. 오히려 천 년 이상을 유지해온 한국식 식사 방식의 패러다임을 변환시킬 필요가 있다. 왜냐하면 한 공동체의 식사 방법은 오래된 관습이고 문화이기 때문이다.

그럼에도 불구하고 '저염 운동'은 이제 캠페인의 차원을 넘어서서 식품 영양 관련 공공 기관의 중요한 연구 정책의 하나로 자리 잡아가는 중이다. 연구 정책의 결과는 곧장 학교와 단체의 급식을 비롯하여 식품 제조 현장에서 꼭 지켜야 하는 정부의 법률이 될 것이다. 네슬은 우리가 무엇을 먹어야 하는지와 어떤 식품이 '건강에 좋은지'를 누가 결정해야 하느냐를 두고 미국 사회 내부에서 일어나는 다툼의 문제에 주목했다. 자신들의 이익을 지키기 위해 식품 회사가 엄청난 자금을 투입할지라도, 이에 맞서 공공의 이익을 지키려는 정부와 국회 그리고 법원의 노력이 매우 중요하다는 것이다. 당연히 국민이 무엇을 어떻게 먹어야 하는지의 결정 과정은 민주적이어야 한다. 정책 결정의 민주적 과정을 통해서만 공공의 이익이 지켜질 수 있기 때문이다.

이제 대통령은 정치적 위기가 닥칠 때마다 재래시장에 가서 길거리 음식 먹는 일을 멈추어야 한다. 그 시간에 국민의 식생활과 관련된 정책이 어떻게 결정되는가를 살펴보아야 한다. 정책을 결정하는 과정이 비민주적이지는 않은지, 혹시 정치적 목적을 이루기 위한 의도적 정책 결정은 없는지 그리고 관련 공무원과 과학자 들이 얼마나 자유롭게 토론을 거쳐서 정책을 결정하는지 등에 관한 시스템을 점검해야 한다. 이 점에서 《식품정치》는 대통령의 필독서이다.

함께 추천하는 책

《맛있는 식품법 혁명》, 송기호, 김영사, 2010.

《식품정치》의 한국판으로서 한국의 식품법이 얼마나 위험한지를 알려주는 책이다. 유전자조작 식품이 누군가에 의해 식품법에서 합법적인 식품으로 인정받았다. 유전자조작 식품을 개발하거나 특허 받은 사람들이 위원회에서 오랫동안 위원직을 맡았기 때문에 가능한 일이었다. 심지어 위원회의 회의록도 전면적인 공개가 이루어지지 않았다. 유전자조작 식품의 합법화로 최대 이익을 얻은 곳이 미국 곡물 회사라는 점도 이 책에서 놓칠 수 없는 내용이다. 이 유전자조작 수입 곡물을 먹고 자란 가축이 한우와 한돈이 되어 한국인의 식탁 위에 올라온다. 이 책은 식품법이 국민의 건강에 얼마나 중요한지를 깨닫게 한다.

《식탁 위의 한국사》, 주영하, 휴머니스트, 2013.

21세기 한국인들이 즐겨 먹는 음식의 역사를 이야기하는 책이다. 아무 생각 없이 먹어온 한국 음식이 근현대 한반도의 역사 속에서 배태된 것임을 알려준다. 그것도 단순한 에피소드가 아니라 지난 100여 년의 근현대사에서 진행된 온갖 정치·경제·사회·문화의 변곡점에서 탄생되었음을 확인할 수 있다. 대통령만 읽지 말고 영부인도 읽기를 적극 권한다. 혹여 정확하지 않은 사실로 가득한 글을 읽고서 한식을 예찬만 하는 실수를 범할 수 있기 때문이다.

복지는 시혜가 아니라
모든 시민의 보편적 권리다

김윤태

고려대
공공정책대학 교수

좋은 사회란 무엇인가? 이는 모든 공동체의 가장 중요한 과제였다. 아리스토텔레스에서 공자에 이르기까지 수많은 사상가는 이 과제와 씨름했다. 20세기 로이드 조지 영국 총리에서 루스벨트 미국 대통령, 빌리 브란트 독일 총리에 이르기까지 위대한 정치가들은 좋은 사회라는 목표를 이루기 위해 노력했다. 우리가 살고 있는 21세기에도 전 세계 국가 지도자와 대통령이 풀어야 할 필수 목표이기도 하다.

고대 그리스에서는 부모가 아테네나 스파르타 사람인 성인 남성의 경우에만 시민권을 얻을 수 있었지만, 프랑스혁명 이후에는 프랑스 사람 누구나 출생과 관계없이 공화국의 구성원이 될 수 있었다. 이처럼 18세기 프랑스혁명의 중요한 이념인 자유·평등·우애는 현대 정치에서 좋은 사회를 이루기 위한 가장 중요한 철학적 토대가 되었다. 그러나 현실 정치에서 우파와 좌파가 분열하고 대립하면서 자유와 평등의 가치는 충돌하는 것처럼 보였고, 냉전 시대를 거치면서 대표적인 이념 대결의 상징으로 비치기도 했다. 특히 냉전의 극단에 있던 한국에서는 두 가치에 관한 갈등이 극심했다.

　그러나 20세기를 거치면서 수많은 시행착오를 거듭한 끝에 오늘날에는 자유와 평등이 공존해야 하는 가치로 받아들여지고 있다. 자유 없는 평등이 있을 수 없듯이 평등 없는 자유도 존재할 수 없다. 소련 공산주의 체제에서 볼 수 있듯이 자유 없는 기계적 평등은 거대한 전체주의를 만들 수 있다. 한편 불평등에 기초한 자유는 부와 권력의 불평등한 분배에서 비롯되기 때문에 특권에 상응하는 책임을 부여하는 사회제도가 필요하다. 이런 관점에 따라 보통선거권, 누진적 소득세, 의무교육, 사회보장, 소년 노동 금지, 사회적 약자 보호 등을 추구하는 자유로운 복지국가가 등장했다. 한국에서도 1987년의 정치적 민주화 이후 자유와 평등 모두 놓칠 수 없는 중요한 시대정신으로 조명받았다. 이후 지구화 시대를 거치면서 '우애'의 가치 역시 새롭게 조명되고 있다.

마셜의 시민권 이론, 보편적 복지를 향한 패러다임의 전환

자유와 평등이 조화를 이루는 사회제도를 만드는 것은 사상가와 정치가의 중요한 과제다. 이런 점에서 나는 새로운 대통령에게 영국의 사회학자 토머스 험프리 마셜(T. H. Marshall)의 《시민권과 복지국가》라는 책을 권하고 싶다. 마셜은 시민권 이론의 창시자이며 복지국가의 사상적 기초를 세우는 데 거다란 역할을 한 사람이다. 마셜은 1950년에 〈시민권과 사회계급〉 등 시민권 이론에 관한 중요한 논문을 발표했나. 이 논문은 원래 1949년 케임브리지 대학에서 한 마셜의 강의를 토대로 작성한 것이다. 이는 시민권에 관한 가장 유명한 논문이 되었다.

마셜은 영국에서 공민권과 정치권, 사회권이 차례로 발전하면서 시민권의 개념이 형성되었다고 주장했다. 또한 시민권을 "공동체의 성원에게 부여된 지위(status)"라고 정의했다. 시민권은 단일한 성격이 아니라 공민적·정치적·사회적 요소의 서로 다른 특징을 갖고 있다. 18세기에 등장한 신체의 자유, 표현의 자유 등 공민권은 시민혁명을 거치면서 완성되었으며, 주로 시민의 법적 지위와 관련된 것이다. 19세기에 등장한 선거권은 정치적 권리인데, 노동자의 참정권을 주장하는 대중적 정치운동이던 차티스트 운동을 통해 실현되었다. 20세기에 등장한 사회권은 교육과 의료, 연금, 사회 서비스를 받을 권리를 가리키며, 주로 노동계급의 투쟁을 통해 발전했다. 마셜은 시민권의 개념을 자연권과 같은 추상적 차원이 아니라 정치와 경제 제도 사이의 실천적 차원에서 평가했다.

시민권의 구성 요소 가운데 마셜이 주목하는 사회권은 현대 복지국가에 가장 중요한 이론적 기초를 제공했다. 교육과 보건, 사회 서비스에 대한 사회권을 확립함으로써 자본주의 사회는 사회 계급이 만드는 불평등을 수정할 것이며, 균등한 소득은 아니더라도 균등한 기회를 제공하는 사회가 올 것이라고 믿었다. 그는 사회적 시민권을 통해 사회의 모든 시민이 개인적 자유, 정치적 참여, 경제적 복지, 사회보장을 누릴 수 있기에 사회권이 현대 복지국가의 핵심 개념을 구성한다고 주장했다.

마셜은 선진 산업국가에서 공민권과 정치권, 사회권이 모두 보장된

20세기 후반을 완전한 시민권이 확립된 시기로 보았다. 특히 그가 복지를 제공하는 일차적 책임이 국가에 있다고 지적한 점은 중요한 의미를 갖는다. 1948년 '세계인권선언'뿐 아니라 대부분의 헌법에서 국가가 모든 시민이 문명화된 삶을 살 수 있도록 최소 생활수준을 보장하는 의무를 명시한다. 마셜의 시민권 이론은 빈민에게 구호를 제공하던 자선에서 벗어나 권리를 토대로 보편적 복지를 향한 패러다임의 전환을 일으켰다. 결국 복지국가는 국가의 의무이자 정치인의 궁극적 목표가 된 것이다.

요람에서 무덤까지, 보편주의 원칙의 출발

마셜은 1919년부터 런던정치경제대학(LSE) 교수로 활동했으며, 계급과 지위에 관한 사회학 논문을 주로 발표했다. 1939년부터 런던정치경제대학의 사회학과 학과장을 지내면서 영국 사회학의 중요한 인물로 부상했다. 마셜은 당시 같은 대학 사회학 교수였던 레너드 홉하우스(Leonard Hobhouse)의 새로운 자유주의 철학에 크게 공감했다. 이는 개인과 시장의 자유만 강조한 고전적 자유주의와 달리 사회적 책임을 강조하여 사회적 자유주의(social liberalism)라고 불리기도 한다.

홉하우스는 영국 최초로 사회학 교수가 되어 런던정치경제대학에 부임했으며, 페이비언 사회주의와 노동당보다 자유당과 깊은 관련을 가졌다. 그는 《자유주의의 본질》이라는 책에서 자신의 철학을 체계적으로 제시했다. 그는 토머스 그린과 존 스튜어트 밀이 주창한 자유주의를 계승하며 개인의 자유와 경제적 효율성만 강조하는 대신 '인간적 자유주의'를 강조한다. 개인의 자유는 사회에서 독립된 것이 아니라 사회와 유기적으로 연결되어 있는 것이라 본 그는 자유와 평등은 양자택일의 문제가 아니라고 강조했다. 사회에서 적당한 수준의 개인의 자유가 있어야 평등이 보장되고, 적당한 수준의 평등이 있어야 자유가 보장되기 때문이다. 이러한 생각은 마셜뿐 아니라 20세기 후반 존 롤스, 로널드 드워킨 등 최고의 정치철학자들이 연구했던 주제다.

한편 마셜은 당시 런던정치경제대학의 총장이던 윌리엄 베버리지(William Beveridge)의 사회정책에 깊은 관심을 가졌다. 베버리지는 처칠이 이끄는 거국내각의 요청을 받아 '복지국가의 청사진'이라고 불리는 '베버리지 보고서'를 작성했다. 1942년에 발표한 베버리지 보고서에서 그는 매우 혁명적인 사고를 제안했다. '보편주의 원칙'에 따라 모든 국민에게 복지를 제공하기 위해 국민보험을 만들자고 주장한 것이다. 이 제안은 건강보험과 실업보험, 연금 등 수혜자 기여의 원칙에 따라 운영되는 사회보험을 모든 국민에게 적용하려는 것이었다. 베버리지 보고서에서는 빈곤을 해결하기 위해 소득 수준에 관계없이 기본 소득을 국민생활최저선(national minimum)으로 평생 동안 보장하자고 주장했다. 바로 여기서 '요람에서 무덤까지'라는 표현이 등장했다. 나아가 베버리지 보고서에서는 가난한 사람을 돕는 단순한 복지제도가 아니라 완전고용, 보편적 보건 서비스, 아동 수당을 포괄하는 보편적 복지국가의 상을 제시했다.

1930년대 대공황에서 탈출하기 위해서 국가의 적극적 역할을 강조한 영국의 경제학자 존 케인스는 국민보험을 제안한 베버리지 보고서를 적극적으로 지지했다. 그러나 베버리지 보고서는 격렬한 정치적 논쟁을 일으켰다. 보수당의 처칠은 정부 지출이 늘어날 것을 우려해 이 보고서를 반대했고, 주요 기업의 국유화를 주장한 노동당도 큰 관심을 보이지 않았다. 그러나 놀랍게도 전쟁이 벌어지던 시기에 많은 영국 국민은 베버리지 보고서를 구매하기 위해 긴 줄을 섰으며, 전체 국민 가운데 80퍼센트가 이 보고서를 알고 있다고 응답할 만큼 엄청난 관심을 끌었다. 특히 많은 사람은 '보편주의 원칙'에 관심을 가졌다. 결국 1945년 총선에서 베버리지 보고서를 반대한 처칠은 패배하고, 지지한 노동당이 압승을 거두었다.

복지국가를 만드는 '정치'의 중요성

홉하우스와 베버리지의 영향을 받은 마셜은 복지국가를 자본주의와 민주주의, 시민권의 결합으로 보았다. 복지국가는 1주 1표의 원리로 작동하는 자본주의와 1인 1표의 원리로 운영되는 민주주의를 통합했다. 복지국가의 등장은 자본주의와 민주주의의 정치적 타협을 통해 이루어졌다. 제2차 세계대전 전후 시기에 선진 산업국가에서 다양한 정당과 사회 계급이 연합하여 '인민의 집(스웨덴)', '뉴딜(미국)', '사회국가(독일)'를 만드는 사회적 대타협이 이루어지고, 경제성장과 완전고용, 복지국가를 추구하는 '합의의 정치'가 실현되었다.

1930년대 스웨덴에서는 사회민주당이 주도하는 노사정 3자 합의로 산업 평화와 복지 확대를 추진하기로 결정했다. 같은 시기 미국의 루스벨트 대통령은 독점 대기업을 해체하고 노동자의 단결권을 인정하고 사회보장제도를 도입했다. 그 결과는 놀랍다. 스웨덴 사회민주당은 무려 40년 가까이 집권했고, 민주당의 루스벨트 대통령은 네 번의 선거에서 승리했다.

1945년 이후 유럽과 북미에서는 '자본주의의 황금기'를 거치면서 경제성장이 지속되고 복지 확대가 이루어졌다. 1945년에서 1975년까지는 '복지국가의 황금기'라고 불릴 만한 시기였다. 이 시기에 많은 나라에서 좌파와 우파 정부를 막론하고 사회보험과 아동 수당 등 보편적 복지 제도를 확대하는 정책을 추진했다. 또한 복지 수혜자도 거의 100퍼센트로 확대되어 보편화되었고, 국가의 복지 재정 지출도 GDP 대비 20~30퍼센트 수준으로 증가했다.

그러나 1970년대 유가 파동을 겪은 이후 선진 산업국가에서 불황이 장기화되면서 복지국가의 토대가 약화되었다. 신보수주의 또는 신우파는 복지의 지나친 확대로 근로 의욕이 약화되고 '의존의 문화'가 발생하면서 성장이 둔화된다고 주장했다. 미국과 영국에서 레이건 정부와 대처 정부는 국가가 제공하는 실업수당과 사회보장을 축소하고 개인의 책임과 시장의 기능을 강조했다. 그 결과 실업 증가와 복지 축소로 실업률과 극빈층이 증가했다. 거리에 노숙자가 넘치고 범죄가 급증했다. 빈부 격차가 확대되면서 사회 통합이 심각하게 약화되었다.

1990년대 후반 미국의 클린턴 정부와 영국의 블레어 정부는 제3의 길 정치를 주창하고 복지국가의 개혁을 외쳤다. 그들은 전통적인 사회민주주의의 증세와 지출 정책을 포기하고 보수당의 균형 재정과 복지 개혁 정책을 지지했다. 시장의 효율성과 사회적 형평성을 동시에 추구

《시민권과 복지국가》, 토머스 험프리 마셜, 김윤태 옮김, 이학사, 2013.

복지국가는 국가의 의무이자
정치인의 궁극적 목표임을 확인시킨
보편적 시민권과 복지국가 사상에 관한 가장 중요한 고전.

하는 제3의 길 정치는 세계적으로 관심을 끌었고, 한국의 김대중 정부와 노무현 정부에도 큰 영향을 미쳤다. 영국의 사회학자 앤서니 기든스(Anthony Giddens)는 《제3의 길》에서 베버리지가 제안한 복지 제도를 사회적 위험에 대한 사후의 소극적인 복지라고 비판하고 예방적, 적극적 복지로 바꾸어야 한다고 주장했다. 이러한 관점은 소득 재분배를 통한 결과의 평등보다 개인의 능력을 길러주는 교육을 강조했다. 교육과 직업훈련 등 사회 투자를 위한 주요 정책으로 일자리를 향한 복지, 활성화 정책, 유연 안정성(flexicurity)이 강조되었다.

제3의 길 정치의 영향을 많이 받은 대표적인 국가들은 영국과 독일, 네덜란드이다. 이 국가들의 정책 성과를 보면 성공과 실패가 혼합된 그림이 드러난다. 과거의 복지국가가 빈곤층을 위한 수동적 지원에 의존한 데 비해, 노동시장의 진입을 촉진하는 활성화 정책으로 역동적 복지국가를 만든 것은 긍정적으로 볼 수 있다. 영국과 독일, 네덜란드는 고용률을 높이는 데 성공했으며, 여성의 노동시장 참여를 증가시켰다. 특히 네덜란드의 실업률은 유럽에서 가장 낮은 수준으로 내려갔다.

그러나 제3의 길 정치는 부정적 결과도 보였다. 기업과 고소득층에 대한 감세 정책을 수용하면서 조세정책의 중요성을 과소평가했다. 또한 금융시장의 탈규제와 지구화의 부정적 효과를 과소평가했으며, 결국 2008년 세계 금융 위기의 재앙을 막지 못했다. 동시에 노동시장 유연화가 강화되고 시간제, 임시직 노동자의 비율이 증가하면서 노동시장의 소득 격차가 빠르게 증가했다. 결과적으로 미국과 유럽 대부분 국가들의 소득 불평등은 크게 심화되었다.

한국에서도 제3의 길 정치의 부정적 측면이 그대로 나타났다. 김대중 정부와 노무현 정부도 법인세와 소득세의 감세를 추진하고 노동시장의 유연화를 그대로 받아들였다. 2003년 등장한 노무현 정부는 취임 직후 '2만 달러 시대'를 선언하고 성장 중심 모델로 기울었다. 보육 예산이 크게 증가했으나 세계 최고 수준의 저출산의 수렁은 깊어만 가고 있다. 건강보험의 보장성 비율을 높이고 중대 질병의 자기 부담 비율을 낮추었지만 민간 의료보험의 허용은 건강보험의 공공성을 악화시켰다. 또한 국민연금과 고용보험 미가입자가 절반에 가깝고 급여 수준이 낮아 가난한 노인과 근로 빈곤층이 지나치게 많다. 이는 한국의 복지 제도가 아직 미성숙한 상태에 머물고 있음을 보여준다.

이처럼 많은 한계가 있기는 해도 김대중 정부와 노무현 정부 시기에 한국이 복지국가 시대로 진입한 것은 사실이다. 두 대통령은 한국 복지국가의 새로운 역사를 만들었다. 2000년대 중반 이후 공공 부조와 공적 연금에 의한 소득 불평등 완화의 효과가 조금씩 나타났다. 하지만 빈곤층보다 약간 소득이 높은 차상위 계층의 사각지대에 대한 공적 이전이 취약하고, 연금의 지급이 본격화되지 않아 노인 빈곤율은 여전히 높다. 세계에서 가장 높은 노인 빈곤율, 노인 자살률, 저출산율, 남녀 임금 격차는 개인의 실패가 아니라 국가의 실패로 보아야 한다. 김대중, 노무현 정부가 도입한 사회정책이 빈곤 감소에 일정한 효과를 얻고 있지만, 소득 불평등을 줄이기에는 크게 역부족이다. 한국의 GDP 대비 사회 지출 예산의 비율은 10퍼센트 수준으로 OECD 회원국의 평균 비율인 20퍼센트에 비해 크게 뒤처진다. 스웨덴과 노르웨이, 덴마크에 비하면 3분의 1 수준에 그친다.

이명박 정부와 박근혜 정부도 정치적 수사로 '능동적 복지'와 '복지

국가'를 말했지만, 실제로는 복지 확대에 매우 소극적이었다. 다행히도 2016년 촛불혁명과 2017년 장미대선 이후 등장한 새로운 정부는 소득주도 성장과 최저임금 인상, 사회복지 확대에 적극적인 관심을 가지고 있다. 경제성장과 복지 확대는 양자택일의 문제가 아니다. 유럽의 복지국가에서 노동생산성이 높은 이유는 교육과 훈련에 대한 투자가 잘 이루어지고 노사 화합과 산업 평화가 국가 경쟁력을 높이기 때문이다. 복지국가의 건설 없이는 지속적인 경제성장도 사회 통합도 불가능하다.

교육과 보건은 개인의 역량을 키우는 동시에 경제와 사회의 발전을 위해서도 필수적 요소이다. 국민연금, 건강보험, 고용보험 등 사회보장제도는 사회적 위험을 막는 역할뿐 아니라 모든 사람이 한배를 탔다는 운명 공동체 의식을 강화한다. 이것이 바로 복지국가의 출발점이다. 누구나 원하는 교육을 받을 수 있고, 좋은 일자리를 얻을 수 있으며, 일하는 부모가 회사 눈치 안 보고 아픈 아이를 위해 병가를 신청하고, 사교육비와 주거비 걱정을 덜 하도록 돕는 것이 바로 복지국가가 할 일이다. 이런 일을 추진하고 실행할 사람은 바로 정치인들이며, 특히 한국에서는 대통령의 역할이 크다.

보편적 시민권, 불평등한 사회를 건너가는 힘

지난 60여 년 동안 마셜의 시민권 이론은 시대에 따라 변화를 거듭했지만, 지금까지도 시민권에 관한 가장 중요한 논의로 평가받고 있다. 마셜의 고전적 논문은 1950년 이후 일곱 번이나 재출간되었다. 1976년 미국의 정치사회학자 시모어 마틴 립셋(Seymour Martin Lipset)은 마셜의 논문을 재출간하면서 그를 영국의 가장 독창적인 사회학자로 평가했고, 마셜이 제창한 보편적 사회권의 중요성을 강조했다. 1992년 영국의 사회학자 톰 보토모어(Tom Bottomore)가 출간한 마셜의 책은 대처 정부의 복지 축소를 비판했다. 한국에서는 2013년에야 출간되었지만, 한국 사회의 미래를 위한 중요한 비전을 제시한다.

이런 점에서 21세기 한국에 소개되는 마셜의 저서는 자유 시장과 탈규제, 공기업의 사유화, 복지 축소 등 신자유주의 이데올로기가 지배하는 한국 사회에 대한 비판의 출발점이 될 것이다. 이 책은 불평등한 사회에서 보편적 시민권이 어떤 실천적 의미를 가질 것인지에 대해 날카로운 질문을 던진다. 20세기 중반 복지국가가 출발했던 시대에 마셜이 던진 '보편적 시민권'에 관한 질문은 21세기에 살고 있는 우리에게도 여전히 중요한 지적, 도덕적 영감을 주고 있다. 복지국가는 모든 국민이 하나의 운명 공동체라는 인식이 없다면 실현할 수 없다. 이런 점에서 공동체의 모든 성원에게 동등한 지위를 부여하는 시민권은 복지국가의 필수적 요소이다. 하지만 시민권의 발전은 하루아침에 이루어진 것이 아니라 수많은 정치적 갈등과 투쟁, 타협을 통해 이루어졌다. 한국의 시민권도 험난한 민주화 과정을 거치면서 꽃봉오리를 피우고 있다.

마셜의 통찰력은 복지국가가 역사를 초월하여 미리 주어지는 고정된 개념이 아니라 일정한 역사적 국면에서 다양한 사람의 상호 관계를 통해 재구성되는 사회적 실체라는 사실을 잘 보여준다. 그의 책을 통해 복지국가야말로 보수와 중도, 진보 세력이 서로 협력하는 가운데, 고도로 복잡한 정치적 역동성에 의해서 탄생된 것이며, 특히 뛰어난 사상가와 정치가의 경륜과 지혜에 의해 발전하는 것임을 알 수 있다. 부디 새로운 대통령이 대한민국의 새로운 미래 비전으로 복지국가를 제시하고 실행하는 역사적 인물로 남기 바란다.

《왜 우리는 불평등을 감수하는가?》, 지그문트 바우만, 안규남 옮김, 동녘, 2013.

유럽 사상계의 거장 지그문트 바우만은 정치와 경제의 불평등뿐 아니라 사회의 불평등이 어떻게 사회를 파괴하는지 파헤친다. 전 세계 정부가 필사적으로 경제성장을 추구하지만 왜 빈곤이 증가하는지 날카롭게 분석한다. 이 책은 정치 지도자의 일차적 과제는 성장이 아니라 분배라는 점을 알게 한다. 오늘날과 같은 불평등의 시대에 전 세계 정치 지도자들이 반드시 읽어야 할 책이다.

《불평등의 경제학》, 이정우, 후마니타스, 2010.

노벨 경제학상 수상자인 미국의 경제학자 조지프 스티글리츠의 저서 《불평등의 대가》처럼 혜안이 넘치는 책이다. 한국의 진보적 경제학자 이정우 교수는 한국 사회의 가장 심각한 문제인 불평등에 관한 현황과 원인을 검토하면서 구체적인 정책을 제시한다. 노동시장, 교육, 부와 토지에 관한 이론적 논쟁을 평가하는 깊이와 함께 최저임금, 노동조합, 복지국가 등 광범한 현안을 다룬다. 경제 불평등의 해결이 사회 통합뿐 아니라 지속적 경제성장을 위해 중요한 요소라는 점을 정치 지도자에게 알려줄 것이다.

24

《삶과 온생명》

초연결 사회, 생명에 대한 통합적 인식이 필요하다

최무영

서울대
물리천문학부 교수

광화문 광장은 촛불집회에 이어서 미세먼지 토론회가 열리는 민주주의 공론의 마당으로 거듭나고 있다. 이는 두 가지 관점에서 중요한 시사점이 있다. 첫째는 낱생명을 넘어서서 온생명의 숭고한 가치를 생생하게 보여주고 있고, 둘째는 미세먼지와 대기오염이 수도권을 넘어서 전국적인 문제로 부각되고 국민 모두의 건강과 삶의 질에 영향을 미치고 있다는 인식의 확산이다. 우리의 삶은 건강한가? 인류의 문명은 과연 지속될 수 있을 것인가? 인류 문명의 지속을 위해서 인간은 어떻게 살아야 할 것인가? 근본적인 물음들에 깊은 성찰이 요구되는 시기다.

이러한 시점에서 선구적 사유를 펼친 장회익의 《삶과 온생명》은 현대 문명의 전환기에서 삶의 청사진을 그리는 데 매우 귀중한 안목을 제공한다. 이 책은 자연과학을 통해 세계와 우주를 어떻게 이해하고, 그것이 우리의 삶에 어떤 의미를 주는지 통찰력 있게 논의하고 있다.

초연결 사회에서 본 온생명의 가치

지난 세기 동안 인간이 개발한 이른바 첨단 '과학기술'은 자연과학에 바탕을 두고 있다. 곧 자연과학은 과학기술의 토대로서 에너지, 정보통신 기술, 유전공학, 인공지능 등의 물질문명을 낳았다. 하지만 본질적으로 자연과학은 인간 자신을 포함하여 우주 전체를 연구 대상으로 삼으면서 신비로운 자연현상의 이해를 추구하는 정신문화이다. 그런데 오늘날 사회에서는 정신문화로서의 과학의 본질은 퇴색하고 물질문명의 측면만 부각되고 있다. 과학이 낳은 첨단 기술은 과거에 전혀 경험하지 못했던 편리함을 제공하는 동시에 핵무기를 포함한 군수산업이나 자본주의와 결탁하여 생명과 환경의 파괴 등 많은 부정적인 문제를 만들어내며 인류와 지구의 앞날을 위협하고 있다. 예컨대 방사능과 미세먼지, 조류독감, 4대강의 녹조 현상은 모두 자연의 조작과 파괴로 초래된 문제들로서 우리 일상에 영향을 끼치면서 우려와 불안감을 불러일으키고 있다.

이러한 현대 문명의 병폐는 궁극적으로 근대과학이 낳은 착취적 자연관에 기인한다. 기계론·환원론·결정론적 관점에 뿌리를 두고 있는 근대과학은 원인이 주어지면 결과가 정해지는 일련의 과정을 마음대로 조절하고 이용할 수 있다는 그릇된 믿음을 가져왔다. 이러한 믿음에서 나온 대표적 사례가 핵 발전이다. 이를 극복하기 위해서는 환원론을 넘어서서 통합적인 시각에서 전체를 고찰하는 전체론적 시각이 필요하며, 복잡계 과학은 이러한 인식의 전환이 반영되어 21세기 물리학의 새로운 주제로 관심을 끌고 있다. 자연-인간-사회를 전체론적 관점으로 풀어낸 '온생명' 개념은 복잡계의 궁극으로서 미래 사회에서 지속 가능한 대안적 삶의 길잡이 구실을 하게 될 것이다.

그렇다면 온생명이란 무엇일까? 이 책은 '생명이란 무엇인가?', '생명의 진정한 단위는 무엇인가?'라는 물음에서 출발한다. 저자에 따르면, 생명이란 '살아 있음'을 나타내는 개념이다. 이 개념에 기초한 온생명은 "우주 공간에서 생명현상을 외부의 도움 없이 자족적으로 지탱해나갈 수 있는 최소 여건을 갖춘 물질적 체계"를 말한다. 다시 말해서 해와 지구 사이에서 나타나는 생명현상의 전체 체계를 생명의 단위로 보아야 한다는 것이다. 이 체계를 '전부의, 모두의'를 뜻하는 '온'을 붙여서 '온생명'이라 이름 지었다.

온생명의 체계 안에서 발생하는 각 단계의 개체들은 온생명과 구분하여 '낱생명'이라고 부른다. 온생명 속에서 낱생명이 살아 있기 위해서는 해에서 나온 자유에너지와 주변의 도움이 반드시 필요한데, 낱생명의 존재에 필요한 이러한 주변 환경을 '보생명'이라 이른다. 요컨대 온생명은 붙박이별(항성)인 해와 떠돌이별(행성)인 지구가 하나의 자족적 단위로 작동하는 전체 체계이며, 이 체계에서 보생명은 환경의 진정한 의미가 되고, 낱생명은 온생명에 속해서만 살아갈 수 있는 의존적 존재다.

이러한 온생명의 관점에서 볼 때, 인간을 비롯한 모든 개체는 보생명 없이는 존재할 수 없으며, 생명의 근원은 궁극적으로 해에서 받는 자유에너지라고 할 수 있다. 개체가 환경과 정보를 교류하면서 생명을 유지할 수 있다는 사실은, 그 개체는 다른 개체와 연결되고, 그 개체는 또 다른 개체와 다시 연결됨을 의미한다. 이렇게 지구에 존재하는 모든 개체는 환경을 포함하여 서로 연결되어서 온생명을 이룬다. 이러한 온생명 체계 속에서 개체들 사이의 상호 연결은 결국 정보의 교류로 해석된다.

따라서 정보혁명의 산물인 정보통신그물얼개는 지구촌 전체를 연결하며 온생명 개념에 힘을 실어주고 있다. 통신그물얼개가 없던 예전에는 한국에서 태평양 건너편에 살고 있는 사람들과의 연락을 생각조차 할 수 없었다. 그런데 오늘날 우리는 사회그물얼개 서비스(SNS)로 실시간에 동시다발적으로 문자를 보내고, 음성과 영상으로 통화하면서 정보를 전달하며, 서로의 존재를 확인한다. 온 세계의 지상 정보뿐만 아니라 천체에 대한 각종 정보가 결집되어 있는 인터넷 가상공간은 온생명의 가상공간이라 할 만하다. 이렇듯 현재는 지구촌 각지로 퍼져 있는 낱생명들이 정보로 연결되어 있다는 생각이 어느덧 자연스러워졌다. 그런데도 세계 각지에서 분쟁과 전쟁이 끊이지 않고, 난민 문제가 확산되고 있는 현실 상황은 인류가 아직 온생명에 대해 인식하고 있지 못함을 말해준다.

정보혁명의 진화된 형태로 지능정보사회가 이제 막 시작되고 있다. '정보'는 개체로서의 낱생명의 물질적 경계를 넘어 낱생명들 사이를 더욱 촘촘하게 연결하며 온생명의 개념을 입증한다. 지능정보사회는, 지난해 한국 사회에 큰 충격을 주었던 알파고의 예에서 보듯이, 마치 인간처럼 작동하는 지능형 기계와 공존하는 사회를 가리킨다. 이에 더해서 산업 분야에서 사물인터넷, 클라우드 컴퓨팅, 자율주행차 등의 등장은 이른바 4차 산업혁명이라고도 일컬어지며, 인간과 인간뿐 아니라 인간과 사물, 더 나아가 사물과 사물을 연결하는 초연결 사회를 예고한다.

그렇다면 초연결그물일개 속에서 인간은 행복할 것인가? 조연결 사회는 지구촌 전체를 실시간에 동시다발적으로 더욱 빠르고 더욱 촘촘하게 연결시킬 수 있다. 하지만 다른 한편으로는 완벽하게 자동화되어 점원 없이 운영되는 편의점이 등장하는 예에서 볼 수 있듯이 사람과 사람의 신체적 대면의 부재가 늘어나면서 개인화가 심해지고, 이로 인해 깊어지는 인간 고독의 문제와 대량 실업의 문제를 낳는다. 나아가 인공지능이 지금까지 인간의 고유 영역으로 여겨졌던 사고와 판단, 자율성의 영역까지 침범할 수 있다는 우려가 인간을 불안하게 하고 있다. 이에 따라 인공지능 시대에서 인간에 대한 본원적인 성찰에 대한 요구도 날로 높아가고 있다. 인간은 무엇인가? 인간은 어떻게 살아야 할 것인가? 이러한 질문에 대해 이 책은 자연의 일부로서 기계와 차별되는 인간의 정체성 문제와 관련해서도 온생명 개념이 중요함을 일깨워준다.

자연-인간-사회를 하나의 통합적 틀로 제시하는 온생명 사상

온생명 안에 존재하는 '나'라는 낱생명은 결과적으로 지구에 생명체가 나타난 40억 년 이래로 변이와 선택이라는 다윈의 진화 체제에 따라 형성된 개체이다. 다시 말해서 낱생명은 40억 년의 온생명적 진화 과정을 통해서 '상속 정보'가 축적된 최종 결정체라 할 수 있다. 여기서 온생명은 온의식을 가진 주체로 등장한다. 인간이 '나'라는 주체 의식을 가지듯이 온생명도 온의식을 지닐 수 있다. 생명의 단위가 낱생명에서 온생명으로 확장되는 것처럼, 의식의 단위도 개개인의 낱의식에서 온의식의 단위로 확장될 수 있으며, 이는 집단 지성에 의해 가능하다. 여기서

《삶과 온생명》, 장회익, 현암사, 2014.

우리 전통 학문의 삶의 지혜와
서양 과학의 성과는 어떻게 융합될 수 있는가?
현대 문명의 파멸을 막는 해답의 실마리를 찾는다.

삶과
온생명

장회익

ⓗ 현암사

물질과 의식/마음이 분리되어 있다고 보는 서구의 오랜 전통인 이원론적 전제에서 벗어나 몸과 마음이 한 가지 대상의 다른 두 측면이라는 입장에서 "의식이 물질을 바탕으로 일어난다"는 점에 주목해야 한다. 실제로 의식은 내적, 외적 정보를 처리하고 통제할 수 있는 중추신경계를 지닌 두뇌에서 발생한다.

생명을 유지하려면 사유에너지가 반드시 필요하다. 이와 관련해서 일찍이 루트비히 볼츠만(Ludwig Boltzmann)에 이어서 에르빈 슈뢰딩거(Erwin Schrödinger)는 생명현상의 핵심이 정보라고 지적했다. 일반적으로 생명체의 정보는 유전을 통해 물려받은 상속 정보와 환경에서 얻는 획득 정보의 합으로 주어진다. 그런데 인간은 진화 과정에서 획득 정보를 탁월하게 높일 수 있는 도구로서 언어와 문자 그리고 인터넷과 같은 미디어를 발명했고, 이는 다른 생명체들과 달리 인간만이 가진 특수성이다. 21세기 정보통신그물얼개는 두뇌의 신경그물얼개와 유사한 방식으로 진화했고, 마셜 매클루언(Mashall McLuhan)이 일찍이 20세기 중반에 예견한 대로 인간의 확장인 미디어가 지구촌 전체를 정보통신그물얼개로 이어주고 있다.

지구촌 사람들이 정보통신그물얼개에 의해 연결되어 정보론적 온의식이 형성되면 여기에서 궁극적으로 온생명의 온의식이 떠오르게 되리라 여겨진다. 이 책에 따르면, "전 지구적 의사소통 기구를 포함하는 인간의 문명을 바탕으로 그 위에 집합적 의미의 인간 의식이 형성되어 온생명을 하나의 유기적 단위로 인식하게 될 때, 명실상부한 온생명의 자의식이 출현한 것으로 해석할 수 있다." 이에 따라 오늘날 지구촌 전체를 실시간으로 연결하는 정보통신그물얼개에 힘입어서 생명이 지구에 출현한 지 40억 년 만에 비로소 통합적 의식을 지닌 온생명의 출현 가능성이 제기된다. 이처럼 정보를 매개로 해서 성립하는 의식 모형에서 '나'는 가족으로, 나아가 국가나 민족 단위의 공동체로, 궁극적으로는 인류 공동체로 점점 확대되어 '가장 큰 나'에 이르게 된다.

이렇게 볼 때, 온생명 체계에서 인간의 물질문명은 이른바 하드웨어로서 온생명의 두뇌가 되고, 정신적 측면인 문화는 온생명의 정신이 되며, 그 안에 나타나는 인간의 집합적 의식이 온생명의 자기의식이 된다. 이렇듯 인간을 통해 의식 주체로 태어난 온생명과 더불어 삶의 주체로서 '나'가 지니고 있는 개념의 범주도 확장된다. 곧 개체로서의 작은 단위의 '나'에서 공동체적 삶에서의 '좀 더 큰 나'인 '우리' 그리고 궁극적으로 온생명적 '가장 큰 나'로서 '온우리'가 함께 의식의 주체로 떠올라 우리의 삶을 다차원적으로 이끌어나가게 된다는 것이다.

결국 '나'는 온생명 속에서 존재하는 하나의 낱생명이라는 사실을 인식하면 세계 도처에서 벌어지고 있는 전쟁이나 굶주림, 이주민 문제와 같은 인류의 참사 그리고 환경 파괴와 온난화로 인한 지구의 생태적 변화는 이제 나와 상관없는 일이 아니고, 내 몸의 일부가 상처를 입는 것처럼 민감할 수밖에 없게 된다. 자연-인간-사회를 하나의 틀로 보는 온생명적 인식은 각종 정책을 결정하고 집행하는 대통령에게는 특히 중요하다. 대통령이란 한 나라의 모든 시민, 자연 속의 인간과 사회를 바람직한 방향으로 이끌어나갈 책임을 지고 있기 때문이다.

우리는 최근에 낱생명이 독점적 지위를 남용하여 암적 존재로 군림할 수도 있고, 그 암적 존재가 사회 전반에 걸친 참담한 폐해를 초래할 수도 있음을 경험했다. 다행히 낱생명들의 협동 현상으로 니디닌 촛불혁명을 통해 암세포의 확장을 막을 수 있었고, 이는 온생명의 숭고한 가치를 일깨워준 소중한 경험이라는 점에서 길이 기억되어야 할 것이다. 4대강의 녹조 문제도 일부 권력 집단의 사적 이익을 위해서 자행된 환경 파괴로 인해 발생한 문제다. 4대강 사업을 계획하던 당시 과학계에서는 이미 녹조 문제를 예측했으나 이러한 교훈을 외면한 채 사업은 진행되었고, 그 피해는 우리 모두에게 돌아오고 있다. 이러한 사건은 과학과 기술이 민주주의와도 직결되어 있음을 보여주며, 인간과 자연이 온생명 속에서 서로 연결되어 있음을 깨닫게 한다. 미세먼지와 지구 온난화 문제도 어느덧 먼 나라 이야기가 아니게 되었다. 미세먼지는 몇 해 전만 해도 마치 중국의 문제인 양 치부되었는데, 최근에는 광화문 광장에서 토론회의 주제가 될 정도로 우리 몸에 와닿는 문제로 떠올랐다. 체르노빌과 후쿠시마의 핵 발전소 사고로 촉발된 방사능 누출도 우리 모두의 문제로 다가왔다.

20세기에 들어오면서 학문이 심화되고 전문화됨에 따라 세부적인 분야들로 나뉘어 지식의 조각내기 경향이 심해졌다. 그러나 위의 예에서 보듯이 현대 사회의 중대한 문제들은 한 가지 전문 분야가 아니라 여러 분야에 걸쳐 있으므로 그러한 문제들을 해결하기 위해서는 통합적 시각으로 접근할 필요가 있다. 그래서 자연-인간-사회를 하나의 통합적 틀로 제시하는 온생명의 사상이 매우 중요하다.

우리는 2016년 말, 지도자의 구실과 태도에 대해 깊이 성찰하고 많은 물음을 던질 기회를 가졌다. 대통령이란 무엇인가? 바람직한 대통령의 역할은 무엇인가? 대통령이 갖추어야 할 덕목은 무엇인가? 이러한 많은 물음에 온생명이 길잡이가 될 것으로 확신한다. 온생명은 우주에 대한 더욱 정확한 이해와 해석을 바탕으로 하여 얻어진 개념으로서 자연과 인간과 사회를 보는 통합적인 시각이고, 새로운 세계관과 삶의 의미를 추구하게 한다. 대통령이라면 반드시 온생명적 가치관을 인식할 필요가 있다. 대통령이란 개인의 차원을 넘어서 모든 시민의 삶에 결정적인 영향력을 행사할 수 있는 권력을 가지고 있기 때문이다.

요즘 에너지 정책 차원에서 핵에너지를 대체할 수 있는 재생가능에너지로서 특히 햇빛에너지를 활용하려는 움직임이 활발하다. 핵에너지의 위험성과 경제성의 문제에 대해 지난 정부까지는 기계론적 시각의 주장으로 일관해왔으나, 다행히도 현 정부에서 온생명의 안전과 지속가능성의 시각에서 정책의 방향을 바꾸려 함은 참으로 다행이다. 그런데 햇빛에너지 정책의 일환으로 논의되고 있는 이른바 '전기밭', 곧 농경지에 태양전지를 설치하겠다는 생각은 또 다른 환경 훼손, 특히 인간의 기본권인 식량 생산지를 파괴하는 결과를 초래하게 된다. 이보다는 건물 지붕과 고속도로, 또는 물 위에 태양전지를 설치하여 환경의 훼손을 최소화하는 방안이 온생명적 가치를 존중하는 정책이 될 수 있다. 또한 전력의 낭비를 막고 에너지 사용을 절제하는 삶에 대해 시민 전체의 공감대를 형성하는 것이 온생명으로서의 건강한 생태계를 보존하기 위한 근본적인 해결책이 될 것이다.

《풀하우스》, 스티븐 제이 굴드, 이명희 옮김, 사이언스북스, 2002.

이 책은 야구를 좋아하는 저자가 타율이 4할인 타자를 근래에는 왜 볼 수 없는 가라는 일상적 문제를 제기하면서 시작하는데, 이로부터 놀랍게도 생명과 진화에서 우월성과 진보란 얼마나 잘못된 개념인지를 설득력 있게 이끌어낸다. 논의는 주로 생물학을 중심으로 전개되지만, 일반적으로 자연과학이 얼마나 오도될 수 있는지, 가치중립적인 것처럼 보이지만 내면에 어떠한 가치를 숨기고 있는지 비판한다. 과학과 기술의 시대라 할 21세기에 과학의 의미를 정확히 인식할 필요가 있는 지도자가 읽어야 할 고전이다.

《굶주리는 세계》, 프란시스 라페 외, 허남혁 옮김, 창비, 2003.

이 책은 현 세계에서 도처에 널려 있는 빈곤과 굶주림의 근본 원인이 무엇인지 가르쳐주고 있다. 식량 생산 자체가 모자라기보다는 분배에 문제가 있음을 지적하고, 식량 증산을 향해 달려온 과학과 기술의 활용이 결국 탐욕에 봉사하게 되는 현실을 꿰뚫어 보여준다. 장 지글러의 《굶주리는 세계, 어떻게 구할 것인가?》와 함께 읽으면 식량과 관련된 국제정치와 인류의 미래에 대해서 이해를 높이고 성찰의 기회를 가질 수 있을 것이다.

25

인문적 시선의 높이가
국가의 수준을 결정한다

목수정

재불 작가

분노는 정직하다. 가장할 수도, 감출 수도 없다. 150일 동안 1,700 만 개의 분노가 투명하게 끓어올랐고, 거짓이 지배하던 세상을 분노의 용암으로 덮었다. 권력 뒤에 숨어 진실을 농락하던 한 줌의 무리는 마침내 녹아내렸다. 야만의 수렁으로 추락하던 세상 앞에 사람들은 필사적으로 저항했다. 그것은 우리가 피와 땀을 갈아넣어 만든 민주주의의 몰락에 대한 본능적 분노였다. 촛불집회는 시민들이 자발적으로 주말마다 행하던 총파업이었고, 동시에 무너지지 않을 민주주의의 벽돌을 쌓는 시민의 축제이기도 했다. 눈보라 속에서 촛불을 들고 벌이던 축제의 기억이 우리에게 포기할 수 없는 존엄의 유전자를 깊이 새겨넣을 것을 믿어 의심치 않았다.

그런데 촛불혁명이 국정농단의 연루자들을 차례로 감옥에 보내고, 마침내 박근혜마저 가두고 난 후, 예기치 않은 불길한 장면들이 목격되었다. 썩은 부위를 과감히 도려내고, 이제 모두의 염원을 담아 새살을 채워가야 할 사명을 걸머진 시민들이 갑자기 대안으로 등장한 새 지도자에 머리를 기대며 위로와 구원을 구하는 모습을 보이기 시작한 것이다. 새 정부가 본격적인 국정에 나서기도 전이건만, 이들은 새 지도자를 향해 앞다투어 충성과 지지를 맹세하고 영광을 돌리기도 했다.

너무 오래 악귀 같은 자들에 시달렸던 탓일까? 민주주의의 벽이 무너져가는 걸 보며 주저 없이 몸을 던지던 그 강철 같은 시민들이 갑자기 가장 화려한 수사로 '복종'을 선언하고, 천국이 도래했음을 의심하는 자들의 입을 막으려 했다. 이 모순된 광경 앞에 나는 한동안 망연했다.

민주화의 벽을 넘어 마주친 투명한 벽 앞에서

그 무렵, 동시대의 한국 철학자가 쓴 철학서 한 권이 눈에 들어왔다. 2015년 철학 강의를 엮은 책이었으나, 마치 오늘의 현실을 예견이라도 한 듯 그는 이렇게 말하고 있었다.

> 우리는 지금 투명한 벽 앞에 서 있습니다. 그것은 철학적 시선으로 상승해야만 넘을 수 있는 벽입니다. 지성적이고 문화적인 높이로만 넘을 수 있는 벽입니다. 그런데 그 벽은 투명해서 알아차리기도 쉽지 않습니다. 그러니 목표로 설정해서 말하거나 힘을 합치자고 호소해도 동조를 얻기가 쉽지 않은 것이죠. 이런 연유로 우리는 민주화의 벽을 넘은 다음 마주쳐야 하는 새로운 벽을 포착하지도 못하고 있으니, 넘으려는 시도조차도 구체적으로 하지 못하고 있는 실정입니다.

우리가 공식적으로 '민주화'라는 단어를 역사에 새겨넣은 때가 1987년이라면, 그때부터 30년이 지났다. 수많은 사람의 피와 땀과 열정으로 간신히 기둥을 세워놓은 그 민주주의가 흔들릴 때, 우리는 위험을 알아차릴 만한 감지기를 갖고 있지만 그다음 단계로 도약하는 방법에 대해서는 보이지 않는 벽에 막혀 알지 못했던 것일까? 진보 정권 10년 이후 급격히 퇴행해가던 우리 사회, 그 퇴행 이후에 엄청난 파괴력으로 일어선 시민 봉기가 승리를 거둔 직후 다시 복종을 헌정하는 광경, 이렇듯 비슷한 패턴으로 어리석음을 반복하는 우리 모습에 대해 이 철학자는 한 가닥 단서를 제공했다.

촛불을 든 시민들 대부분은 이명박·박근혜 9년을 '지옥에서 보낸 한 철'인 듯 저주의 눈으로 바라본다. 그러나 그 시절을 냉정히 직시해보자. 이명박이든 박근혜든, 그들은 자신의 본질을 숨긴 적이 없다. 이명박이 맨주먹에서 시작한 대범하고 노련한 사기꾼임을 사람들은 모르지 않았고, 박근혜가 친일과 정경유착으로 20세기를 건너온 부패 세력의 꼭두각시임을 사람들은 익히 알고 있었다.

그 사실을 모르지 않는 상태에서 50퍼센트 넘는 사람들이, 소위 진보 정권 10년을 겪은 직후 그들을 선택했다. '진보가 이런 것이라면 우린 그것을 원하지 않는다'는 것이 이명박·박근혜 시대를 선택한 유권자들의 메시지였다. 인권, 평등, 표현의 자유 따위 밟고 지나갈 줄 뻔히 알면서, 사람들은 효율이라는 명분으로 원칙과 절차를 제치던 과거 독재 시절의 속도를 원했던 것이다.

이명박·박근혜 시절 우리가 겪은 악몽은 몇몇 인사의 권력 남용을 단죄하는 것으로 해결될 수 있는 문제가 아니다. 우리이 삶에 그 시설을 끌어들인 우리 안의 모순을 들여다보지 않는 한 악몽은 반복될 수 있다. 여전히 GDP로 제시되는 성장이 유일한 목표인 시절을 벗어나지 못하고 맴돌다가 우리는 스스로의 탐욕에 발목을 잡힌 것이다.

양적인 성장을 어느 정도 이룬 후, 우리 사회가 목표로 가져야 할 지평은 경쟁이나 효율 따위의 산술적 관점으로는 이를 수 없는 영역에 있었을 터이다. 새로운 지평을 향해 도약할 줄 몰랐던 우리는 퇴행이란 운명을 맞이했던 것이다. 다시 주저앉지 않고 새로운 지평에 이르기 위해 저자는 우리 스스로 사유의 생산자가 되는 길에 들어서야 한다고 주장한다.

지난 대선의 끝자락, 한 정치인이 당신의 '빠'라고 고백하는 청년에게 "빠가 아니라 동지가 되어주세요"라고 한 이야기가 회자되었다. 추종할 인물을 찾아 그를 따르고 섬기며 행동대장이 되어 반대 세력을 겁박하는 대신, 각자 자신의 뜻을 세우고 같은 뜻을 가진 사람들과 어깨를 길고 새로운 길을 닦아가는 시대로 우리는 진입해야 하는 것이다.

사유의 생산자가 되는 길 위에 함께 서자

무엇보다도 종속성을 벗어나는 일이 매우 중요합니다. 선도력이나 선진성이나 창의성 등은 바로 종속성을 벗어나는 데서만 꽃필 수 있습니다. 종속성을 벗어나는 일은 의식 있는 개별자가 역사적 책임성을 회복해야만 가능해지는 일입니다. 이는 자신이 독립적으로 시대의식을 파악함으로써 가능해집니다.

《탁월한 사유의 시선: 우리가 꿈꾸는 시대를 위한 철학의 힘》, 최진석, 21세기북스, 2017.

답이 아니라 질문과 영감, 자극을 줌으로써
시대의 화두를 던져야 하는 지도자의 철학적 지성을
단련시키는 책이다.

'종속성'은 식민지와 독재를 거치며 우리의 생존을 담보하는 하나의 조건처럼 제시된 태도이다. 대의라 제시된 명제에 복종하지 않는 자들에게 가해지는 압박은 야유와 따돌림을 넘어 생존 자체를 위협하는 수준이었다. 그렇게 종속성은 반강제적으로 우리의 존재 방식에 깊이 스며들었다. 우리는 기꺼이 사유의 결과를 수입하며 거리낌 없이 그것을 수용한 후, 위세질서라는 구태 속에 우리의 존엄을 구겨넣고 모순을 모순으로 덮으며 생존을 구가해왔다.

그러나 이같은 종속적 삶을 반복하다가는 처참한 몰락에 직면할 수 있음을 우리가 겪은 정치사회적 환란을 통해 깨달아야 할 것 같다. 노무현 시대의 실패를 복기하지 않고, 단지 이명박·박근혜 시대의 무지와 야만을 딛고 서는 것만으로 우리는 새 시대로 진입할 수 없다.

"기존의 문법을 넘어 새 문법을 준비하려는 도전, 정해진 모든 것과 갈등을 빚는 저항, 아직 오지 않은 것을 궁금해하는 상상, 이것들이 반역의 삶이라면 철학을 한다는 것은 반역의 삶을 사는 일"이라고 저자는 말한다.

촛불혁명을 이끌어온 그 주체들이 이제 각자의 삶에서 실천해야 할 것은, 혁명이 이루어놓은 첫 가시적 결과인 권력의 교체에 환호하고 새 지도자가 만들어갈 새 질서에 복종할 것을 맹세하는 것이 아니다. 자신의 삶 속에서 삶의 철학의 주체가 되는 것, 기존의 것들과 결별하는 반역의 삶을 영위하는 일이다. 저자의 표현을 따르자면, "아직 오지 않은 세계로 무모하게 건너가는 것"이다.

혁명이 완수되지 않는 건, 혁명하려는 자가 혁명되지 않았기 때문

저자는 "혁명이 완수되지 못하는 이유는 혁명을 하려는 사람이 먼저 혁명되지 않았기 때문"이라는 함석헌 선생의 말을 되새긴다. 분노를 동력으로 기존의 것을 파괴할 수는 있으나, 구시대의 질서를 파괴한 주체들이 스스로의 내면을 혁명하지 못한다면 결코 새로운 세계는 그들과 함께 오지 않는다. "철학적으로 사유한다는 것은 노예적 삶에서 벗어나 자유로운 독립을 이루는 여정에 나선다는 뜻". 가치에, 권위에, 관습에 종속된 삶, 그것에서 벗어나는 것은 혁명을 완성시키고자 하는 모든 시민의 의무이며 시민 각자가 실천해야만 하는 일이다. 우리가 했던 것이 소위 혁명이라면, 우리는 그 주체답게 혁명의 완수에 대한 사명을 우리 것으로 인식해야 한다.

대통령 머리맡에 이 책을 놓아드리고 싶은 이유는, 누구보다 절실히 새 정부에 부여된 과제의 시대적 의미를 매순간 환기해야 할 분이며, 자극적인 어법으로 먼 곳에 시선을 두면서도 바로 오늘 우리의 문제를 건드리는 역동적 원근법을 구사하는 이 책이 철학적 지성을 적절히 단련시켜주기 때문이다.

혁명을 완수해야 할 새 정부의 수장으로 선택된 문 대통령에게는 추종자가 아니라 동지가 필요하다. 더는 과거의 수렁에 발이 휘감기지 않도록 기존의 경계를 허물고 함께 미지의 세계로 나아가야 한다. 덕장을 모셨으니 이제 그의 통솔하에 입 닥치고 진군하자는 자발적 복종자들의 굽힌 무릎을 일으켜 세워야 한다. 그 절실한 과제를 대통령이 인지하지 못한다면, 우리는 또 긴 시간을 허비하며 가치의 혼돈을 겪을 것

탁월한 사유의 시선

이다.

물론 어려운 과제다. 권력은 집중될수록 휘두르기 쉽다. 그러나 그 권력이란 놈은 분산될수록 독선의 위험을 방지하며, 자율과 자유의 공기를 세상에 확산시킨다. 사람과 사람 사이에 여백이, 독립적 지대가, 다양성을 수용하는 수평적이고 다원적인 지대가 넓게 퍼질수록, 우리가 건너가야 할 새로운 세상은 가까이 있을 것이다. 이 책은 이 단순하지 않은 과제에 대한 답을 던져주는 대신에 그 문제를 눌러싼 질문과 영감, 자극을 제시한다. 사회적 차원의 도약을 고민하는 실용적인 정치철학서라고 부를 만하다.

대통령은 시대의 화두를 던지는 사람이다. 자신의 동지들을 몇몇 꼭짓점에 배치하고, 그들과 함께 우리가 가야 할 새 세상을 위한 화두를 던질 것이다. 그들은 이 책이 독자에게 그러하듯, 쫓아갈 답을 제시하기보다 방향을, 영감을, 혹은 방식을 제시할 것이다. 이를테면 1세기 전 포화 속에서 우리 민족의 미래를 설계하던 한 낭만적 배포를 가진 남자가 그러했듯이 말이다.

일제강점기 상하이에 임시정부를 세워 항일 독립운동을 지휘하던 백범 김구는 이 책의 저자가 말하는 바로 그 "무모하게 오지 않은 세계로 건너가고자 하는" 통치 철학을 가슴에 키우던 사람이다.

나는 우리나라가 세계에서 가장 아름다운 나라가 되기를 원한다. 가장 부강한 나라가 되기를 원하는 것은 아니다. …… 오직 한없이 가지고 싶은 것은 높은 문화의 힘이다. 문화의 힘은 우리 자신을 행복하게 하고, 나아가서 남에게 행복을 주겠기 때문이다. 지금 인류에게 부족한 것은 무력도 아니요. 경제력도 아니다. …… 나는 우리나라가 남의 것을 모방하는 나라가 되지 말고 높고 새로운 문화의 근원이 되고 목표가 되고 모범이 되기를 원한다. 그래서 진정한 세계의 평화가 우리나라에서, 우리나라로 말미암아 세계에 실현되기를 원한다. 홍익인간이라는 우리 국조 단군의 이상이 이것이라고 믿는다.

우리 헌법은 대한민국 정부가 상하이 임시정부의 정통성을 이어받았다고 명시하고 있다. 그러나 이 아름다운 국정 철학을 새로운 세상에서 펼칠 기회는 친일 세력들과 함께 정부를 수립한 이승만에 의해 차단되었으며, 이후 70년이 지나도록 우리는 김구가 말한 그 아름다운 나라를 꿈꾸고 함께 구현해가는 대신 먼 길을 돌고 돌며 생존을 구하고 재화를 쌓기 위한 고난의 행군을 거듭해왔다.

지금 우리는 새로운 시작을 위한 결정적 시간 앞에 서 있다. 몸부림치지 않고도 정의가 구현되고 만인이 평등하다는 천부인권의 상식이 공기 속에 자연스럽게 스며 있는 세상은 각자의 꿈을 구현할 수 있는 세상의 필요조건이며, 그 필요조건을 마련하는 것이 국가라는 시스템에 부여된 사명이다. 철학적 풍요와 문화적 상상력이 두텁게 사회를 지탱하는, 그 속에서 다원적인 아름다움이 곳곳에서 자발적으로 생성되는 사회를 만들어가는 과정에서 세상을 자신의 사고 체계로 투시하는 철학적 주체들이 우리 사회를 채우게 될 것이다.

우리가 조기 대선을 치르게 되면서 프랑스와 한국이 거의 같은 시기에 새 대통령을 뽑았다. 프랑스의 새 당선자에게 프랑스의 대표적인 신문인 〈르몽드〉는 문학을 가까이하는 대통령이 되어달라는 주문을 지면을 통해 전달했다. 샤를 드골 이후 조르주 퐁피두를 거쳐 프랑수아 미테랑에 이르기까지 프랑스 대통령들은 문학을 탐닉하고 작가들을 가까이하는 전통을 지속해왔으나, 자크 시라크와 니콜라 사르코지, 프랑수아 올랑드에 이르면서 그 전통이 사라졌음을 지적한다. 좌우의 정치 지향을 떠나 인본주의에 입각한 통치 철학을 가꾸어온 프랑스의 전통은 대통령들이 문학에 대해 가져온 웅숭깊은 태도에서 왔음을 〈르몽드〉는 암시하고 있었다.

빠른 걸음을 재촉하는 시대다. 그럴수록 깊은 계곡과 저 산 너머에서 들려오는 소리와 향기에 눈과 귀를 기울이고 문학과 예술을 통해 사유의 깊이를 넓혀가는 대통령에 대한 요구가 지구 이쪽과 저쪽에서 쏟아진다. 자본에 의해 사육되고 구분되는 잔인한 세상은 깊고 넓은 사유의 호수 속에서 풍성해지는 시대로의 전환을 간절히 원하고 있고, 우리는 그 열린 가능성 앞에 가장 가까이 서 있다.

함께 추천하는 책

《인간이 먼저다》, 장 뤽 멜랑숑, 강주헌 옮김, 위즈덤하우스, 2012.

어디서 많이 들어본 듯한 이 문장은 2012년 프랑스 좌파 전선의 대선 후보 장 뤽 멜랑숑의 슬로건이었다. 같은 해 대한민국 대선에서 문재인 후보는 '사람이 먼저다'라는 슬로건을 내걸었다. 8,991킬로미터 떨어진 두 나라의 후보가 같은 목표를 설정했다는 건 두 사회가 극복해야 할 과제가 비슷함을 의미한다. 전국에서 공개 토론을 통해 수십 만의 머리와 손으로 빚어진 이 공약집은 프랑스에서 30만 부가 팔려나가며 무성한 정치 토론을 가능케 했다. 토마 피케티에 따르면 오늘날 한국 사회의 빈부 격차는 세계사적으로 유례없는 수준에 이르렀다. 대통령이 '나라다운 나라'라는 새 목표에 다가서는 동안, 그 현실은 유효할 터이니, 인간을 중심에 두는 정책 전환의 디테일이 필요할 때 참고하면 좋을 책이다.

《되살린 미래》, 아름다운가게·이승은, 생각정원, 2013.

지난겨울, 우리가 거리에서 했던 그 일은 정말 '혁명'이었을까? 광장에 모여 소리 내지 않았을 뿐 지구 곳곳에서 속도와 성장, 소비라는 무기로 파멸을 향해 돌진해가는 세상의 주류를 향해 오래전부터 맞서온 생활혁명가들이 있다. 이들의 무기는 상생과 나눔, 순환. 일상에서 우리의 혁명을 이어가지 못한다면 그것이 완성되지 않음을 탓해서는 안 된다. 하나뿐인 지구에서 상생하며 다 같이 행복을 누리기 위해 온 국민이 '주입당해야 할' 생각과 실천으로 가득한 책이다.

26

《유토피아》
상상할 수 있는
최고의 세상을 꿈꿔라

주경철

서울대
서양사학과 교수

이 책의 필자들이 모두 비슷한 생각을 할 테지만, 저 역시 너무나도 바쁜 시간을 보내시는 대통령께서 책 읽을 시간이 있을까 고민하지 않을 수 없었습니다. 그런 사정을 고려할 때 제가 고른 책은 아주 좋은 장점이 있습니다. 책이 아주 짧다는 점입니다. 하룻밤에 충분히 읽을 수 있는 분량입니다. 게다가 다른 철학 서적과 달리 흥미로운 대화체로 되어 있어서 읽기에도 편합니다. 그러니 잠시 여유 있을 때 한번 읽어보시라고 권하고 싶습니다.

짧고 또 쉽게 읽힌다고 내용이 단순한 건 아닙니다. 얼핏 보면 아주 평이하고 단순한 주장 같지만, 주의 깊게 보면 꽤나 복잡하고 알쏭달쏭한 내용입니다. 사실 그 점이 이 책을 읽는 묘미지요. 책의 끝부분에 가면 과연 저자는 어떤 주장을 하는 걸까, 저자의 진의가 무엇일까 하는 의문을 품게 됩니다. 마치 수수께끼를 푸는 듯 재미가 쏠쏠합니다.

무엇이 우리를 불행하게 하는가

이 책에서 제기하는 질문의 요체는 '행복'입니다. 사실 이 책을 읽어보
시라고 권하는 이유가 그 때문이지요. 우리 모두 행복하게 살고 싶고,
또 좋은 정치란 간단히 말해 국민이 행복하게 살도록 만드는 일 아니
겠습니까? 행복이 무엇일까? 행복한 사회를 만들려면 어떻게 해야 할
까?《유토피아》는 이런 중요한 문제에 대해 생각해보도록 만드는 고전
입니다.

《유토피아》는 현실과는 거리가 먼 추상적인 행복론을 설파하지 않습
니다. 이 책은 고통스러운 현실 사회에서 직접 경험한 내용들을 바탕으
로 쓴 것입니다. 저자 토머스 모어(Thomas More)는 당대 최고의 지식인
이면서 법률가이며 정치가였습니다. 한때 영국 정계의 최고 직위까지
올라갔지만 국왕 헨리 8세의 정책에 반기를 들었다가 안타깝게도 처형
당했습니다. 책상만 지키고 앉았던 학자가 아니라 한세상 치열하게 살
았던 실천적 지식인의 성찰이라는 점을 강조하고 싶습니다.

《유토피아》에서 가장 유명한 구절 중 하나는 1부에서 당시 잉글랜드
의 비참한 현실을 고발하는 부분입니다. '양이 사람을 잡아먹는' 기괴
한 나라에 대한 서술 부분은 자주 인용되어서 이 책을 읽지 않은 사람
도 대개 알고 있는 문장입니다.

양들은 언제나 온순하고 아주 적게 먹는 동물이었습니다. 그런데 이제는
양들이 너무나도 욕심 많고 난폭해져서 사람들까지 잡아먹는다고 들었습
니다. 양들은 논과 집, 마을까지 황폐화시켜버립니다. 아주 부드럽고 비싼

양모를 얻을 수 있는 곳이라면 어디에서든지, 대 귀족과 하급 귀족, 심지어는 성무를 맡아야 하는 성직자들까지 옛날에 조상들이 받던 지대(地代)에 만족하지 않게 되었습니다. …… 만족을 모르고 탐욕을 부리는 한 사람이 수천 에이커를 울타리로 둘러막고 있습니다. 이런 사람은 정말로 이 나라에 역병 같은 존재입니다.

소위 인클로저(enclosure) 현상을 가리키는 부분입니다. 원래 시골에서는 많은 사람이 농사를 지으며 잘 살아가고 있었습니다. 그런데 직물업이 발전하여 양모 수요가 늘어나면서 상황이 돌변합니다. 양모 가격이 급등하자 농사를 짓기보다는 양을 쳐서 양모를 파는 것이 훨씬 이득이 된 것이지요. 지주 귀족은 대대손손 땅을 빌려 농사를 짓던 사람들을 냉혹하게 내쫓아버립니다. 예전에 많은 사람이 살아가던 마을은 사라지고 이제 목장에 양들만 한가로이 노닐게 되었습니다.

쫓겨난 농민들은 어떻게 되겠습니까? 도시 빈민이 되었다가 흔히는 생계 때문에 범죄자가 될 수밖에 없지요. 범죄자 문제로 골머리를 앓게 된 당국은 별수 없이 도둑들을 잡아다가 처벌하려고 합니다. 어느 날인가는 사람들에게 본보기를 보이기 위해 런던 시내에 설치된 교수대에서 무려 20명을 처형했습니다. 한번 생각해봅시다. 시내에 교수대가 있고 거기에 20구의 시체가 공중에 둥둥 떠서 썩어갑니다. 이게 어찌 사람 사는 세상이란 말입니까? 희생자들은 원래부터 사악한 인간이 아니라 농촌에서 순박하게 살던 사람들입니다. 탐욕에 절은 지주 귀족들이 그 사람들을 내쫓았기 때문에 그처럼 비참한 죽음으로 내몰린 게 아니겠습니까? 이런 현상을 보고도 무심한 채 있으면 정의로운 지식인이 아니지요.

이런 비참한 사태의 근본 원인은 무엇일까? 심사숙고 끝에 모어는 탐욕과 자만이 불행의 원인이라고 결론을 내립니다. 필요 이상으로 더 많은 것을 소유하려는 욕구가 나 자신과 남을 불행하게 만듭니다. 먹고사는 데 부족함이 없는 정도의 재산만 있으면 될 터인데, 더 많은 것을 모으려 하다 보니 다른 사람을 궁핍하게 만들고, 그러느라 자기 자신도 마음 편할 날이 없습니다. 부익부빈익빈, 이 문제가 없는 사회는 없는 모양입니다. 이런 사태를 막아야 할 군주는 대개 사태를 악화시키곤 하지요. 세금을 잔뜩 걷어 전쟁을 벌이느라 여념이 없고, 여기에 반대하는 사람들을 잔혹하게 처벌하려 합니다. 상황이 이럴진대 행복한 세상은 요원하기만 합니다.

유토피아, 정신적 쾌락을 누리는 '저녁이 있는 삶'의 세상

이렇게 불행의 원인에 대해 정리한 후 모어는 행복한 사회를 이루기 위한 파격적인 주장을 펼칩니다. 화폐를 없애고, 사적 소유를 폐지하자는 것입니다. "사유재산이 존재하는 한 그리고 돈이 모든 것의 척도로 남아 있는 한, 어떤 나라든 정의롭게 또 행복하게 통치할 수는 없습니다"라는 것이 그의 생각입니다.

무소유 혹은 공동 소유의 사회라는 게 과연 가능할까요? 아무래도 현실 세계에서는 힘들겠지요. 그렇다고 아예 포기할 수는 없는 법, 그래서 모어는 가상의 세계를 설정해서 자신의 사고를 실험해본 것입니다.

유토피아는 모든 시민이 완벽한 행복 속에 살아가는 나라입니다. 그런데 도대체 행복이란 어떤 상태일까요?

행복의 첫 번째 조건은 건강입니다. 행복한 사회를 이루려면 우선 모든 사람이 건강한 삶을 누려야 하고, 그러려면 충분한 식량을 확보해야 합니다. 이는 모든 시민이 하루 여섯 시간씩 일함으로써 해결할 수 있습니다. 별거 아닌 거 같지만, 같은 시기 조선으로 배경을 옮겨 생각해 보면 양반이나 상민 혹은 노비 구분 없이 모든 사람이 다 똑같이 하루 여섯 시간씩 일해서 국민 전체가 소비할 식량을 얻는다는 것은 지극히 놀라운 생각입니다. 공동 생산과 공동 소비! 그러니까 공산주의 이론이구먼, 하고 생각하실 수 있습니다. 여기까지는 정말 그렇게 보입니다.

그렇지만 사람이 밥만 먹고 사는 게 아니지요. 밥 먹는 문제를 해결했다고 곧 행복해지는 건 아닙니다. 사실 건강은 기본적인 사항이기는 하지만 핵심 사항은 아닙니다. 이 나라 사람들이 행복한 이유는 '육체적 쾌락'보다 더 중요한 상위의 행복 요인인 '정신적 쾌락'을 누린다는 데에 있습니다. 즉, 덕성과 지식을 연마하고 신을 경배하고 그 외에 고상한 정신 활동을 할 수 있다는 것입니다.

그렇게 하려면 시간이 있어야 하지요. 모든 사람이 하루 여섯 시간 일하면 안정적으로 식량을 확보하는 동시에 모든 사람에게 여가 시간이 보장됩니다. 말하자면 '저녁이 있는 삶'인 거지요. 그런 여유 시간에 정말로 자기 생에 의미 있는 일을 할 수 있다는 것이 중요한 요소입니다. 그러니까 공동 생산과 공동 분배는 그 자체가 목표가 아니라 더 상위의 목표를 위한 기초이며 기본 전제라 할 수 있습니다.

'행복'도 강요하면 억압일 뿐이다

그런데 이상한 일입니다. 학생들과 이 책을 읽고 나서 '만일 이런 나라가 진짜 있다면 가서 살고 싶나요?' 하고 물으면 거의 100퍼센트 싫다고 답합니다. 국가가 시민들을 행복하게 만들어준다는데 왜 그럴까요? 질문 자체에 답이 있네요. 국가가 행복을 '강요'하기 때문입니다.

이 나라의 행복은 개인의 행복이 아니라 집단의 행복입니다. 나 혼자 다른 생각을 하고 다른 삶을 살겠다며 이탈할 수 없습니다. 행복의 내용과 행복 추구의 방법도 모두 국가가 독점합니다. 여기에서 문제가 시작됩니다.

예컨대 이런 식입니다. 멋진 옷을 입고 있다고 그 사람 인격이 훌륭한 건 아니며, 옷은 그저 수수한 색깔과 모양으로서 몸을 따뜻하게 하는 정도면 족하다고 말합니다. 부인할 수 없는 주장이지요. 일부 부자들이 호화찬란한 삶을 사는 대가로 많은 사람이 가난에 시달리고 심지어 죽음으로 내몰리는 현상을 목도하지 않았습니까? 그래서 이 나라 사람들은 모두 원래의 양모 색 그대로인 옷을 입고 있습니다. 주택도 마찬가지입니다. 차별이 있으면 안 되므로 똑같은 모양과 크기의 수수한 집들을 짓고, 추첨으로 집을 배정해줍니다. 우선 이 두 가지만 놓고 보아도 이 나라 분위기를 짐작할 수 있습니다. 어느 나라에 여행 갔더니 그 나라 사람들 전부 다 똑같은 옷을 입고 있고, 다 똑같은 집에 살고 있다니요.

모든 사람이 다 함께 일하고, 다 함께 정신적 교양을 쌓아, 모두 함께 행복한 삶을 살아가는 데 동참해야 합니다. 한 사람씩 빠져나가기 시작하면 공동 행복 추구의 시스템이 무너질 수 있으므로, 누구 하나 이탈하면 안 되겠지요. 누군가가 '오늘은 바닷가에 가서 해가 지는 광경을 보고 싶어' 하는 생각에 일하지 않고 혼자 여행 가는 일이 가능할까요? 허락 없이 자신의 자리를 떠났다가 잡히면 노예가 됩니다. 이상 사회에서도 말을 듣지 않는 사람들을 혼내주기 위해 노예제가 있네요.

다시 밀하지만, 이 사회에서 말하는 행복은 국민 모두의 행복이고, 그것을 이루기 위해 자신의 쾌락만 추구하면 안 되게 되어 있습니다. 나 혼자 더 많은 쾌락을 얻으려 하면 전체의 조화를 깨게 됩니다. 그러므로 유토피아 시민들은 자신의 욕구를 절제하도록 교육받고 강제당하고 있습니다.

말하자면 이곳은 욕망을 충족시키는 나라가 아니라 욕망을 억제하는 나라입니다. 분명 무한의 욕망을 좇아 자신을 소진시키면 우선 나 자신이 결코 행복해질 수 없고, 그 과정에서 다른 사람들과의 조화를 깨거나 불평등을 초래하게 됩니다. 그 문제를 해결하기 위해 덕성스러운 국가가 사람들에게 '진정한 행복'인 정신적 쾌락을 가르쳐주고, 그것을 위해 절제하는 삶을 강요합니다. 그런데 결과는 어떻습니까? 이 사회는 분명 지나치게 억압적인 성격을 띠고 있습니다.

이 세상에 없는 나라에서 행복한 사회에 대한 사고실험을 하다

그렇다면 저자는 자신이 만들어낸 이 나라에 대해 어떻게 판단하는 걸까요? 유토피아는 정말로 이상 국가인가요? 저자는 책에서 제시한 아

《유토피아》, 토머스 모어, 주경철 옮김, 을유문화사, 2007.

행복이 무엇일까?
행복한 사회를 만들려면 어떻게 해야 할까?
이 중요한 문제에 대해 가장 치열하게 생각해보도록 하는 고전.

이디어가 인간을 행복하게 만드는 좋은 모델이라고 생각하는 걸까요? 책의 결론 부분을 살펴봅시다. 유토피아를 보고 온 여행자 라파엘 히슬로다에우스가 이 나라에 대한 자세한 설명을 마치자 그의 대화 상대로 나오는 작중(作中) 모어는 이런 논평을 합니다.

> 라파엘 씨가 이야기를 마쳤을 때 그가 설명한 유토피아의 관습과 법 가운데 적지 않은 것들이 아주 부조리하게 보였다. 그들의 전쟁술, 종교의식, 사회관습 등이 그런 예들이지만, 무엇보다도 내가 가장 큰 반감을 가진 점은 전체 체제의 기본이라 할 수 있는 공동체 생활과 화폐 없는 경제였다.

정말 독자를 혼란의 극치로 몰아가네요. 그토록 진지하게 이상 국가 이야기를 해놓고, 결론 부분에 와서 작가 자신이 모든 걸 다 뒤집어엎으며 비판적인 의견을 말하다니요. 더구나 비판의 요점은 "공동체 생활과 화폐 없는 경제"입니다. 이 요소들이 인간의 행복을 가능케 하는 결정적 조건이라고 하지 않았던가요? 결론 부분에 가서 그 점을 강력하게 비판할 거면 왜 그토록 진지하게 이 나라를 묘사했단 말인가요?

그렇다면 실제로는 지극히 불행한 나라를 묘사하되 역설적으로 이상 국가라고 한 건 아닐까요? 말하자면 유토피아가 아니라 디스토피아를 그렸고, 그래서 이 책에서 말한 내용의 정반대가 모어의 뜻일까요? 그렇지만도 않습니다. 실제 이 책에서 개진한 많은 내용은 진지하게 행복한 사회의 조건들을 거론한 것입니다. 그러니까 이 책에는 저자가 옳다고 생각한 내용, 그렇지 않고 반대로 비판하는 내용이 섞여 있습니다.

그렇다면 모어의 진의는 무엇일까요? 유토피아는 이상 국가인가요,

아니면 부조리한 공상에 불과한가요? 많은 연구자 간에 이 문제를 놓고 의견이 분분합니다만, 사실 그리 어려운 수수께끼는 아닙니다. 유토피아를 진지하게 소개하는 히슬로다에우스나 그 내용을 듣고 비판적 의견을 개진하는 작중 모어나 모두 저자의 분신인 셈이지요. 모어는 현실 세계의 갈등과 모순을 보고 이 문제들을 해결할 수 있는 극단적 조치를 취한 이상 국가의 모델을 제시했습니다. 그 모델을 대변하는 것이 히슬로다에우스입니다. 한편 작중 모어는 현실 세계 속의 본래의 자기 자신입니다. 그는 사고실험의 틀을 만들어놓고 자기의 분신인 두 캐릭터를 집어넣어 서로 논쟁하게 만든 겁니다.

그러면 이 책의 의미는 무엇일까요?

우선 행복한 사회를 만드는 계획에 대해 논의했다는 사실 자체가 중요합니다. 이 책에서 개진한 주장 중 어떤 것들은 실제로 현실 사회에서 구현되었으면 좋을 내용입니다. 그렇지만 그것을 실현하는 게 대단히 어렵다는 점도 이야기합니다. 더 나아가서 그중 많은 부분은 원래의 좋은 의도와 달리 오히려 사람들을 억압하는 나쁜 결과를 초래할 수 있다고 지적합니다. 이 점이 중요합니다. 그냥 평이하게 저자가 생각하는 이상 사회의 청사진을 제시했다면 그런 책은 벌써 오래전에 잊혔을 겁니다. 이 작품은 이상향이 어떠해야 하는지 고민하면서 또 다른 한편 그것을 무리하게 추구할 때 초래될 위험에 대해 경고하는 두 가지 일을 동시에 하는 중입니다.

행복한 사회를 만드는 것이 정치의 최종 목표라 할 수 있겠지요. 그렇지만 그런 일이 결코 쉬운 일이 아니라는 것을 우리는 잘 압니다. 그래도 일단 우리는 계획을 세우고 그것을 실천하기 위해 **노력**을 기울여야 합니다. 그렇지만 무리하게 밀어붙이면 반드시 부작용이 일고, 흔히는 우리 사회를 더 불행의 구렁텅이로 빠뜨릴 수도 있습니다. 그런 일을 피하려면 적극적인 추진력과 신중한 반성이 함께 작동해야 하겠지요.

'이 세상에 없는 나라'라는 의미인 유토피아에 대해 '허튼소리를 하는 사람'이라는 의미인 주인공 히슬로다에우스가 설명하는 내용을 살펴보았습니다. 현실 문제 때문에 노심초사하실 수밖에 없지만, 때로 잠시 여유를 갖고 진지한 농담의 세계로 여행해보시는 것도 나쁘지 않겠지요. 고전을 읽으며 한번 심호흡하면서 생각을 가다듬어보시기를 권합니다.

함께 추천하는 책

《사기열전》 상·중·하, 사마천, 정범진 외 옮김, 까치, 1995.

인간을 연구하는 데 가장 좋은 교과서라 할 만하다. 영웅호걸, 문인과 학자, 협객과 실업가 등 고대 중국 역사를 수놓은 다양한 인간 군상에 대한 탁월한 저술을 통해 당시의 정치와 문화, 경제 등에 대해 해박한 지식을 쌓을 수 있으며, 그런 가운데 시대를 뛰어넘어 우리에게 모범이 되는, 혹은 정반대로 반면교사로 삼을 수 있는 사람들을 알게 된다. 워낙 훌륭한 명문이라 글 읽는 재미가 크다.

《쥐》, 아트 슈피겔만, 권희종·권희섭 옮김, 아름드리미디어, 2014.

만화가 얼마나 큰 힘을 가질 수 있는지, 혹은 만화가 결코 하찮은 장르가 아니라 얼마나 지대한 예술성을 띨 수 있는지 보여주는 걸작이다. 그런 점에서 문화 대통령이 되실 분이라면 일독해볼 필요가 있다. 제2차 세계대전의 홀로코스트 문제를 다루는 내용이지만, 단순히 유대인의 희생만 이야기하는 게 아니라, 그런 비극이 얼마나 심층적이고 복합적이며, 또 지나가버린 문제가 아니라 후대에 계속 영향을 미치고 있는지 말해준다.

부록 추천 도서 목록

《가난을 팝니다》, 라미아 카림, 박소현 옮김, 오월의봄, 2015.

《광기의 리더십》, 나시르 가에미, 정주연 옮김, 학고재, 2012.

《굶주리는 세계》, 프란시스 라페 외, 허남혁 옮김, 창비, 2003.

《권력의 조건》, 도리스 굿윈, 이수연 옮김, 21세기북스, 2013.

《권력이 묻고 이미지가 답하다》, 이은기, 아트북스, 2016.

《기본소득이 세상을 바꾼다》, 오준호, 개마고원, 2017.

《긴축》, 마크 블라이스, 이유영 옮김, 부키, 2016.

《나는 지방대 시간강사다》, 309동1201호, 은행나무, 2015.

《나중에 온 이 사람에게도》, 존 러스킨, 곽계일 옮김, 아인북스, 2014.

《낯선 시선》, 정희진, 교양인, 2017.

《냉정한 이타주의자》, 윌리엄 맥어스킬, 전미영 옮김, 부키, 2017.

《노오력의 배신》, 조한혜정·엄기호 외, 창비, 2016.

《녹색세계사》, 클라이브 폰팅, 이진아·김정민 옮김, 그물코, 2010.

《니얼 퍼거슨의 시빌라이제이션》, 니얼 퍼거슨, 구세희·김정희 옮김, 21세기북스, 2011.

《니콜로 마키아벨리 군주론》, 니콜로 마키아벨리, 최장집 한국어판 서문, 박상훈 옮김, 후마니타스, 2014.

《다른 방식으로 보기》, 존 버거, 최민 옮김, 열화당, 2012.

《대중의 직관》, 존 캐스티, 이현주 옮김, 반비, 2012.

《대통령을 위한 물리학》, 리처드 뮬러, 장종훈 옮김, 살림, 2011.

《대화》, 리영희, 임헌영 대담, 한길사, 2005.

《덩샤오핑 평전》, 에즈라 보걸, 심규호·유소영 옮김, 민음사, 2014.

《되살린 미래》, 아름다운가게·이승은, 생각정원, 2013.

《로봇의 부상》, 마틴 포드, 이창희 옮김, 세종서적, 2016.

《만델라 자서전》, 넬슨 만델라, 김대중 옮김, 두레, 2006.

《만화 갈릴레이 두 우주 체계에 대한 대화》, 정창훈 글, 유희석 그림, 주니어김영사, 2008.

《맛있는 식품법 혁명》, 송기호, 김영사, 2010.

《맹자강설》, 이기동 역해, 성균관대학교출판부, 2005.

《명상록》, 마르쿠스 아우렐리우스, 천병희 옮김, 숲, 2005.

《모두를 위한 페미니즘》, 벨 훅스, 이경아 옮김, 문학동네, 2017.

《불평등의 경제학》, 이정우, 후마니타스, 2010.

《불평등한 어린 시절》, 아네트 라루, 박상은 옮김, 에코리브르, 2012.

《사기열전》 상·중·하, 사마천, 정범진 외 옮김, 까치, 1995.

《사당동 더하기 25》, 조은, 또하나의문화, 2012.

《사피엔스》, 유발 하라리, 조현욱 옮김, 김영사, 2015.

《삶과 온생명》, 장회익, 현암사, 2014.

《새로운 세대를 위한 사기》, 사마천, 김원중 옮김, 휴머니스트, 2017.

《성장을 넘어서》, 허먼 데일리, 박형준 옮김, 열린책들, 2016.

《섹스 앤 더 처치》, 캐시 루디, 박광호 옮김, 한울아카데미, 2012.

《숲에서 우주를 보다》, 데이비드 해스컬, 노승영 옮김, 에이도스, 2014.

《시민권과 복지국가》, 토머스 험프리 마셜, 김윤태 옮심, 이학사, 2013.

《식탁 위의 한국사》, 주영하, 휴머니스트, 2013.

《식품정치》, 매리언 네슬, 김정희 옮김, 고려대학교출판부, 2011.

《13일》, 로버트 케네디, 박수민 옮김, 열린책들, 2012.

《아내 가뭄》, 애너벨 크랩, 황금진 옮김, 동양북스, 2016.

《암흑의 대륙》, 마크 마조워, 김준형 옮김, 후마니타스, 2009.

《얼마나 있어야 충분한가》, 로버트 스키델스키·에드워드 스키델스키, 김병화 옮김, 부키, 2013.

《여덟 번의 위기》, 원톄쥔, 김진공 옮김, 돌베개, 2016.

《열하일기 1》, 박지원, 김혈조 옮김, 돌베개, 2009.

《예민해도 괜찮아》, 이은의, 북스코프, 2016.

《완전한 영혼》, 정찬, 문학과지성사, 1992.

《왜 우리는 불평등을 감수하는가?》, 지그문트 바우만, 안규남 옮김, 동녘, 2013.

《우리가 사랑한 빵집 성심당》, 김태훈, 남해의봄날, 2016.

《원더풀 사이언스》, 나탈리 앤지어, 김소정 옮김, 지호, 2010.

《유토피아》, 토머스 모어, 주경철 옮김, 을유문화사, 2007.

《인간이 먼저다》, 장 뤽 멜랑숑, 강주헌 옮김, 위즈덤하우스, 2012.

《임페리얼 크루즈》, 제임스 브래들리, 송정애 옮김, 도서출판 프리뷰, 2010.

《쟁점 한국사》 전근대편·근대편·현대편, 한명기 외, 창비, 2017.

《전쟁은 여자의 얼굴을 하지 않았다》, 스베틀라나 알렉시예비치, 박은정 옮김, 문학동네, 2015.

《정관정요》, 오긍, 김원중 옮김, 휴머니스트, 2016.

《정조 책문, 새로운 국가를 묻다》, 정조, 신창호 옮김, 판미동, 2017.

《정조치세어록》, 안대회, 푸르메, 2011.

《제국 이후의 동아시아》, 최원식, 창비, 2009.

《조약으로 보는 세계사 강의》, 함규진, 제3의공간, 2017.

《쥐》, 아트 슈피겔만, 권희종·권희섭 옮김, 아름드리미디어, 2014.

《GDP는 틀렸다》, 조지프 스티글리츠·아마르티아 센·장 폴 피투시, 박형준 옮김, 동녘, 2011.

《직업으로서의 정치》, 막스 베버, 전성우 옮김, 나남, 2007.

《징비록》, 류성룡, 이재호 옮김, 역사의아침, 2007.

《쫓겨난 사람들》, 매튜 데스몬드, 황성원 옮김, 동녘, 2016.

《채근담》, 홍자성, 조지훈 옮김, 현암사, 1996.

《청년, 난민 되다》, 미스핏츠, 코난북스, 2015.

《탁월한 사유의 시선》, 최진석, 21세기북스, 2017.

《테마 현대미술 노트》, 진 로버트슨·크레이그 맥다니엘, 문혜진 옮김, 두성북스, 2011.

《82년생 김지영》, 조남주, 민음사, 2016.

《8월의 포성》, 바바라 터크먼, 이원근 옮김, 평민사, 2008.

《포스트 민주주의》, 콜린 크라우치, 이한 옮김, 미지북스, 2008.

《포스트 워 1945~2005》 1·2, 토니 주트, 조행복 옮김, 플래닛, 2008.

《풀하우스》, 스티븐 제이 굴드, 이명희 옮김, 사이언스북스, 2002.

《피스메이커》, 임동원, 창비, 2015.

《협상의 전략》, 김연철, 휴머니스트, 2016.

나는 지방대 시간강사다

WAYS OF SEEING
JOHN BERGER

탁월한 사유의 시선

82년생 김지영

맹자 강설
李澤厚

NELSON
MANDELA
만델라 자서전
자유를 향한 머나먼 길

BEYOND
GROWTH
성장을 넘어서

대통령의 책 읽기

지은이 | 이진우 외 25명

초판 1쇄 발행일 2017년 10월 29일

발행인 | 김학원
편집주간 | 김민기 황서현
기획 | 문성환 박상경 임은선 김보희 최윤영 조은화 전두현 최인영 김진주 이보람 정민애 이효온
디자인 | 김태형 유주현 구현석 박인규 한예슬
마케팅 | 이한주 김창규 김한밀 윤민영 김규빈
저자·독자서비스 | 조다영 윤경희 이현주(humanist@humanistbooks.com)
조판 | 홍영사
용지 | 화인페이퍼
인쇄 | 삼조인쇄
제본 | 정민문화사

발행처 | (주) 휴머니스트 출판그룹
출판등록 | 제313-2007-000007호(2007년 1월 5일)
주소 | (121-869) 서울시 마포구 동교로23길 76(연남동)
전화 | 02-335-4422 팩스 | 02-334-3427
홈페이지 | www.humanistbooks.com

ⓒ 휴머니스트, 2017
ISBN 979-11-6080-084-5 03100

* 이 도서의 국립중앙도서관 출판시도서목록(CIP)은 e-CIP홈페이지(http://www.nl.go.kr/ecip)와
  국가자료공동목록시스템(http://www.nl.go.kr/kolisnet)에서 이용하실 수 있습니다.
  (CIP제어번호: CIP2017024925)

특별기획 '책 읽기' 프로젝트《대통령의 책 읽기》
만든 사람들

기획위원 | 김학원 표정훈 황서현
기획 | 박상경(psk2001@humanistbooks.com) 전두현 이효온
편집 | 김선경 임미영
디자인·사진 | 김태형 박인규